HISTOIRE

DE LA

DERNIÈRE CAPITULATION

DE PARIS

Paris.—Imp. Wittersheim, 8, rue Montmorency.

HISTOIRE

DE LA

DERNIÈRE CAPITULATION

DE PARIS

RÉDIGÉE SUR DES DOCUMENTS OFFICIELS ET INÉDITS

PAR

LE BARON ERNOUF

PARIS
MICHEL LÉVY FRÈRES, LIBRAIRES-ÉDITEURS
RUE VIVIENNE, 2 BIS

1859

Reproduction et traduction réservées

AVANT-PROPOS

On sait qu'après la bataille de Waterloo et l'abdication de l'empereur Napoléon Ier, Paris fut remis aux commandants des troupes anglo-prussiennes, en vertu d'une *convention* signée à Saint-Cloud, le 3 juillet 1815. Cette convention fut scrupuleusement exécutée par le gouvernement provisoire français, avec lequel les alliés de Louis XVIII avaient traité; ils occupèrent Paris sans coup férir le 7 juillet, et Louis XVIII lui-même y rentra à leur suite dès le lendemain. Malgré l'avantage immédiat, évident, que ce prince avait retiré de la convention du 3 juillet, ses ministres jugèrent à propos, ultérieurement, de déclarer en son nom que cette transaction, ayant été conclue avec des rebelles, lui avait été et lui demeurait *plus qu'étrangère ;* qu'en conséquence, il refusait de la reconnaître et d'en observer les clauses. Cette détermination, conforme aux tendances réactionnaires qu'encourageait alors la politique des puissances coalisées, fut inspirée par une pensée mauvaise, le désir de se venger à tout prix d'ennemis désarmés. On mit à néant, par une interprétation sophistique, la capitulation de Paris, parce qu'un des articles de cette capitulation créait un obstacle insurmontable à des mesures de rigueur auxquelles on recourut sans scrupule, dès qu'on crut pouvoir le faire sans péril.

Le gouvernement de Louis XVIII ayant donc écarté, comme chose indifférente ou importune, tout souvenir, toute trace matérielle de l'acte qui avait restitué à ce monarque sa capitale, plusieurs documents d'un grand intérêt, concernant cette capitulation, demeurèrent entre les mains de mon beau-père, M. le baron Bignon, l'un des trois commissaires français qui l'avaient débattue et signée. Ce dossier comprend toutes les pièces originales, et la plupart inédites, des diverses négociations essayées pendant l'interrègne, du 22 juin au 3 juillet, notamment :

1° Les lettres adressées aux ministres des grandes puissances par M. Bignon, chargé du portefeuille des affaires étrangères pendant cet interrègne;

2° Les instructions et la correspondance de M. de Lafayette et de ses collègues, envoyés par la commission de gouvernement provisoire auprès des souverains alliés aussitôt après l'abdication ;

3° La correspondance de M. le comte Otto, chargé

simultanément d'une mission semblable auprès du cabinet de Londres;

4° Les instructions et les lettres des cinq commissaires nommés le 27 juin pour traiter spécialement d'une suspension d'armes avec les Anglais et les Prussiens, qui déjà menaçaient Paris;

5° Toutes les pièces directement relatives à la convention du 3 juillet, et notamment le premier projet présenté par les commissaires français, avec des annotations et corrections de la main même du duc de Wellington, puis une des expéditions originales du texte définitif de la convention, avec les signatures et les cachets.

Enfin, à ces documents sont jointes des observations et de nombreuses notes, qui, comme on le verra bientôt, jettent un grand jour sur la discussion de cet acte, et sur plusieurs circonstances importantes qui s'y rattachent. L'une de ces notes, scellée d'un quadruple cachet demeuré intact pendant près de quarante ans, donne la clef d'une énigme qui, vers l'an 1820, préoccupa vivement la curiosité publique en France et à l'étranger. On fit à cette époque beaucoup de commentaires, on hasarda diverses hypothèses plus ou moins ingénieuses sur ce qu'on appelait alors le *secret* de M. Bignon. Des considérations, dont on appréciera bientôt toute la gravité, ont déterminé M. Bignon à garder ce secret jusqu'à sa mort, arrivée en 1841 ; et à cette époque encore, il eût été inconvenant et inopportun de le divulguer. Aujourd'hui les motifs de ce long silence ont enfin cessé, et nous pouvons sans inconvénient faire connaître un grave et curieux incident, qui n'a plus qu'une importance purement historique.

L'exposé que nous publions aujourd'hui, a donc au moins le mérite d'être rédigé et appuyé sur des pièces authentiques, et permettra peut-être d'apprécier cette époque difficile d'une manière plus équitable et plus complète qu'on n'avait pu le faire jusqu'ici. Des événements graves et récents donnent d'ailleurs à cet ouvrage, tout imparfait qu'il est, un certain intérêt d'actualité. Le souvenir de ce funèbre dénouement des grandeurs du premier empire donne plus de prix à nos gloires nouvelles, et pourrait nous rappeler au besoin cette modération si nécessaire aux nations comme aux individus dans les temps prospères, modération que n'eurent pas, en 1815, nos vainqueurs d'un jour.

HISTOIRE
DE LA
DERNIÈRE CAPITULATION
DE PARIS

CHAPITRE PREMIER

L'empereur à l'Élysée. — Hostilité intempestive des représentants. — Paroles prophétiques de Napoléon. — Véritable caractère de la deuxième abdication.

On a déjà beaucoup écrit sur les quelques jours d'interrègne qui séparent la deuxième abdication de Napoléon du retour de Louis XVIII. Mais on a généralement fait fausse route, en négligeant les vues d'ensemble et l'enchaînement des faits, pour se préoccuper exclusivement de petits détails. On a exploité sans scrupule, au profit de haines récentes, les scandales et les malheurs du passé.

C'est là un déplorable système, dont il ne peut rien sortir de sérieux ni de durable. La conscience des gens éclairés et honnêtes, sans acception de parti, repousse cette intervention des passions nouvelles dans l'appréciation de faits anciens ; cette recherche avide, minutieuse, de choses tristes et infimes. Notre but ne saurait donc être de rentrer dans cet ordre d'investigations, qui semble plutôt le fait d'un juge d'instruction que celui d'un historien. Toutefois, nous devons rappeler, aussi brièvement et aussi placidement que possible, les circonstances, pénibles sous tant de rapports, qui déterminèrent Napoléon à abdiquer, puisque la capitulation de Paris fut en réalité la conséquence fatale et presque immédiate de cette abdication.

L'Empereur, investi de la dictature, ou assuré qu'on ne songerait pas à la lui contester, ne serait pas revenu à Paris après la funeste journée du 19 juin. Sa place était à Laon, point central de ralliement, qu'il avait lui-même désigné aux principaux chefs de l'armée. Mais Napoléon, devenu souverain constitutionnel, était dominé par les exigences loyalement acceptées de cette situation nouvelle ; il lui fallait le concours du pouvoir parlementaire pour les grandes mesures que nécessitait un échec si grave au début de la campagne. Il jugea que sa présence *pendant quelques heures* (car il n'en eût pas fallu davantage) au centre du gouvernement, était le moyen le plus efficace d'obtenir et de constater cette union indispensable de tous les pouvoirs en face d'un commun péril. « Tout pouvait se réparer encore, disait-il plus tard à Sainte-Hélène, mais il aurait fallu que les Chambres, que la nation entière fussent animées par les sentiments de l'honneur, de l'indépendance nationale ; qu'on fixât les yeux sur ce que fit Rome après le désastre de Cannes, non sur ce que fit Carthage après celui de Zama... » Tel était le vrai sens de cette démarche, si faussement interprétée, pour le malheur de la France.

Napoléon arriva à l'Élysée dans la matinée du 21 juin. Il appela aussitôt près de lui deux hommes dans lesquels il avait une confiance entière et méritée, le duc de Bassano et Regnaud de Saint-Jean d'Angély. Tous deux croyaient à la nécessité d'une dictature, et à l'impossibilité de l'obtenir des Chambres. « On va parler d'économiser l'eau et les pompes quand la maison est en feu, » dit le duc de Bassano, qui ne voyait d'autre moyen de salut qu'une initiative énergique de la part de l'Empereur. Celui-ci fit un geste négatif, comme pour éloigner toute proposition de mesures violentes. Puis, après quelques instants de silence, il reprit d'une voix altérée : « *J'ai recommencé la monarchie constitutionnelle! Convoquez les ministres*[1] *!* Ainsi Napoléon se prononçait formellement contre toute idée de dissolution, tandis que la majorité des représentants, abusée par de perfides intrigues, s'attendait à un coup d'État pareil à celui du 18 brumaire.

Les ministres arrivèrent peu d'instants après. Le duc d'Otrante parut l'un des premiers; il avait l'air affecté, sensible et prévenant. L'Empereur éprouva un moment visible d'impatience à son aspect. Il se contint pourtant; mais l'entendant un peu après se vanter du calme qui régnait dans Paris, il dit au duc de Bassano avec un sourire amer : « *Du calme!* Ah! l'on est tranquille, selon lui!![2] »

---

[1] Notes de M. Bignon, qui tenait tous ces détails du duc de Bassano lui-même.

[2] Notes de M. Bignon.

Au conseil, les avis furent partagés, mais l'Empereur, fidèle à son rôle de souverain constitutionnel, persista dans ses intentions conciliantes et pacifiques. Il chargea les ministres et son frère Lucien d'aller solliciter des représentants une adhésion énergique, absolue, aux grandes mesures que réclamait la situation. Peut-être aurait-il mieux valu qu'il fît cette démarche en personne. Il en fut sans doute empêché par les souvenirs du 18 brumaire; il se rappela qu'alors une démarche toute semblable avait failli tout perdre, et craignit de s'amoindrir, de se compromettre inutilement dans un conflit indigne de lui.

Quoi qu'il en soit, la tentative amiable des ministres échoua complétement. Des hommes généralement honorables, mais jouets d'une intrigue coupable et de folles illusions, complétèrent par une scission déclarée le mal qu'avaient commencé leurs défiances inopportunes. Pour eux, Napoléon était le premier ennemi à combattre, celui dont il fallait à tout prix se débarrasser, en exigeant son abdication, en proclamant au besoin sa déchéance ! Pour eux, le plus grand danger n'était pas l'invasion du territoire français, mais la crainte d'un coup d'État, d'une dissolution, qu'ils auraient bien méritée par tout ce qu'ils firent pour s'y soustraire. Je ne connais rien de plus affligeant dans nos annales que cette trop fameuse motion de Lafayette, présentée dans la séance du 21 juin, motion qui associait aux mesures de défense des précautions hostiles contre le chef de l'État. Cette tendance véritablement antinationale se manifesta non moins vivement par l'accueil fait aux ministres et à Lucien, dans l'intervention duquel on voyait à tort la menace vivante d'un nouveau 18 brumaire. L'intérêt évident de la France, l'attrait irrésistible qu'exerce sur toute âme noble le malheur d'un grand homme, rattachaient Lucien à la cause de celui dont il s'était séparé dans la prospérité. Napoléon retrouva en lui, dans cette dernière crise, le même dévouement que dans la première, mais sa présence fut cette fois plus nuisible qu'utile. On repoussa ses instances, on murmura de ses reproches, et Lafayette y répondit par une sortie aussi violente que déplacée. Le moment était singulièrement choisi pour reprocher publiquement à Napoléon les souffrances et les pertes de nos armées, pour les imputer uniquement à son ambition ! Sur quoi se fondait le héros de 1789, étranger à tous les événements politiques et guerriers de l'ère impériale, pour préjuger les sentiments de l'armée, et porter la parole en son nom ? Nous n'en dirons pas davantage, par égard pour la mémoire d'un homme dont le cœur était honnête, mais le jugement faux ; qui aimait sincèrement son pays, mais qui, plus d'une fois dans sa vie, s'est cruellement abusé sur les meilleurs moyens de le servir.

Cette défection parlementaire, que Napoléon avait vainement tenté de conjurer, complétait en réalité le désastre de Waterloo. Il n'y avait plus pour le chef du gouvernement que deux partis à prendre : renverser ces nouveaux auxiliaires de la coalition étrangère, ou leur céder la place[1]. Nul n'a mieux défini cette cruelle situation que Napoléon lui-même, s'entretenant avec Benjamin Constant dans la soirée du 21 juin. Avant d'accomplir le sacrifice

---

[1] « Les Français qui, après la défaite de Waterloo, au lieu des ressources en hommes et en argent que demandait l'usurpateur, ne lui en ont laissé d'autres que de tout abandonner, ont été pour les puissances alliées *des auxiliaires très-réels et très-utiles.* » (Note de M. de Talleyrand, du 21 septembre 1815.)

qu'on exigeait de lui, il en pressentait les conséquences funestes ; il formulait d'avance l'inflexible arrêt de l'histoire :

« Il ne s'agit pas de moi à présent, il s'agit de la France. On veut que j'abdique. A-t-on calculé les suites inévitables de cette abdication ? C'est autour de moi, autour de mon nom que se groupe l'armée ; m'enlever à elle, c'est la dissoudre. Cette armée n'entend pas toutes vos subtilités. Croit-on que des axiomes métaphysiques, des déclarations de droits, des discours de tribune, arrêteront une débandade ? Me repousser quand je débarquais à Cannes, je l'aurais conçu ; m'abandonner aujourd'hui, je ne le conçois pas ! Ce n'est pas quand les ennemis sont à vingt-cinq lieues qu'on renverse un gouvernement avec impunité. Pense-t-on que des phrases donneront le change aux étrangers ? Si l'on m'eût renversé il y a quinze jours, c'eût été du courage, mais je fais partie maintenant de ce que l'étranger attaque, je fais donc partie de ce que la France doit défendre ! En me livrant, elle se livre elle-même, elle avoue sa faiblesse, elle se reconnaît vaincue, elle encourage l'audace du vainqueur ! Ce n'est pas la liberté qui me dépose, c'est Waterloo, c'est la peur, une peur dont vos ennemis profiteront.

» Et quel est donc le titre de la chambre pour me demander mon abdication ? Elle sort de sa sphère légale, elle n'a plus de mission ; mon droit, mon devoir, c'est de la dissoudre. » Alors il parcourut rapidement les conséquences possibles d'une telle mesure. Séparé des chambres, il n'était plus qu'un chef militaire, mais l'armée lui restait. En supposant même qu'elle se divisât, la portion qui lui demeurerait fidèle pouvait se grossir de cette classe véhémente et nombreuse, facile à soulever, parce qu'elle est sans lumières. Et comme si le hasard eût voulu fortifier Napoléon dans le sentiment des ressources que lui promettait cette résolution désespérée, au moment même où il comparait ses forces à celles de ses adversaires, soudain l'avenue de Marigny retentit des cris de *vive l'empereur !* Une foule d'hommes, appartenant pour la plupart à la classe indigente et laborieuse, se pressait dans cette avenue, tentant d'escalader les murs de l'Élysée, pour offrir à Napoléon de l'entourer et de le défendre. Il promena quelque temps ses regards sur cette multitude passionnée. « Vous le voyez, me dit-il, ce ne sont pas là ceux que j'ai comblés d'honneurs et de trésors. Que me doivent ceux-ci ? Je les ai trouvés, je les ai laissés pauvres. L'instinct de la nécessité les éclaire, la voix du pays parle par leur bouche, et si je le veux, si je le permets, cette chambre rebelle, dans une heure elle n'existera plus. Mais, reprit-il après un moment de silence, la vie d'un homme ne vaut pas ce prix. Je ne suis pas revenu de l'île d'Elbe pour que Paris fût inondé de sang[1]. »

Dans cette vie si pleine de choses grandes et héroïques, il n'est peut-être pas de plus beau moment que celui-là. On a dit que Napoléon avait péri pour avoir trop osé ; ne devrait-on pas dire plutôt qu'il succomba pour n'avoir pas tout osé, pour n'avoir pas osé autant qu'il pouvait faire, dans la prospérité comme dans le malheur ! Ce fut une faute d'élever sa famille, c'en fut peut-être une plus grande encore de ne pas changer plus de dynasties. Il avait pu anéantir la Prusse, et c'est la Prusse dont la défection lui porta le coup le plus fatal en 1812. Et de même que naguère il aurait pu, en proclamant l'émancipation des serfs, allumer au cœur de la Russie un feu plus ardent que celui de Moscou, il pouvait, en 1815, donner de l'Élysée le signal d'une guerre d'extermination contre tous ses ennemis, *quels qu'ils fussent*. Mais cette lutte suprême n'était possible qu'à la condition d'une alliance sacrilége, indigne de lui. Jamais il ne fut plus grand qu'à cette dernière heure, où il préféra le long martyre de l'exil aux horreurs d'un pareil succès, où il dédaigna de ramasser les guenilles sanglantes de la Terreur pour s'en refaire une pourpre impériale.

Ce ne fut pas toutefois sans de cruelles perplexités que l'Empereur accomplit son sacrifice. Il l'aurait fait sans hésitation, sans regret, s'il avait espéré que ceux qui exigeaient son abdication « couvriraient au moins leur abandon de quelque lutte, de quelque gloire, » ou que cette abdication suffirait en effet pour désarmer les ressentiments de ces

---

[1] Benjamin Constant, *Lettres sur les Cent Jours*. Ces éloquentes paroles de Napoléon ont été souvent reproduites, mais on ne saurait trop les connaître et les méditer, pour l'intelligence de ces tristes événements.

ennemis qui prétendaient alors n'en vouloir qu'à lui et non à la France! Mais il ne l'espérait pas ; il ne se faisait illusion ni sur l'énergie des uns, ni sur la modération des autres.

Cette journée du 21 juin est une date à jamais lugubre dans notre histoire. Malgré les égards que méritent individuellement la plupart des députés de 1815, on ne saurait méconnaître que leur défection, si profondément inopportune après Waterloo, fut la cause décisive de l'abdication et des malheurs qui s'ensuivirent. L'Empereur n'aurait pas reculé devant une opposition dont l'hostilité dynastique ou la trahison eussent été les seuls éléments ; il ne céda au soulèvement que quand il vit les chefs du parti constitutionnel s'en faire les plus ardents promoteurs. Leur présence dans les rangs de ses ennemis devait rallier contre lui une partie de cette majorité paisible, ennemie des excès révolutionnaires, qui avait jadis applaudi au 18 brumaire. Dès lors, le succès et même la lutte n'étaient plus possibles qu'au prix d'affreux déchirements. En reculant devant cette extrémité terrible, en refusant de pactiser, même momentanément, avec les démagogues, Napoléon rendait un dernier et immense service, non-seulement à sa patrie, mais à l'Europe conjurée ; il se sacrifiait, non pas à un intérêt exclusivement français, mais à un intérêt social. On n'a compris que bien plus tard tout ce qu'il y eut d'abnégation héroïque et de véritable grandeur dans cette dernière abdication [1].

---

[1] Nous avons dû mentionner dans cette étude, mais seulement comme point de départ, l'abdication de l'Empereur. On conçoit qu'il n'entrait pas dans notre plan d'en reproduire tous les détails, déjà connus depuis longtemps. On les trouvera notamment dans le tome III de l'ouvrage de M. de Vaulabelle sur *les deux Restaurations*. Voir aussi le dernier chapitre du t. XIV de l'*Histoire de France sous Napoléon*, de M. Bignon.

CHAPITRE II

Suites funestes de l'abdication. — La commission de gouvernement provisoire. — Fouché.

L'empereur n'avait que trop justement pressenti les conséquences du sacrifice qu'on exigeait de lui. Par la défection des représentants, la France entière se trouva entraînée dans la déroute de Waterloo. On s'était imaginé que l'abdication désarmerait nos ennemis; elle ne désarma que nos défenseurs. D'un échec que Napoléon seul pouvait réparer, on fit, en se séparant de lui, l'un des plus effroyables désastres qu'une nation puisse essuyer sans périr.

On a prétendu, en jugeant d'après l'événement, qu'une fois l'abdication exigée et obtenue, le mieux aurait été de proclamer et de redemander de suite Louis XVIII. La question n'est pas de savoir si cette solution eût été la meilleure, mais si elle était possible dès le 22 juin. Or, dans ce moment, les royalistes n'étaient nulle part en mesure de se prononcer avec l'ensemble et l'énergie nécessaires pour décider ce rappel spontané; ils avaient contre eux l'armée, et ne comptaient qu'une minorité imperceptible et timide dans les assemblées législatives. Le véritable esprit politique de ces assemblées se manifesta tout d'abord par le choix des membres de la commission de gouvernement provisoire. Ce n'était pas assurément pour préparer la rentrée du frère de Louis XVI que l'on désignait, pour figurer dans cette commission, trois conventionnels régicides. Tous les contemporains, sans distinction d'opinion, ont conservé cette impression, qu'une tentative royaliste qui se serait produite immédiatement après l'abdication, tandis que l'Empereur était encore dans le voisinage de Paris et de l'armée, aurait infailliblement provoqué un mouvement à la fois populaire et militaire en faveur de Napoléon. Celui-ci n'ayant d'ailleurs abdiqué qu'en faveur de son fils, la proclamation spontanée d'un autre souverain le relevait de cette abdication, et lui donnait un point d'appui légal pour ressaisir la dictature[1].

Il a fallu, pour que le rétablissement de la branche aînée des Bourbons devînt, non plus seulement possible, mais nécessaire, que Napoléon fût parti, l'ennemi aux portes de Paris, qu'un fatal concours de circonstances amortît toute résistance, paralysât toute énergie, même celle du désespoir! Il a fallu, en un mot, que toutes les conséquences de l'abdication eussent acquis leur plein et entier développement. Quelques jours suffirent, il est vrai, pour réduire la France à subir la loi rigoureuse du vainqueur. Mais dans ces quelques jours se presse un monde entier d'événements, de péripéties, aboutissant

---

[1] Il y eut cependant, le 27 juin, un projet de rappel des Bourbons, concerté entre Fouché et Davoust, projet dont nous reparlerons tout à l'heure. Mais il est essentiel de remarquer que dans ce moment l'invasion anglo-prussienne avait fait déjà de grands progrès, qu'on avait des données au moins très-vraisemblables sur les intentions définitives de l'Angleterre à l'égard des Bourbons, enfin que les mesures étaient prises pour que l'Empereur fût déjà loin de Paris au moment où la proposition du rappel de Louis XVIII aurait été soumise officiellement aux chambres. Toutefois, s'il avait été donné suite à ce projet, il est difficile de deviner ce qui serait arrivé.

enfin à une solution tout à fait opposée aux sympathies, aux vues de ceux-là même qui l'avaient préparée sans s'en douter.

Le choix des membres de la commission de gouvernement provisoire trahissait déjà tout à la fois cet esprit de répugnance et de précaution hostile contre les Bourbons, dont nous parlions tout à l'heure, et le commencement de ce travail de désorganisation, qui devait bientôt rendre leur rétablissement inévitable. Chacun de ces choix avait néanmoins, jusqu'à un certain point, sa raison d'être. Le nom de Carnot, associé au souvenir d'une lutte énergique et heureuse contre une autre coalition, semblait de bon augure, dans l'éventualité de grandes mesures à prendre pour la défense nationale. Grenier, l'un des plus habiles tacticiens de l'armée française, appartenait à la catégorie peu nombreuse d'officiers supérieurs qui pouvaient se plaindre de n'avoir été ni suffisamment mis en évidence, ni récompensés suivant leur mérite sous le régime impérial; il présentait donc une double garantie de capacité et d'indépendance à ceux qui croyaient pouvoir se passer de Napoléon. Quinette, esprit laborieux et pratique, avait eu le mérite de montrer du sang-froid dans les premiers moments de l'émotion excitée par la fatale nouvelle de Waterloo. Caulaincourt, noble et loyale nature, mais brisé moralement et physiquement par tant de terribles secousses depuis 1812; Caulaincourt, le fidèle et malheureux négociateur de Prague et Châtillon, semblait plus particulièrement chargé de défendre les intérêts de la dynastie napoléonienne.

Enfin, la nomination d'un homme qui fut le héros malfaisant de ces tristes jours, celle du duc d'Otrante, s'explique par des raisons de nature bien diverse. Tout le monde se défiait de Fouché, et personne ne croyait pouvoir se passer de lui. Ses antécédents révolutionnaires semblaient creuser un abîme entre les Bourbons et lui, et cette considération avait même puissamment contribué à sa nomination. Il trahissait l'Empereur dès 1813, et depuis cette époque, aucune réconciliation n'avait été sincère de sa part. S'il n'était pas l'auteur direct de la défection parlementaire devant laquelle Napoléon se retirait, il y avait puissamment contribué par des insinuations fausses et perfides. Enfin il ne partageait pas les illusions des constitutionnels, partisans du duc d'Orléans; il comprenait à merveille que l'avénement de ce prince, possible avant le retour de l'île d'Elbe, ne l'était pas après Waterloo. Fouché semblait donc, soit par ses antécédents, soit par ses prévisions, placé en dehors de tous les partis, et pourtant il avait eu l'art de se faire universellement accepter comme un auxiliaire et un confident nécessaire, et se mettait ainsi en mesure de tirer un profit personnel de toutes les éventualités.

De tous les promoteurs de la défection parlementaire, celui-là fut le plus clairvoyant, et, par conséquent, le plus coupable. Il prévit les conséquences de l'abdication aussi bien que Napoléon lui-même. Les autres, il faut le dire à leur honneur, furent les dupes de Fouché, non ses complices. Tous auraient sans doute agi différemment s'ils avaient pu lire dans un avenir bien proche, s'ils avaient compris que leur révolte contre les projets de dissolution faussement attribués à l'Empereur, les conduisait à une dissolution bien autrement humiliante et brutale. Ils ne prévoyaient pas alors qu'ils se verraient bientôt interrompus dans ces stériles débats de constitution, dans ces discussions métaphysiques, dont rien, pas même l'agonie de la France, n'avait pu les distraire; que, repoussés du lieu de leurs séances par les baïonnettes, ils en seraient réduits à regretter qu'une telle violence ne leur eût pas été faite du moins par des mains françaises [1].

Le duc d'Otrante est un des plus tristes exemples que nous offre l'histoire, du pervertissement moral que subissent parfois les intelligences les plus remarquables dans les bouleversements sociaux. Un publiciste éminent [2] a dit que, dans ces temps de crise, les devoirs et les sentiments les plus respectables se trouvent parfois divisés, et qu'entre ces choses graves et sacrées, il faut savoir faire un choix. Souvent aussi l'embarras de ce choix mène au scepticisme, au dédain de tout sentiment honnête et désintéressé. Le spectacle des triomphes de la force brutale, de l'injustice et de la ruse, si fréquents et parfois nécessaires en temps de révolutions, est une tentation trop grande pour des passions impérieuses, unies à des consciences débiles.

Fouché peut être regardé comme le type le plus remarquable de cet égoïsme révolutionnaire! Après avoir commencé sa fortune par une complicité froide et raisonnée dans les plus sanglants excès du terrorisme, il l'affermit par un dévouement absolu et servile à Napoléon, qu'il trahit ensuite sans scrupule, quand il crut pouvoir le faire avec profit. Les événements de 1814 avaient déjoué ses calculs ambitieux : relégué dans l'ombre par le gouverne-

---

[1] Parmi les membres du parti constitutionnel de la chambre, Benjamin Constant est celui qui montra dans cette crise le plus de prévoyance et de sens gouvernemental. Dans ses *Lettres sur les Cent Jours*, bien qu'il ait apprécié avec une indulgence excessive la conduite de ses collègues, il ne dissimule qu'à demi combien leur attitude après Waterloo lui parut inopportune et périlleuse.

[2] M. de Rémusat.

ment de la première Restauration, il vit naturellement avec satisfaction ce gouvernement trébucher et s'égarer dès ses premiers pas. Il dut sympathiser avec les idées des hommes qui, dès cette époque, préparaient l'avénement d'un prince plus sympathique aux idées libérales et, par conséquent, aux hommes de la Révolution. On sait comment les événements firent avorter cette combinaison, et remirent Fouché en présence de son ancien maître, dont il ne sollicita le pardon pour les trahisons anciennes qu'afin de le trahir plus sûrement encore. Fouché avait connu ou deviné l'un des premiers les véritables dispositions des alliés. Il n'était pas de ceux que peuvent abuser les proclamations et les manifestes; il prévoyait que la promesse de ne pas s'immiscer dans le choix du gouvernement de la France n'avait d'autre but réel que d'affaiblir Napoléon, que le succès de la coalition aboutirait infailliblement au rétablissement de Louis XVIII, sinon au démembrement de la France.

Menacé d'une disgrâce, et peut-être d'un châtiment plus sévère par Napoléon, qui avait démasqué ses intrigues, Fouché ne pouvait être sauvé que par la chute du gouvernement impérial. Dès la première nouvelle de Waterloo, cette chute lui parut inévitable, et il ne songea plus qu'à en tirer le meilleur parti possible, en écartant tous les obstacles qui pouvaient ajourner et peut-être empêcher le triomphe définitif de la coalition; en se rendant assez utile, assez nécessaire à Louis XVIII et à ses alliés, pour surmonter les plus légitimes répugnances, et faire agréer ou subir ses services au frère de Louis XVI! Ce fut dans ce but que Fouché provoqua la manifestation hostile des représentants, en prêtant faussement à Napoléon des projets de mesures violentes. Qu'importaient l'honneur et l'avenir de la France, pourvu que la fortune de Fouché surnageât parmi les débris?

Pourtant, nous ne voudrions pas juger cet homme plus sévèrement qu'il ne mérite. Il se peut que l'égoïsme l'aveuglât au point de croire que l'intérêt général était conforme à son intérêt privé. Il est d'ailleurs certain qu'au moment où il détermina l'abdication par ses intrigues, il espérait amortir les répugnances de la nation, des représentants et de l'armée pour les Bourbons, assez promptement pour arriver au même but par un accommodement moins humiliant et moins désastreux que celui qu'il fallut subir. Il fit même dans ce sens, le 27 juin, d'accord avec le prince d'Eckmühl, une tentative qui, si elle avait réussi, aurait épargné à la France au moins une partie des humiliations auxquelles elle fut soumise un peu plus tard. Cette tentative échoua par suite d'une double maladresse des conseillers intimes de Louis XVIII, et des plénipotentiaires envoyés aux souverains alliés pour traiter de la paix. Les premiers, dans la fâcheuse proclamation en date du 25 juin, avaient jugé à propos de parler de la *dispersion heureuse des satellites du tyran*, et des mesures rigoureuses qu'on préparait contre ses complices. Cette menace fut, il est vrai, presque aussitôt amendée par la déclaration plus conciliante de Cambrai, mais elle avait été connue dès le 26 à Paris, et y avait ravivé, dans le moment le plus inopportun, la défiance et l'inimitié contre la branche aînée des Bourbons.

La bévue des plénipotentiaires fut d'un effet plus déplorable encore. Prenant au sérieux quelques paroles vagues et sans autorité des aides de camp du maréchal Blücher, ils avaient cru et affirmé de la manière la plus positive, dans leur correspondance officielle, que les alliés ne tenaient en aucune façon au rétablissement des Bourbons, mais seulement à l'anéantissement politique de Napoléon. La dépêche de M. de Lafayette, qui contenait cette affirmation, fut communiquée le 27 à un conseil de gouvernement, juste au moment où le rappel des Bourbons allait y être officiellement résolu, à l'instigation de Fouché et sur l'initiative du prince d'Eckmühl. La conséquence de cette communication fut l'ajournement forcé d'une résolution décisive, dans une circonstance qui n'admettait pas de retard. Et comme en même temps, pour donner satisfaction aux alliés, on persistait à repousser l'offre que faisait Napoléon de reprendre, en qualité de simple général, le commandement de l'armée, comme on le contraignit enfin à s'éloigner, emportant avec lui toute possibilité de résistance efficace et énergique, on perdit tout pour n'avoir pas su se décider à temps, dans un sens ou dans l'autre! On fut réduit à subir un gouvernement qu'il aurait été possible d'accepter, quelques jours auparavant, avec quelque semblant d'indépendance et de dignité dans le malheur!

Mais, en admettant même que les conséquences de l'abdication aient été aggravées par des démarches étrangères au duc d'Otrante, il n'en demeure pas moins responsable, dans une large mesure, des humiliations et des malheurs de la France. C'est à son instigation que l'abdication fut exigée, parce qu'à cette heure décisive il n'eut de véritable souci que pour sa propre fortune, et qu'il subordonna tout à son intérêt privé. Lui aussi prenait en sérieuse considération cette effervescence anarchique, dont l'appréhension fut un des grands motifs qui déterminèrent l'Empereur à céder, et ensuite à ne pas revenir sur son abdication. Mais c'était pour la France même et pour l'ordre social que Napoléon redoutait cette effervescence, dont il aurait pu se faire un si terrible auxiliaire. L'ancien terroriste Fouché, devenu l'un de ces riches que jalousent et qu'attaquent les niveleurs, ne redoutait que pour lui-même une nouvelle explosion de ces passions révolutionnaires, dont son ambition l'avait jadis fait complice.

Mais il est des coupables dont l'impunité ferait douter de la Providence, et celui-là fut du nombre. Aussi, après un succès éphémère, les calculs égoïstes de cet homme, pourtant si habile, aboutirent à une immense et suprême déception. Parvenu à se faire admettre dans les conseils de Louis XVIII, il crut avoir gagné, lui aussi, sa bataille de Waterloo; oubliant que cette faveur, née de circonstances exceptionnelles, devait être passagère comme elles, et qu'on sacrifie sans scrupule les gens qu'on n'aime ni n'estime, du moment où ils cessent d'être nécessaires. Aussi cet homme, qui avait tant abusé les autres, s'abusa profondément sur sa propre destinée. En travaillant à l'humiliation de son pays, il ne gagna pour lui-même que l'exil, une prompte mort et un opprobre éternel.

De tous les hommes politiques qui figurèrent dans l'interrègne de 1815, Fouché est le seul dont les actions méritent un examen minutieux et suivi; il fut véritablement le génie malfaisant de ces tristes journées. Cette équivoque et ténébreuse figure présente un contraste saisissant avec la physionomie vraiment épique de Napoléon, plus grand, s'il est possible, dans ce martyre de l'infortune que dans la prospérité. Tout l'intérêt, toute la poésie de ces jours de deuil se concentre autour de ce glorieux vaincu, de cet Encelade des temps modernes, qui ne put être, lui aussi, accablé que sous des montagnes.

Les événements de l'interrègne ont servi de prétexte à des déclamations violentes et banales contre les classes aisées, déclamations dont le simple bon sens suffit pour faire justice, et que démentent d'ailleurs des témoignages nombreux et irréfragables. Attribuer aux grands toutes les faiblesses, toutes les fautes ; aux petits tous les sentiments nobles et énergiques, c'est faire après coup de la fantaisie révolutionnaire pour flatter les passions d'une autre époque [1]. Napoléon connaissait mieux apparemment les hommes et les choses de son temps que les écrivains qui sont venus, trente ans plus tard, discuter sa conduite, et lui apprendre ce qu'il aurait dû faire. S'il se retira devant l'opposition parlementaire qui se manifesta après Waterloo, c'est que, le principe d'une résistance régulière lui faisant défaut, il jugea qu'une lutte continuée dans des conditions révolutionnaires pouvait surexciter les passions de l'Europe conjurée, compliquer la guerre étrangère d'une guerre civile, et aboutir au démembrement de la France. Si ce fut là une erreur, ce fut du moins celle d'une grande âme, et les alliés, qui en recueillirent tout le béné-

---

[1] On a insisté avec quelque amertume sur l'attitude indifférente et presque joyeuse d'un certain nombre d'individus appartenant aux classes aisées, se promenant paisiblement sur les boulevards, tandis que les Prussiens menaçaient déjà la capitale. Un témoin oculaire, qui parcourait à la même époque les environs de Paris, du côté opposé à l'invasion, nous racontait dernièrement qu'il fut fort surpris de trouver partout les populations rurales, réunies autour des feux de *la Saint-Jean*, se livrant avec un calme parfait à leurs réjouissances accoutumées. Cet incident, pris entre mille, prouve que la lassitude de la guerre et des grandes émotions politiques ne se rencontrait pas exclusivement alors dans les rangs élevés de la société, et généralement qu'il ne faut pas se hâter de tirer de faits isolés des conséquences absolues. N'y avait-il donc alors que dans la bourgeoisie, des veuves et des mères en deuil ?

fice, auraient dû se montrer plus généreux envers la France, comme envers l'Empereur.

Au reste, si nous avons insisté avec quelque détail sur le rôle politique de Fouché, c'est que son influence, prépondérante au début, ne se manifeste plus que d'une façon indirecte et vague dans les négociations qui vont suivre, et que nous avions hâte d'en finir tout d'abord avec les choses honteuses. Notre intention n'est pas, nous le répétons encore, de recommencer la chronique scandaleuse de ces malheureux jours. Un pareil travail ne saurait profiter ni aux intérêts généraux de la France, ni à ceux d'aucun parti. Napoléon lui-même nous a donné le conseil d'une sage réserve, en proclamant « qu'il est des événements au-dessus de toute force humaine. » Ce serait déjà une entreprise insensée que de prétendre noter toutes les défaillances de l'équipage d'un navire prêt à sombrer dans une tempête, celles même d'un seul homme aux prises avec quelque crise suprême ; et ici nous sommes en présence, non pas seulement d'un homme ou d'un navire, mais d'une grande nation en détresse, de la France elle-même en péril de mort !

CHAPITRE III

Nomination des plénipotentiaires envoyés aux souverains alliés. — Leurs instructions.

Le gouvernement provisoire, chargé de tirer parti de l'abdication pour négocier une paix honorable, devait nécessairement succomber en peu de jours dans l'accomplissement de cette tâche impossible. Il est juste de reconnaître néanmoins, qu'à l'exception du duc d'Otrante, les membres de ce gouvernement et leurs agents s'efforcèrent loyalement, et jusqu'à la dernière heure, d'exécuter leur mandat.

En se tenant rigoureusement dans les termes de l'abdication consentie par l'Empereur, la question à vider entre la France et la coalition aurait pu être posée dans les termes les plus simples. L'abdication avait été réclamée par la majorité des représentants et consentie par l'Empereur, parce que les alliés avaient déclaré, avant le commencement des hostilités, que sa seule présence était un obstacle insurmontable à la paix, qu'ils ne faisaient la guerre qu'à lui, et non dans le but d'imposer à la France tel ou tel gouvernement.

D'un autre côté, Napoléon avait abdiqué expressément en faveur de son fils, et dans les deux séances du 23 juin, les Chambres avaient reconnu que Napoléon II était devenu empereur des Français par le seul fait de l'abdication de son père et la force des constitutions de l'Empire. La tentative de négociation semblait donc devoir se réduire à mettre les alliés en demeure d'agir conformément à leurs déclarations précédentes, l'abdication leur ôtant tout prétexte de continuer les hostilités, ou d'intervenir dans les affaires intérieures de la France.

Mais, en fait, la situation était bien autrement complexe et périlleuse. Il était évident, pour tout homme sensé, qu'on ne devait pas compter, de la part des alliés, sur cette modération stoïque dans la victoire ; qu'ils exigeraient par rapport à Napoléon d'autres sûretés que celle d'une simple abdication ; enfin, qu'en dépit de leurs promesses, ils entendaient faire payer chèrement à la France le violent ébranlement donné à l'Europe par le retour de l'île d'Elbe. On devait prévoir que les diplomates de la coalition contesteraient la base même de la négociation proposée, qu'ils ne manqueraient pas d'objecter « que ce qui pouvait être applicable à la France seulement menaçante, ne l'était plus à la France décidément hostile ; à la France, qui avait fait un violent et inutile effort pour conserver le souverain dont on avait voulu la détacher. » A cette difficulté inévitable, on n'osait pas même opposer la menace d'une résistance désespérée, à plus forte raison celle du rappel de Napoléon, tant le découragement était profond, tant on était convaincu que toute prolongation de la lutte, avec ou sans l'Empereur, ne pouvait aboutir qu'à des désastres encore plus grands.

En dépit des illusions de quelques utopistes, il fallait donc s'attendre à des exigences impérieuses, exagérées. M. Bignon, qui venait d'accepter le portefeuille des affaires étrangères, s'attacha, en rédigeant les instructions des plénipotentiaires, à prévoir toutes les objections, toutes les prétentions que les ennemis pourraient mettre en avant. En s'efforçant d'assurer le succès de la négociation projetée, il n'osait y compter néanmoins, et prenait en même temps des mesures particulières qui dénotaient la prévision des éventualités les plus sinistres [1].

Ces instructions n'ont été connues jusqu'ici que par des citations partielles et des fausses appréciations.

En voici le résumé fidèle et complet :

« L'objet de la mission des plénipotentiaires est de négocier un arrangement qui sauvegarde notre indépendance nationale et l'intégrité de notre territoire. L'Empereur ayant abdiqué, ses droits sont constitutionnellement dévolus à son fils. Mettre obstacle à cette dévolution ce serait déjà violer notre indépendance et se mettre en contradiction avec les déclarations antérieures. Mais *il est fort à craindre* que les puissances ne se croient plus liées par les déclarations *qui ont précédé les hostilités.* Elles objecteront : 1° Que la distinction qu'on voulait bien admettre alors entre l'Empereur et la nation, n'est plus admissible par le fait de la nation elle-même ; 2° que la promesse de ne pas intervenir dans le choix d'un autre souverain n'ayant pu empêcher la guerre, les puissances s'en considèrent comme dégagées, et que leur intervention dans le

---

[1] Dans la nuit du 23 au 24, M. Bignon s'occupa de mettre en sûreté les pièces les plus importantes et les plus secrètes de son ministère. Il les confia à l'un de ses neveux, M. Edouard Delamarre, aujourd'hui membre du corps législatif, qu'il fit partir immédiatement de Paris avec ce précieux dépôt, en lui recommandant de ne les remettre ultérieurement qu'à lui-même, ou, à son défaut, sur la réquisition et en présence du duc de Bassano et de M. Otto. Ce ne fut qu'après la capitulation que M. Bignon fit revenir ces pièces, qu'il remit à M. de Talleyrand.

choix du nouveau souverain est devenue nécessaire pour la sécurité de l'avenir européen.

» Les plénipotentiaires puiseront la réfutation de ces arguments dans les sentiments de l'honneur national, qui, après que la nation entière s'était ralliée à l'Empereur, a dû combattre avec lui et pour lui, dans l'intérêt de sa propre défense jointe à celle du chef qu'on voulait lui enlever. Ils s'efforceront de démontrer que l'abdication, en rompant ce lien de l'honneur national, replace la France, vis-à-vis des puissances, précisément dans l'état où elle était avant la guerre, et fait disparaître le seul grief qu'on pût avoir contre elle.

» Il est une autre objection plus grave, et qui rendrait tout accommodement à peu près impossible : ce serait celle qui tendrait à refuser de reconnaître les plénipotentiaires, et la commission du gouvernement, et les actes de la représentation nationale, comme étant le résultant d'un ordre de choses qui ne serait pas légal vis-à-vis des souverains alliés, attendu qu'ils ont constamment refusé d'en admettre les principes. Peut-être aussi se bornera-t-on à déclarer qu'il n'est pas constant pour eux que le vœu de la nation française est bien celui qui est exprimé par les Chambres, et que, pour savoir à quoi s'en tenir, ils entendent rétablir d'abord tout ce qui existait avant le mois de mars [1].

» Les plénipotentiaires ne manqueront pas d'arguments pour répondre à ces objections, surtout vis-à-vis de l'Angleterre, dont le souverain actuel ne règne qu'en vertu des principes dont nous sommes, à notre tour, dans le cas d'invoquer l'application. »

---

[1] Tel fut, en effet, comme on le verra bientôt, le déclinatoire adopté par les ministres des puissances alliées.

Pour bien comprendre ce passage, il importe de rappeler combien est frappante l'analogie des événements des Cent Jours avec ceux qui amenèrent, en 1688, la fuite de Jacques II et l'avénement *définitif* de Guillaume d'Orange. Lors du retour de l'île d'Elbe, le duc de Vicence et M. Bignon n'avaient pas manqué de signaler à Napoléon cette conformité, comme un point de départ avantageux dans l'éventualité d'une tentative de négociation séparée avec l'Angleterre. L'Empereur avait agréé cette idée, et fait faire aux archives des affaires étrangères des recherches et de nombreux extraits de la correspondance de M. Barillon, ministre de France en Angleterre à l'époque de la révolution de 1688. La rapidité des événements mit obstacle à la négociation projetée. Toutefois les partisans de la dynastie napoléonienne ne désespéraient pas, dans les premiers jours qui suivirent le désastre de Waterloo, d'invoquer avec quelque succès ce même souvenir auprès du gouvernement britannique, en faveur du fils de Napoléon. Ce fut même, comme on le verra plus bas, l'un des principaux objets d'une mission spéciale auprès du cabinet de Londres [1].

Enfin, l'auteur des instructions avait dû mentionner une autre éventualité, prévue et espérée par la plupart de ceux qui avaient le plus fortement insisté pour l'abdication. Ils regardaient comme possible que, sans prétendre imposer la branche aînée des Bourbons à la France, les puissances n'en insistassent pas moins pour l'exclusion de l'héritier de

---

[1] Nous avons retrouvé, dans les papiers de M. Bignon, ces extraits inédits de la correspondance relative à la révolution de 1688. On trouvera ci-après les plus intéressants, parmi les pièces justificatives qui forment la seconde partie de ce volume.

Napoléon, dont la longue minorité pouvait donner lieu à des *agitations intérieures*, redoutables pour le repos de l'Europe entière. De ces agitations, la plus à redouter pour nos vainqueurs du moment, était celle qu'aurait pu produire un nouveau retour de Napoléon, et la position du gouvernement provisoire était si fausse, qu'il ne pouvait combattre ces craintes que par des protestations humiliantes. Pourtant il fallait bien répondre quelque chose. Il fallait, pour rassurer les alliés, insister sur le besoin qu'avait alors la France d'une longue paix, sur les vives répugnances qui s'y manifestaient pour la continuation de la guerre, sur l'allanguissement forcé de l'énergie guerrière chez une nation gouvernée par un conseil de régence, etc.... Monstrueuse situation que celle-là, où, pour sauvegarder les intérêts d'une nation, on était contraint de révéler, d'exagérer son état de faiblesse et d'accablement, en un mot, de rassurer ses ennemis, jusqu'à leur donner la tentation de pousser aux dernières limites l'abus de la victoire !

Le gouvernement provisoire prescrivait aux plénipotentiaires une insistance encore plus énergique contre la branche *aînée* des Bourbons, qu'en faveur du maintien de la dynastie impériale. Cette tendance, que nous n'avons pas à discuter, était assurément conforme alors à l'esprit de la majorité constitutionnelle des représentants. On s'expliquait, à cet égard, en des termes d'une vivacité peut-être excessive. Il est toutefois nécessaire d'observer, pour l'excuse personnelle de l'auteur de ces instructions, qu'après les graves aberrations du premier gouvernement des Bourbons, il était permis d'en redouter de nouvelles, et que les fautes de la seconde Restauration et la révolution de 1830 n'ont que trop bien justifié cette prévision.

La plus grande fermeté était recommandée aux plénipotentiaires, sur la question de l'intégralité du territoire. C'était en effet sur ce terrain seulement, qu'on pouvait espérer de raviver les entiment de l'honneur national sans le concours de Napoléon. « Le respect de notre territoire, disait avec raison M. Bignon, importe à l'équilibre général européen. Sous quel prétexte voudrait-on y attenter ? Tout est changé dans le système de l'Europe, tout, au profit des autres grandes puissances, tout, à notre détriment. La France n'en est point jalouse, mais elle ne veut être ni assujettie ni démembrée. » Ce langage était digne, véritablement français, et les ministres de Louis XVIII, obligés bientôt après de lutter à leur tour contre les exigences outrées des vainqueurs, durent envisager la situation au même point de vue, et faire valoir les arguments indiqués par le ministre du gouvernement provisoire.

Cette question était donc en réalité l'âme de la négociation ; elle devait fatalement primer toutes les autres, même celle du maintien de la dynastie napoléonienne. Toutefois, en présence de la déclaration des Chambres en faveur de Napoléon II, le gouvernement provisoire ne pouvait ni laisser à ses plénipotentiaires, ni assumer pour lui-même la responsabilité d'une solution différente. Mais, d'un autre côté, il ne pouvait pas davantage subir la responsabilité plus grave encore de rompre toute négociation, sur le seul rejet du principe de l'hérédité dans la famille impériale. L'éventualité de ce rejet dut donc être prévue, et les plénipotentiaires eurent ordre de prendre *ad referendum* les propositions qui pourraient nous être offertes comme dernier moyen de salut, et susceptibles de se concilier avec nos plus chers intérêts. On réservait ainsi aux Chambres la possibilité d'accepter soit le duc d'Orléans, soit

Louis XVIII lui-même, avec des lois constitutionnelles et des garanties pour la sécurité des personnes compromises.

Dans tous les cas, il était expressément enjoint aux plénipotentiaires d'insister pour la conclusion préalable d'un armistice, de stipuler la sûreté et l'inviolabilité de Napoléon hors du territoire français, de faire appel à la générosité personnelle des souverains alliés pour lui obtenir une résidence convenable.

Enfin, on indiquait éventuellement aux plénipotentiaires plusieurs arguments particuliers, susceptibles d'être employés séparément auprès des diverses puissances, s'il leur était donné quelque facilité pour des tentatives de ce genre. Cette partie des instructions était empruntée presque textuellement à un rapport secret présenté par le duc de Vicence à l'Empereur, dans le mois d'avril précédent. Ces négociations séparées auraient eu assurément quelques chances de succès à cette époque, si le retour de Napoléon s'était accompli après la clôture du congrès et la séparation des souverains.

Dans les instructions de M. de Lafayette et de ses collègues, on s'était efforcé de reprendre cette idée, et de l'adapter aux nouvelles circonstances avec les modifications nécessaires.

Ainsi, vis-à-vis de l'Autriche, on espérait pouvoir faire utilement appel à l'affection de famille, et aux inquiétudes que devait inspirer au cabinet de Vienne l'agrandissement de la Prusse et de la Russie. D'un autre côté, les idées libérales bien connues de l'empereur Alexandre semblaient devoir le rendre personnellement sympathique à un système de gouvernement constitutionnel. On espérait aussi qu'il garderait rancune aux Bourbons de leur reconnaissance trop exclusivement affichée, en 1814, pour l'Angleterre. D'ailleurs son but était atteint ; vainqueur sans avoir combattu, il n'avait cette fois aucune perte à déplorer ou à venger. Sous ce dernier rapport, la Prusse était de toutes les puissances celle qu'on devait trouver la plus mal disposée ; néanmoins, à raison même des pertes qu'elle venait de faire, il était vraisemblable qu'elle ne pourrait refuser son adhésion à un arrangement qui serait accepté par les autres États. Il se présentait d'ailleurs, dans la situation nouvelle de l'Europe, de nombreux motifs pour un rapprochement politique entre la France et la Prusse, si cette dernière puissance se décidait à sacrifier immédiatement les rancunes du passé aux intérêts de l'avenir. M. Bignon insistait fortement sur tous ces points, dans des lettres séparées, dont les plénipotentiaires étaient autorisés à faire usage éventuellement auprès des ministres de chacune des grandes puissances continentales. Ces insinuations étaient habiles et bien appropriées aux circonstances ; malheureusement les plénipotentiaires ne furent pas à même de s'en servir[1].

Enfin, il était facile de prévoir, dès cette époque, que les plus grandes difficultés viendraient du côté de l'Angleterre, surtout par rapport à l'exclusion de la branche aînée des Bourbons. On pouvait, il est vrai, opposer à cette puissance ses propres antécédents dans une occasion grave et analogue à celle-là. A ceux qui lui contestaient, en 1688, le droit de changer de dynastie, elle répondait que le fait seul de la possession du pouvoir autorise toute puissance étrangère à traiter avec celui qui en est revêtu. Le gou-

---

[1] Nous avons cité *in extenso* aux pièces justificatives ces lettres particulières, adressées aux ministres des grandes puissances.

vernement provisoire de 1815 croyait pouvoir, à son tour, invoquer cet argument péremptoire, comme l'aurait pu faire Napoléon lui-même.

Ces instructions ont été l'objet de censures amères et déplacées. Le blâme, pour être juste, ne doit pas s'adresser aux hommes qui eurent encore le courage de s'occuper des affaires publiques dans une crise si difficile, *et qu'ils n'avaient pas provoquée*. L'histoire doit réserver toutes ses sévérités pour ceux qui, en brisant par l'abdication l'épée de la France, avaient assumé l'effroyable responsabilité d'un échec devenu irréparable par leur faute, et d'un abaissement moral plus funeste que tous les désastres militaires.

CHAPITRE IV

Effet produit par la nouvelle de l'abdication ; invasion immédiate de la France. — Arrivée des plénipotentiaires à Laon. — Lettre curieuse d'un général prussien. — Premières démarches des plénipotentiaires ; leur dépêche du 26 juin. — Les plénipotentiaires au quartier général des souverains ; résultat négatif de leur mission.

De toutes les éventualités mentionnées dans les précédentes instructions, ce fut la plus fâcheuse qui se réalisa. La mission des plénipotentiaires fut en définitive inutile et plus qu'inutile ; car, en même temps qu'elle subissait un échec complet du côté de l'ennemi, elle devint l'occasion d'un malentendu gouvernemental, qui exerça sur les événements une influence décisive et funeste.

Comme l'avait pressenti Napoléon, son abdication désorganisa la défense nationale, abattit le courage de nos soldats, en même temps qu'elle exaltait l'audace de l'ennemi. A la première nouvelle qu'il en eut, Blücher se porta en avant, entraînant après lui Wellington, qui, malgré sa circonspection ordinaire, dut reconnaître que, cette fois, la raison était dans la témérité même. Il est bien démontré aujourd'hui qu'après une bataille aussi meurtrière que celle de Waterloo, les chefs de l'armée anglo-prussienne n'auraient pas risqué cette invasion prématurée en face de Napoléon. Mais la défection parlementaire et l'appréhension du retour de Louis XVIII modifièrent profondément cette situation, et firent disparaître toutes les chances de revanche ou d'arrangement avantageux. Le rôle négatif de nos plus glorieux chefs militaires, à partir de l'abdication, n'a rien qui doive nous indigner ni nous surprendre. Personne n'osait plus encourir la responsabilité d'une sérieuse résistance *aux alliés du roi*.

Le choix des plénipotentiaires avait été laissé à la commission de gouvernement. Elle désigna MM. de Lafayette, de Pontécoulant, Sébastiani, Voyer d'Argenson et de Laforest. M. Benjamin Constant leur fut adjoint comme secrétaire. Un seul de ces plénipotentiaires, M. de Laforest, appartenait au corps diplomatique. M. de Pontécoulant était sénateur, les trois autres députés. Le duc d'Otrante eut la plus grande part à ces choix, qui ne promettaient pas un empressement bien vif à soutenir les droits de la dynastie de Napoléon. Celui-ci en fit lui-même la remarque avec quelque amertume. « Les ennemis du père, dit-il, ne seront jamais les amis du fils [1]. »

Ils quittèrent Paris dans la journée du 24. Retardés à plusieurs reprises par le manque de chevaux de poste et

---

[1] M. de Lafayette, qui rêvait alors le retour de sa popularité de 1789, venait d'éprouver coup sur coup deux vives déceptions. Sa candidature au gouvernement provisoire avait été repoussée, et le commandement de la garde nationale confié à Masséna. M. de Lafayette n'avait accepté, qu'avec une répugnance marquée, une mission dont le but réel était de l'éloigner de Paris.

Lafayette et plusieurs de ses collègues, imbus de préjugés invincibles contre l'Empereur, n'espéraient et ne désiraient pas le maintien de sa dynastie, mais ils croyaient possible d'influencer les alliés en faveur du duc d'Orléans. Cette combinaison, dont nous n'avons pas à apprécier le mérite, n'eût été possible qu'avant les Cent Jours, comme elle le redevint quinze ans plus tard, à la suite d'une révolution intérieure *sans guerre étrangère*.

les encombrements de troupes, ils n'arrivèrent à Laon que le lendemain matin, vers quatre heures. Par suite du mouvement rétrograde déjà ordonné par le nouveau général en chef (Grouchy), Laon n'était plus occupé que par notre avant-garde, et les avant-postes prussiens n'étaient plus qu'à une lieue de cette ville, tant Blücher avait fait diligence !

En arrivant à Laon, les plénipotentiaires apprirent qu'il existait déjà une trêve verbale entre les commandants des avant-gardes, Morand et Zieten, et que le général Morand, aussitôt qu'il avait eu connaissance de l'abdication, avait pris sur lui d'écrire à Zieten pour lui communiquer officiellement cette importante nouvelle, et demander, en conséquence, un armistice immédiat [1]. C'était assurément quelque chose d'étrangement anormal qu'une semblable initiative, prise en face de l'ennemi par un simple général de division sous sa propre responsabilité. Mais M. de Lafayette et ses collègues jugèrent que la situation était assez grave pour dispenser des règles générales de la subordination militaire. Non-seulement il ne leur vint pas l'idée de blâmer en aucune façon la tentative de négociation que le général Morand avait hasardée de son chef, mais ils se mirent en quelque sorte à sa suite, en adressant leur première note aux deux généraux en chef, Blücher et Wellington. Ils énonçaient dans cette note le but de leur mission, les pouvoirs dont ils étaient revêtus. Ils demandaient, en conséquence, à être dirigés sur le quartier général des souverains, aussitôt qu'ils auraient conféré avec LL. Exc. *au sujet de la suspension d'armes générale déjà demandée par le général Morand.*

[1] Dépêche des plénipotentiaires, n° 1.

Cette note n'était pas encore expédiée, quand un parlementaire prussien apporta la lettre écrite par Zieten en réponse à celle de Morand. Les plénipotentiaires s'empressèrent de porter à la connaissance du gouvernement provisoire cette première communication de l'ennemi. Nous transcrivons littéralement, avec toute son incorrection germanique, ce document, curieux à plus d'un titre.

Monsieur le général,

En conséquence de l'annonce qu'il vous a plu de me faire, en date d'hier, que Napoléon Bonaparte a abdiqué ses droits sur le gouvernement de la France, je n'ai pas manqué d'en faire part à S. A. le maréchal prince Blücher.

Il me charge de vous faire savoir *qu'il ne tient qu'aux souverains alliés* d'accepter une suspension d'armes, et que Son Altesse n'ose y consentir sans que les monarques y aient agréé.

Elle me charge en même temps de vous observer que tout ce qui s'est passé en France depuis le 20 de mars ne laisse qu'une triste perspective sur le caractère **VASSILLANT ET NON FONDÉ** d'une nation et d'une armée, qui, en arborant le drapeau d'une personne qui ne voulait que le malheur de l'univers, fit partir de sa capitale le monarque le plus auguste et le plus doux.

Au reste, je dois vous réitérer *que personne des armées alliées en voudra au malheureux pays de la France même*, et que nous prendrons toutes les mesures possibles pour prouver que nous y entrons comme amis.

J'ai l'honneur d'être, etc.   Zieten.

J'ose ajouter que les places d'Avesne et de Guise se sont rendues au corps d'armée sous mes ordres.

En transmettant cette lettre au gouvernement, les plénipotentiaires ajoutaient *qu'elle ne comportait aucune espèce de réflexion*. Elle aurait dû suffire pour leur faire reconnaître, et en quelque sorte toucher au doigt la situation fausse et déplorable dans laquelle l'abdication plaçait la France, pour négocier ou pour combattre. Rien n'était plus poignant, ni mieux mérité, que ce reproche d'inconstance et de versatilité, venant d'un ennemi dont l'audace s'exaltait de nos discordes intestines, plus encore que de nos revers.

Cette lettre de fâcheux augure ne découragea cependant pas les plénipotentiaires. Ils envoyèrent de suite aux avant-postes ennemis leur note en duplicata pour les généraux en chef, sans même en retrancher le rappel doublement malencontreux de la démarche de Morand, déjà rebutée. La leur ne fut pas mieux accueillie. La réponse du général prussien fut la seule qui fut remise aux plénipotentiaires, avant leur départ pour le quartier général. Blücher, alléguant qu'il n'était pas autorisé à conclure d'armistice, et qu'il fallait d'immenses avantages pour l'y décider, faisait demander, le 26 juin au matin, la remise de six places fortes pour la sûreté de son armée *contre les partisans de Napoléon.* Il ajoutait que, tout bien considéré, cette affaire d'abdication *lui semblait un piége;* il refusait de croire que les Chambres françaises eussent procuré à la coalition un avantage aussi inespéré. Décidément, cette abdication ne pouvait être qu'une feinte concertée avec Napoléon lui-même, pour amuser les alliés, et donner à l'armée française le temps de réparer ses pertes !

Cette appréciation de l'ennemi le plus acharné de la France était bien la critique la plus sanglante de ce qui avait été fait à Paris contre Napoléon ! Les plénipotentiaires ne parurent pas le comprendre ; ils rejetèrent les conditions proposées par Blücher, conditions qui, si exorbitantes qu'elles fussent, valaient mieux que celles qu'il fallut subir quelques jours plus tard. Ils se réduisirent, mais tout aussi inutilement, à la demande d'une suspension d'armes de cinq jours, et partirent aussitôt pour le quartier général des souverains sans avoir rien obtenu[1].

Avant de quitter Laon, les plénipotentiaires adressèrent au gouvernement français une dépêche dans laquelle ils lui rendaient un compte détaillé de leurs premières démarches.

Ce fut dans cette dépêche qu'ils jugèrent à propos d'affirmer, d'après quelques propos de deux aides de camp de Blücher, *que la France ne serait en aucune manière gênée dans le choix de son gouvernement.* On avait fort bien pu, en effet, leur dire quelque chose de semblable, mais ce n'était qu'une réminiscence banale des proclamations antérieures à Waterloo, et non pas, comme ils se l'imaginèrent, une communication faite par l'ordre exprès du général en chef prussien. Nous avons déjà signalé la déplorable influence que cette dépêche exerça sur les événements de Paris. Elle parvint aux Tuileries au moment où la proposition du rappel spontané de Louis XVIII, formulée par le prince d'Eckmühl dans un conseil de gouvernement, allait y être approuvée et soumise officiellement aux Chambres. Fouché, qui était l'âme de cette combinaison, avait pris ses mesures pour que Napoléon quittât la Malmaison avant de savoir que l'on renonçait à défendre les droits de son fils. Cette manœuvre pouvait échouer par un revirement en faveur de Napoléon, que l'abandon de sa dynastie eût

---

[1] Wellington avait répondu de son côté à la note qui lui avait été adressée par un refus très-net et catégorique de toute suspension d'hostilités; mais sa réponse, publiée depuis en Angleterre, ne trouva plus les plénipotentiaires à Laon, et il ne paraît pas qu'ils l'aient reçue. Suivant une autre lettre de Wellington, adressée à lord Bathurst, Blücher aurait répondu aux plénipotentiaires qu'il ne traiterait *qu'à Paris*; mais il y a ici une confusion évidente avec les pourparlers ultérieurs.

légitimement relevé de son abdication, et l'on serait alors rentré à temps dans le système d'union de tous les pouvoirs et de défense énergique, système dont on n'aurait jamais dû se départir, dans l'intérêt même de la paix. Si au contraire, d'une manière ou d'une autre, la proposition de rappel avait prévalu dans ce moment, où l'étranger n'était pas encore aux portes de Paris, les autorités françaises auraient du moins conservé, vis-à-vis de Louis XVIII et de ses alliés, le mérite d'une certaine spontanéité, et la chance d'obtenir des conditions plus favorables. En un mot, la démarche de Davoust avait l'avantage de poser et d'engager franchement la question ; elle provoquait le rappel immédiat de Louis XVIII ou celui de Napoléon.

Les affirmations des plénipotentiaires vinrent changer tout cela, et firent prévaloir un de ces atermoiements toujours si funestes dans les situations extrêmes. Le rappel de Louis XVIII fut ajourné indéfiniment, et en même temps l'on recourut à des mesures de surveillance rigoureuses et presque injurieuses à l'égard de Napoléon. Tout cela fut résolu sur l'affirmation des plénipotentiaires français, que les alliés ne tenaient pas à Louis XVIII, mais uniquement à des précautions exceptionnelles contre Napoléon. Sur la foi d'une relation étrangère, on a imputé à quelques-uns des négociateurs français de l'interrègne la honte d'avoir offert de *livrer* Napoléon sans réserve ni garantie ; cette incrimination ne paraît nullement justifiée. Mais les plénipotentiaires allaient déjà beaucoup trop loin, quand ils insistaient si fortement, dans leur dépêche du 26 juin, sur cette considération, « que *l'évasion* de Napoléon, avant l'issue des négociations, pourrait tout compromettre, » ce qui impliquait le conseil et la nécessité de le garder comme *otage* jusqu'à la conclusion de la paix. Cette insinuation a exercé une influence décisive sur la conduite du gouvernement provisoire à l'égard de Napoléon pendant les derniers jours qu'il passa dans le voisinage de Paris, et même, il faut bien le dire, sur sa destinée ultérieure [1].

Renvoyés d'un lieu à un autre, par suite des déplacements continuels des souverains, les plénipotentiaires ne parvinrent à les atteindre qu'après de longs détours et une perte de temps considérable. Le 30 juin, jour de leur arrivée à Haguenau, les questions qu'ils avaient été

[1] Pour bien apprécier cette influence, il faut se rendre un compte exact des tergiversations du gouvernement provisoire à l'égard de Napoléon, lors de ce dernier départ.

Napoléon ayant déclaré qu'il était prêt à se retirer aux États-Unis, M. Bignon s'était adressé à lord Castlereagh et au duc de Wellington pour obtenir les sauf-conduits. Wellington seul répondit par un refus, mais sa lettre ne fut connue que le 27 juin. Dès le 26, les dispositions pour le voyage et l'embarquement avaient été réglées par un arrêté du gouvernement. Un dernier article de cet arrêté suspendait toutefois jusqu'à l'arrivée des passe-ports le départ des deux frégates destinées à transporter Napoléon et sa suite. Le 27 au matin, cette prohibition avait été levée sur l'initiative du duc de Vicence, qui, voyant les alliés refuser ces passe-ports, voulait assurer à Napoléon les moyens de quitter la France malgré eux. Si l'Empereur était parti le 27 même, il aurait pu arriver à Rochefort dès le 30, et échapper à la croisière anglaise, ainsi que le prouve une dépêche du préfet maritime, qui constate que ce jour-là on pouvait encore facilement gagner le large. La réception de la dépêche des plénipotentiaires modifia encore une fois toutes ces dispositions; le duc d'Otrante fit prévaloir l'idée de garder l'Empereur comme otage, et, en conséquence, la prohibition du départ sans sauf-conduit fut réitérée. Napoléon, blessé de ces revirements, refusa alors absolument de s'éloigner, et son départ n'eut lieu que le surlendemain (29 juin) quand le gouvernement, effrayé de la possibilité d'une révolution militaire, et craignant aussi que Napoléon ne tombât dans les mains des Prussiens, se décida à lui rendre toute latitude pour partir. Par suite de ce retard, Napoléon trouva la rade de Rochefort plus étroitement bloquée, et préféra se remettre volontairement aux Anglais, ce qu'il n'aurait pas eu besoin de faire deux jours plus tôt.

chargés de discuter se débattaient déjà sous les murs de Paris ; leur mission était distancée, anéantie par les événements. Ils obtinrent pourtant une sorte de conférence, dans laquelle les puissances alliées se firent représenter, non pas par des ministres, mais par des généraux. On ne voulait que faire parler les plénipotentiaires français, et non s'engager ou s'entendre avec eux sur quoi que ce fût.

L'attitude impassible des commissaires alliés indiquait assez le rôle qui leur était imposé. Un seul, le général anglais Stewart, parut écouter avec une impatience marquée les explications des plénipotentiaires, et protesta vivement contre la légalité des autorités françaises, qui prétendaient traiter avec les alliés, *faire ou défaire des rois.* Ce langage justifiait les prévisions de M. Bignon. Il devenait évident que le système arrêté de l'Angleterre était de considérer Louis XVIII comme n'ayant jamais cessé d'être le véritable roi de France, et de contester l'existence légale de toutes les autorités organisées depuis le 20 mars. Le comte de Laforest, le seul des plénipotentiaires français qui appartînt au corps diplomatique, opposa au général anglais les précédents de la révolution anglaise de 1688. Sir Charles Stewart s'abstint de discuter cette objection embarrassante, et pourtant il est juste de reconnaître qu'un tel argument n'eût été vraiment irréfutable que de la part d'un envoyé direct de Napoléon, si celui-ci avait été soutenu par les autorités qui avaient au contraire exigé son abdication. L'analogie si frappante qui existait entre l'expulsion des Bourbons et celle des Stuarts cessait à la défection parlementaire du 21 juin. Aucune fiction légale, aucun raisonnement ne pouvaient pallier l'anomalie flagrante que présentait la position d'une Chambre dont la formation datait du renouvellement de l'Empire, qui en faisait ainsi bon gré mal gré partie intégrante, et qui s'était enlevé à elle-même toute raison d'être par le renversement du chef de l'État. Le rétablissement des Stuarts échoua, parce que l'immense majorité de la nation anglaise demeura indissolublement unie au prince qu'elle leur avait substitué, sans se laisser décourager par les succès qu'obtint d'abord sur ce prince l'allié tout-puissant des Stuarts. Si le Parlement anglais, effrayé des défaites de Guillaume III en Hollande, s'était laissé aller contre lui à un revirement pareil à celui des Chambres françaises de 1815, croit-on qu'ensuite il aurait été admis à se prévaloir d'une révolution ainsi avortée pour discuter le rétablissement des Stuarts, exiger d'eux des garanties préalables, ou proposer quelque autre roi ? Sans nul doute il lui serait arrivé ce qui nous est arrivé en 1815 ; on aurait rétabli de force le souverain légitime, non sans des reproches amers sur le caractère *vacillant* d'une nation si peu constante dans ses affections politiques.

Au surplus, il y avait déjà, de la part des dictateurs de la politique continentale, un tel parti pris de ne tenir aucun compte de la mission des plénipotentiaires français, qu'on ne daigna pas même leur communiquer une note dont l'existence remontait déjà à plusieurs jours, et dont le contenu était de nature à ébranler les plus robustes illusions sur les véritables projets des puissances coalisées. Le 26 juin, c'est-à-dire le jour même où M. de Lafayette écrivait de Laon *que la France ne serait aucunement gênée dans le choix de son souverain,* MM. de Metternich et de Nesselrode, ayant appris l'abdication de Napoléon et l'envoi des plénipotentiaires, adressaient au duc de Wellington et à Blücher une note collective, portant en substance « que, nonobstant l'abdication, les hautes puissances voulaient que rien n'arrêtât la marche des opérations ; qu'elles n'accorderaient aucune trêve avant le départ de Napoléon ; qu'elles ne traiteraient ni avec lui, ni avec personne de sa famille, et que ne voulant pas même reconnaître une autorité créée par lui, elles ne recevraient pas des députés nommés par des Chambres *dont l'existence dérivait essentiellement de Napoléon*. En conséquence, il était enjoint aux généraux alliés de retenir ces députés aux avant-postes, et de demander seulement communication de leurs dépêches et de leurs instructions, à titre de simples renseignements. Non-seulement les puissances ne voulaient pas traiter avec Napoléon et sa famille, *mais elles ne voulaient pas davantage reconnaître le droit qu'il s'était arrogé de se démettre en faveur de qui que ce soit*. Quant au futur gouvernement de la France, on se réservait ultérieurement d'apprécier ce qu'on pouvait appeler la volonté ou le désir national en faveur de tel ou tel individu, tant il était difficile de juger tout d'abord, dans les circonstances présentes, du véritable vœu de la majorité de la nation [1]. »

La promptitude qu'avait mise Blücher à expédier M. de Lafayette et ses collègues au quartier général des souverains avait empêché que la partie de ces instructions relative aux députés du gouvernement provisoire fût connue et exécutée à temps, mais on voit que leur mission était jugée et condamnée d'avance. Tous leurs efforts aboutirent à trouver au quartier général le même refus, la même déception qu'ils auraient trouvée aux avant-postes, si la note du 26 juin était arrivée en temps utile.

---

[1] Nous verrons bientôt que cette note, qui aurait pu éclairer le gouvernement provisoire et prévenir bien des malheurs, ne lui fut connue que le 3 juillet au matin.

Quelques heures après la conférence militaire dont nous avons parlé, il leur fut remis une note signée des généraux qui y avaient figuré, sauf le général Stewart.

Cette note, unique résultat de la mission des plénipotentiaires, était conçue en ces termes :

Haguenau, 1er juillet 1815.

Les traités d'alliance portant que l'une des parties ne négociera jamais séparément, et ne fera ni paix ni trêve que d'un commun accord, les trois cours présentes ne peuvent pas entrer en négociation. Les cabinets vont se réunir dans le plus bref délai possible. Les trois souverains regardent comme une condition préalable et essentielle de toute paix et d'un véritable état de repos, que Napoléon Bonaparte soit mis hors d'état de troubler dorénavant la tranquillité de la France et de l'Europe. Après ce qui s'est passé en mars dernier, les puissances doivent exiger qu'il soit confié à leur garde.

WALMODEN, CAPO D'ISTRIA, KNESEBECK.

Ainsi les efforts des négociateurs français venaient en définitive se briser contre une fin de non-recevoir. Malgré leurs instances, ils ne purent même obtenir l'autorisation de suivre le quartier général, et repartirent pour Paris, persistant à croire néanmoins que les puissances continentales n'étaient pas aussi prononcées que l'Angleterre en faveur de la branche aînée, et qu'il était encore possible de les faire accéder à quelque autre combinaison. M. de Lafayette arriva justement à Paris pour assister à l'entrée des Prussiens, à l'expulsion brutale de ces mêmes autorités, au nom desquelles il avait tenté de négocier. Si d'invincibles préjugés n'avaient pas obscurci son jugement, lui-même aurait dû reconnaître que cette déplorable solution de vingt-cinq années de combats et de gloire était en partie son ouvrage !

CHAPITRE V

Mission et correspondance de M. Otto.

Avant d'arriver au pénible détail des circonstances de la capitulation, nous avons encore à rendre compte de deux autres tentatives préalables du gouvernement provisoire : la mission spéciale confiée à M. le comte Otto, dès le 23 juin, pour le cabinet de Londres, et l'envoi des commissaires chargés, le 27 juin, de négocier un armistice avec les commandants en chef des armées anglaise et prussienne.

On a vu, par la teneur des instructions remises aux plénipotentiaires, que le duc de Vicence et M. Bignon avaient justement pressenti que les plus grands obstacles à toute négociation viendraient du côté de l'Angleterre. Aussi eurent-ils l'idée de faire marcher de front, avec la démarche collective de Lafayette et de ses collègues auprès des puissances continentales, une démarche toute spéciale auprès des ministres anglais. Le personnage le plus propre à tenter avec quelque chance de succès une entreprise si délicate, leur avait paru être l'habile négociateur de la paix d'Amiens, M. le comte Otto, l'un des hommes les plus honorables et les plus intelligents de la diplomatie impériale. Les pleins pouvoirs conférés à M. Otto furent rédigés aussitôt après l'abdication, dès le 22 juin, antérieurement même à ceux de M. de Lafayette, et furent remis à M. Otto aux Tuileries, dans la matinée du 23. Il était autorisé, de la façon la plus étendue et la plus complète, « à se rendre auprès du gouvernement britannique à l'effet de se concerter avec le commissaire qui serait nommé par ce gouvernement, et d'arrêter, conclure et signer, au nom de la France, les actes de toute nature qui seraient jugés désirables pour arriver à la cessation immédiate des hostilités et à la prompte conclusion de la paix, etc. » M. Otto était chargé en outre, et tout particulièrement, de débattre toutes les questions relatives à la destinée ultérieure de Napoléon et au mode d'organisation de la régence, dans le cas où il aurait été possible de faire admettre par les Anglais la succession de Napoléon II, avec toute autre régence que celle de Marie-Louise.

Nous avons dit qu'en apprenant la nomination de Lafayette et de ses collègues, l'empereur Napoléon avait paru étonné et mécontent qu'on eût choisi exclusivement, pour débattre et stipuler les intérêts de sa personne et ceux de sa dynastie, des hommes qui, par conviction ou par rancune personnelle, lui avaient presque toujours été systématiquement hostiles. La mission de M. Otto répondait à cette pensée; elle calmait et rassurait Napoléon, qui, de lui-même, n'aurait pas fait un autre choix. Malgré l'insuccès de cette mission, les détails n'en sont pas sans intérêt pour l'histoire de notre diplomatie, et la courte correspondance de M. Otto suffit pour donner l'idée la plus avantageuse de son habileté et de son caractère. Dans ce récit, pénible sous tant de rapports, c'est une grande consolation de pouvoir s'arrêter parfois et se reposer sur des choses honorables.

« La grande difficulté de cette mission était d'arriver à

Londres. Les manifestations du haut commerce de cette ville et de divers meetings avaient prouvé surabondamment l'impopularité de la nouvelle déclaration de guerre contre la France, et le ministère devait craindre de se faire forcer la main par la nation, s'il lui montrait un négociateur. On devait donc prévoir que pour se tirer d'embarras, il répondrait qu'il ne pouvait rien faire sans le concours des alliés [1]. » Néanmoins il fallait, à tout événement, risquer cette tentative dans l'intérêt de la France et de la dynastie napoléonienne ; c'était aussi une chance à ne pas négliger, pour obtenir un règlement plus honorable de la destinée de l'Empereur lui-même. M. Otto partit donc immédiatement, chargé d'une lettre d'introduction pour lord Castlereagh, par laquelle M. Bignon informait directement ce ministre de l'abdication de l'Empereur, événement qui, d'après la déclaration du prince régent, en date du 25 mars précédent, aurait dû avoir pour conséquence immédiate la cessation des hostilités. Cette première lettre ne donnait aucune indication sur les projets ultérieurs de Napoléon, qui, en effet, n'étaient nullement arrêtés à cette date (23 juin). Mais, le lendemain, l'Empereur ayant manifesté la résolution de quitter immédiatement le territoire français, si l'on faisait de ce départ une condition d'arrangement, le gouvernement provisoire s'empressa d'envoyer directement à lord Castlereagh une seconde lettre par laquelle le ministre anglais était informé de cette détermination, « qui ne pouvait laisser aucun doute sur les motifs qui avaient déterminé l'Empereur à abdiquer, et devait par conséquent assurer l'effet que la nation française avait droit d'attendre de cette abdica-

[1] Notes de M. Otto.

tion. » L'Empereur désirant se retirer aux États-Unis, le gouvernement provisoire réclamait pour lui de lord Castlereagh « toutes les sûretés et sauf-conduits nécessaires pour lui, ses frères, sa suite et ses propriétés[1]. »

Parti de Paris le 24, M. Otto, malgré toute la diligence possible, ne put être à Boulogne que dans la soirée du lendemain. Il prit de suite les mesures nécessaires pour envoyer un parlementaire à Douvres. Ce fut le commandant même du port de Boulogne qui se chargea de porter sa lettre à lord Castlereagh. En demandant à être admis sur le sol anglais, M. Otto avait dû craindre de donner à penser que le gouvernement provisoire songeât à détacher l'Angleterre de ses alliés. Il s'était efforcé de détruire cette objection par la manière même dont sa lettre était conçue. Le même motif l'avait empêché d'envoyer, conformément à l'usage, copie de ses pleins pouvoirs. On y aurait vu qu'il était spécialement autorisé à conclure des traités, conventions, etc. On se serait empressé de répondre que l'Angleterre ne pouvait négocier sans le concours de ses alliés, et on se serait fait un mérite de ce refus auprès des autres puissances[2].

Malgré l'insuccès de cette mission, nous croyons qu'on lira avec intérêt la lettre de M. Otto à lord Castlereagh. C'est assurément l'effort le plus habile qui ait été tenté en faveur de la France dans ces jours malheureux, et l'on

---

[1] La même marche avait été suivie par rapport aux puissances continentales. M. Bignon les avait également informées par des lettres directes, d'abord de l'abdication de Napoléon, puis de son projet d'aller en Amérique. Les lettres adressées aux puissances continentales furent confiées aux plénipotentiaires, qui n'en purent faire usage, comme on l'a vu dans le chapitre précédent.

[2] M. Otto, 27 juin.

doit savoir quelque gré à ceux qui, au fort d'une semblable crise, ne désespéraient pas du salut de la patrie, et conservaient quelque sang-froid pour la défendre avec les seules armes qui nous restaient.

Boulogne, 26 juin 1815.

Milord,

Le changement important qui vient de s'opérer dans l'intérieur de la France a pu convaincre les puissances alliées que les motifs qui ont allumé la guerre actuelle ne subsistent plus et ne pourront plus renaître. Les deux chambres législatives, pénétrées de cette vérité... ont, en conséquence, invité la commission de gouvernement à envoyer des plénipotentiaires au quartier général des souverains alliés. Ces plénipotentiaires ont dû quitter Paris le 24 de ce mois.

Le prince régent d'Angleterre ne pouvant se trouver en personne dans le lieu de réunion de ses augustes alliés, le gouvernement français a cru devoir manifester directement à S. A. R. les vœux de la nation et de ses représentants, en lui envoyant le même jour et avec les mêmes instructions un de ses plénipotentiaires. Il m'a honoré de cette mission : loin de séparer la cause de l'Angleterre de celle de ses alliés, elle n'a d'autre but que de coordonner les ouvertures dont je suis chargé avec celles qui seront faites aux puissances continentales, d'en accélérer le résultat, et de mettre le plus tôt possible un terme aux calamités de l'Europe. De même qu'en 1801, le gouvernement britannique me trouvera prêt à seconder toutes les vues propres à assurer le retour et la longue durée de la paix entre les deux nations.

Au milieu de la lutte la plus opiniâtre et la plus sanglante, la France et l'Angleterre n'ont pu résister à l'entraînement d'une estime mutuelle! Que ne pourrait-on pas augurer d'une réconciliation sincère fondée sur des besoins communs, sur la puissante influence des idées libérales répandues dans les deux pays, et sur la conformité de leurs institutions civiles et politiques? L'Europe entière semble implorer cet heureux accord, qui consolera enfin l'humanité de tous les maux qui l'ont affligée pendant vingt-cinq ans....

OTTO.

On se préoccupa beaucoup à Paris, pendant deux jours, de la mission de M. Otto; et, suivant une coutume à laquelle on est resté singulièrement fidèle en France, certaines coteries s'attachèrent à la commenter de manière à en dénaturer le sens. La *Gazette de France* du 25 juin reproduisit d'une façon tout à fait inopportune ces commérages politiques. Après avoir donné les noms des plénipotentiaires envoyés au quartier général des souverains, elle ajoutait que, d'après l'opinion de personnes généralement bien informées, Napoléon, avant de se retirer à la Malmaison, avait chargé M. Otto d'une *négociation propre à lui concilier encore toute l'estime et la considération du peuple anglais*. Il semblait résulter de cet énoncé que les autres plénipotentiaires représentaient seuls le gouvernement provisoire, et que M. Otto était l'*envoyé de Napoléon*. Rien n'était plus inexact et plus perfide qu'une pareille interprétation, hostile à la fois aux véritables intérêts napoléoniens et à l'intérêt de la France. Que les partisans de la dynastie impériale eussent particulièrement influé sur la nomination de M. Otto, qu'on attendît de lui plus de zèle pour soutenir au besoin d'une façon plus pressante et avec plus d'autorité les intérêts du fils de l'Empereur, et tout ce qui tenait à la sécurité et à la dignité de l'Empereur lui-même, cela était possible ; mais la question n'était pas là. Il y avait un sérieux inconvénient, une malveillance avérée, à supposer que l'Empereur, en dépit de son abdication, s'était arrogé l'initiative directe de l'envoi d'un plénipotentiaire. Il n'en aurait pas plus fallu pour rendre la mission de M. Otto suspecte ; aussi cet envoyé, de concert avec le lieutenant de police de Boulogne, prit sur lui de faire saisir tous les exemplaires de la *Gazette* destinés pour l'Angleterre. M. Otto s'empressa d'aviser le gouvernement de cette mesure préventive. Sa lettre contenait, sur les abus de la liberté de la presse, des réflexions fort sages, et qui semblent écrites d'hier. « Sans doute, disait-il, les journalistes doivent jouir du plein droit de publier les nouvelles qui leur parviennent, mais on ne saurait leur permettre de donner leurs rêveries pour des nouvelles, surtout lorsqu'elles tendent à contrarier les vues du gouvernement et les intérêts de la nation. Les gazetiers anglais jouissent aujourd'hui d'une liberté très-étendue ; il n'en était pas de même du temps de Guillaume III et de Georges I*er*. *Lorsque nos institutions auront acquis la sanction et la maturité d'un siècle, on pourra accorder à nos journalistes la même licence et la même impunité.* »

Quoique les événements qui s'accomplissaient dans ce moment même sur le continent rendissent la mission de M. Otto inutile, la seule nouvelle de son arrivée à Boulogne avait suffi pour produire une certaine émotion à Londres, et pour embarrasser sérieusement lord Castlereagh. L'opinion publique s'était formellement prononcée contre la guerre avant la reprise des hostilités. Les blessures terribles faites à la nation anglaise dans la journée de Waterloo saignaient encore, et il n'en fallait pas plus pour qu'un ministre hésitât à décliner, dans les premiers moments, une proposition pacifique, surtout quand il n'était pas encore suffisamment renseigné sur ce qui s'était passé en France depuis la dernière bataille. Aussi la réponse à la lettre de M. Otto se fit attendre quatre jours, et ce ne fut que quand lord Castlereagh eut été pleinement édifié sur les conséquences de l'abdication de Napoléon, quand il sut que la France était déjà envahie et Paris menacé, qu'il prit sur lui de repousser les ouvertures du négociateur français. Comme celui-ci s'y attendait, ce refus était basé sur l'impossibilité où se trouvait le cabinet britannique de négocier à part, se trouvant lié par des engagements collectifs. D'ailleurs le ministre de la Grande-Bretagne partait immédiatement pour aller se réunir à ceux des autres puissances alliées, et s'entendre avec eux sur les mesures propres à rétablir la paix et à assurer la tranquillité de l'avenir. Il était donc aussi impossible qu'inutile de recevoir en Angleterre un négociateur spécial.

Cet incident peu connu des événements de 1815 peut donner lieu à de sérieuses réflexions. Ainsi il est évident que la mission de M. Otto aurait eu les chances les plus sérieuses de succès, si Napoléon, secondé par les Chambres, avait pu, même après Waterloo, appuyer des propositions pacifiques par une défensive imposante. Le langage si sage et si convenable de M. Otto contraste étrangement avec les imprudences des autres plénipotentiaires; il était impossible de mieux faire ressortir les raisons qui devaient tôt ou tard amener l'Angleterre à une réconciliation. Mais pour que ces raisons fussent immédiatement écoutées, il aurait fallu que M. Otto parlât au nom d'un pouvoir énergique et sérieux. A toutes les propositions, si habilement présentées qu'elles fussent au nom des Chambres, les alliés pouvaient répondre : *On ne négocie pas avec l'anarchie.*

CHAPITRE VI

Nomination de commissaires chargés spécialement de la négociation d'un armistice. — Leurs instructions. — Conférence avec Wellington ; opinion arrêtée de celui-ci en faveur du rétablissement de Louis XVIII.

En partant de Laon pour se rendre au quartier général des souverains alliés, M. de Lafayette et ses collègues avaient, dans leur dépêche du 26 juin, insisté fortement sur la nécessité urgente d'envoyer aux généraux anglais et prussiens des commissaires, chargés purement et simplement de la négociation immédiate d'un armistice, tandis qu'ils iraient, eux, porter directement aux souverains des paroles de paix. Les progrès incessants et rapides de l'ennemi, et l'arrivée de notre armée, ralliée à la hâte, sous les murs de Paris, ne permettaient pas au gouvernement provisoire de différer d'un moment cette tentative préliminaire. Dans la situation anormale et fausse où l'on se trouvait alors, ce n'était pas seulement l'approche de l'ennemi qu'on avait à redouter, c'était celle même de nos soldats, c'était tout effort généreux pour défendre ou venger la France, car le renouvellement de la lutte sous les yeux de l'Empereur pouvait lui inspirer l'irrésistible tentation d'y prendre part. Cette armée, à laquelle on l'avait enlevé, pouvait d'un moment à l'autre, et surtout en cas d'engagement décisif, le redemander comme général ou même comme empereur ! Mais il est juste de reconnaître qu'à part quelques têtes ardentes, et quelques amis dont l'adversité n'avait pu lasser le dévouement, aucun personnage un peu important ne voulait d'une nouvelle révolution militaire. Ceux-là même qui avaient d'abord combattu l'abdication, la considéraient comme un fait irrévocablement accompli, et pensaient qu'une prolongation de la guerre, qu'une revanche même de Waterloo, seraient pour la France le plus grand des malheurs. Ce découragement n'était-il pas au moins excusable, du moment où Napoléon lui-même s'était déterminé à abdiquer, jugeant ce sacrifice nécessaire au salut de la patrie?

On s'occupa donc immédiatement de la commission d'armistice. A l'exception du général Andréossy, qui avait honorablement rempli sous le règne de Napoléon un poste important et difficile (l'ambassade de Constantinople), le choix des autres commissaires, auquel le duc d'Otrante eut la principale part, semblait dicté, comme celui des plénipotentiaires, par l'intention de faire la cour aux alliés, en mettant en rapport avec eux des hommes qui ne pouvaient être suspects de sympathie pour Napoléon [1].

Les instructions qui leur furent données étaient basées sur la supposition que, depuis les premiers pourparlers entre les envoyés de Blücher et les plénipotentiaires, la situation militaire n'avait pas varié. Dans cette hypothèse, qui malheureusement ne se vérifia pas, on prescrivait de repousser la prétention mise en avant par le général en

---

[1] MM. Valence, Flaugergues et Boissy-d'Anglas appartenaient au parti constitutionnel; M. de la Besnardière, employé intelligent du ministère des affaires étrangères, était notoirement dévoué à M. de Talleyrand, et par conséquent au parti royaliste. Fouché le désigna et le maintint comme commissaire, malgré les objections du duc de Vicence.

chef prussien, d'exiger la remise de six places de guerre pour *la sûreté* de son armée, prétention vraiment dérisoire, quand cette armée marchait presque sans obstacle au cœur de la France, et quand l'empereur Napoléon, dont la présence était le seul prétexte valable allégué pour justifier de telles exigences, ne demandait qu'à s'éloigner, comme le prouvaient les démarches faites auprès de lord Castlereagh et de lord Wellington pour obtenir des sauf-conduits pour lui et sa famille [1].

« Si néanmoins, pour arriver à un résultat, il fallait se résoudre à la cession d'une place, cette cession ne devait avoir lieu que sous la condition d'un armistice qui se prolongerait jusqu'à la paix. Les commissaires devaient tâcher d'obtenir que les armées ennemies s'arrêtassent à la ligne de la Somme, ou au moins à une ligne tracée entre la Somme et l'Oise, qui les tiendrait encore éloignés de Paris d'environ vingt lieues. Les commissaires devaient obtenir, préalablement à toute convention d'armistice, une suspension d'armes d'au moins deux jours. Ils devaient stipuler que cet armistice s'étendrait à toutes les armées, en prenant pour base le *statu quo*, et qu'il ne serait levé de contributions extraordinaires nulle part. Enfin, il leur était recommandé de recueillir avec soin, dans leurs conversations avec les généraux alliés, toutes les propositions, insinuations ou simples conjectures qui pourraient être par eux émises sur les vues arrêtées ou probables des souverains à l'égard de la France. »

---

[1] **M.** Bignon avait écrit en effet à ce sujet dès le 25 juin, non-seulement au ministre, mais au général anglais, qui répondit de suite qu'il n'avait aucune autorisation pour faire une réponse quelconque à cette demande, pas plus qu'à celle d'un armistice. (Voir cette lettre aux pièces justificatives.)

Le début du voyage des commissaires n'eut rien d'encourageant. En rencontrant, beaucoup plus tôt qu'ils ne s'y attendaient, les premières troupes prussiennes, en voyant leur animation, leur joie insultante, ils comprirent tout d'abord que les difficultés d'une négociation d'armistice s'accroissaient d'heure en heure, et que loin de pouvoir contester les exigences qui s'étaient produites l'avant-veille, il fallait s'attendre à voir surgir des exigences plus excessives encore, et se résigner peut-être à des sacrifices dont leurs instructions, déjà distancées par les événements, n'avaient pas même prévu la discussion [1].

Ils se dirigèrent sur Noyon où, d'après la dernière dépêche des plénipotentiaires, Blücher avait donné des ordres pour les recevoir. Ils n'eurent malheureusement pas besoin d'aller si loin. En avant de Senlis, ils avaient rencontré les têtes de colonnes du corps de Bulow ; on les avait d'abord laissé passer et traverser cette ville, et ils espéraient pouvoir rejoindre le général Bulow lui-même, et obtenir de lui les facilités nécessaires pour parvenir jusqu'à Blücher ; mais cette illusion ne fut pas de longue durée. Un aide de camp du commandant de l'avant-garde prussienne vint leur signifier qu'en attendant la réponse des généraux alliés, on ne pouvait les laisser avancer davantage, ni même stationner au milieu des colonnes en marche. On les fit donc rétrograder de plusieurs lieues, jusqu'au village de Chenevières, auprès de Louvres, en leur promettant que la réponse

---

[1] La correspondance des commissaires, que nous allons analyser, présente quelques lacunes, résultat d'une précipitation inévitable, mais qu'il est facile de combler. Ainsi il résulte virtuellement de ce qui suit qu'ils avaient expédié, par un parlementaire, une lettre en duplicata à Blücher et à Wellington, annonçant le but de leur mission, et sollicitant une conférence.

qu'ils sollicitaient ne se ferait pas attendre plus de trois heures [1].

Après *huit heures* d'attente, deux officiers prussiens vinrent annoncer aux commissaires français la prochaine arrivée d'un envoyé de Blücher, et dans la soirée du 29 seulement parut cet envoyé, le comte de Nostiz, l'un de ceux qui avaient conféré à Laon avec M. de Lafayette et ses collègues. Ce retard d'une journée entière était, de la part du généralissime prussien, le résultat d'un calcul facile à comprendre. Il ne voulait évidemment entrer en pourparlers qu'après avoir poussé le plus loin possible les avantages de sa position ; et en effet, son négociateur ne se mit en rapport avec les commissaires français qu'au moment où l'avant-garde prussienne, maîtresse de Saint-Denis et d'Aubervilliers, bivouaquait en vue des faubourgs de Paris.

Les progrès de l'armée prussienne, dans ces deux journées, n'expliquaient que trop bien le langage de l'aide de camp de Blücher, qui, non content de renouveler les propositions déjà faites à Laon, mit en avant, pour la première fois, une condition d'armistice bien autrement exorbitante, l'occupation *de Paris même* par les armées alliées. Les commissaires rejetèrent avec quelque vivacité cette exigence, et s'attachèrent surtout à obtenir la suspension d'armes préliminaire, dont l'urgence leur était démontrée par la rapidité des mouvements de l'ennemi. « M. de Nostiz paraissait croire que cette suspension d'armes était entièrement subordonnée aux arrangements qui seraient pris à l'égard de Napoléon, par rapport auquel les alliés voulaient, disait-il, avoir des sécurités ; mais il igno-

---

[1] Dépêche des commissaires (inédite), n° 1.

rait ce qui pourrait à cet égard les satisfaire, et particulièrement lord Wellington, à l'opinion duquel celle du maréchal Blücher était sur ce point tout à fait subordonnée. »

M. de Nostiz, dont l'attitude et le langage furent parfaitement convenables dans cette circonstance, proposa aux commissaires de revenir avec lui à Senlis pour tâcher de voir Blücher, qui devait y passer la nuit. Ils s'y rendirent en effet, mais ce général ne jugea pas à propos de se déranger pour eux. Il était même dans un tel état d'exaltation morale et physique, que M. de Nostiz, après l'avoir vu, conseilla fortement aux commissaires de ne pas séjourner plus longtemps à sa portée, et de faire plutôt toute diligence pour rejoindre lord Wellington, avec lequel surtout il était urgent de s'entendre, si l'on voulait arriver à un résultat. Tandis qu'ils couraient après le général anglais du côté de Pont-Sainte-Maxence, celui-ci arrivait de son côté au quartier général de Blücher, pour se concerter avec lui sur ce qu'ils devaient répondre à cette nouvelle demande d'armistice. Le résultat de cette conférence fut une lettre de Wellington aux commissaires français, expédiée séance tenante, à près de minuit. Il leur annonçait « que dans les circonstances actuelles aucun armistice ne pouvait se faire tant que Napoléon Bonaparte était à Paris et en liberté, et que les opérations étaient en tel état qu'on ne pouvait les arrêter. »

Cette lettre peu encourageante ne fut remise aux commissaires que le lendemain. Mais dans cet intervalle ils étaient repartis de Pont-Sainte-Maxence, où Wellington ne devait plus venir, s'étant déjà porté en avant du côté de Paris. Ils l'avaient rejoint, non sans peine, à Étray-Saint-Denis, et avaient eu avec lui une conférence de plus d'une heure.

Il existe sur cette entrevue et sur celles qui suivirent deux versions différentes, se complétant l'une par l'autre, et offrant aussi certaines contradictions plus apparentes que réelles. L'une est celle du duc de Wellington, consignée dans sa dépêche du 2 juillet à lord Bathurst; l'autre, inédite jusqu'ici, du moins pour la plus grande partie, est celle des commissaires français. Comme ces deux comptes rendus diffèrent sur quelques points essentiels, on ne peut arriver à connaître la vérité qu'en les contrôlant l'un par l'autre. De plus, sans prétendre le moins du monde incriminer la véracité du général anglais, il est à remarquer que sa dépêche est une sorte de résumé fait après coup, tandis que les lettres des commissaires au gouvernement provisoire relataient fidèlement d'heure en heure tout ce qui se passait dans chaque entretien.

Si nous nous en rapportons à Wellington, il commença par se retrancher dans un refus absolu d'armistice, affectant de considérer encore l'abdication comme une ruse de guerre concertée entre Napoléon et les Chambres. Nous avons déjà observé que cette incrédulité des généraux ennemis était la plus sévère critique de tout ce qui avait été fait pour contraindre Napoléon à abdiquer. Ils ne pouvaient admettre qu'on eût agi sciemment et sans arrière-pensée, d'une façon si manifestement contraire aux intérêts militaires et politiques du système dans lequel la France s'était replacée par son adhésion à la révolution du 20 mars. Ils ne pouvaient donc considérer l'abdication comme sérieuse, tant que Napoléon était en liberté, et tout prêt à ressaisir le commandement de l'armée. Cette incrédulité de Wellington mettait les commissaires dans la position la plus pénible et la plus fausse. N'ayant reçu aucune dépêche de Paris, depuis leur départ, ils ignoraient si

Napoléon avait quitté la Malmaison ; ils savaient que des sauf-conduits avaient été demandés pour lui à lord Castlereagh et à Wellington lui-même ; mais celui-ci leur annonçait qu'il ne s'était pas cru autorisé à accéder à cette demande. Ce serait dans ce moment que, si nous en croyons le général anglais, quelques-uns des commissaires auraient offert de *livrer* Napoléon à l'Angleterre ou à l'Autriche. Cette assertion de Wellington a été reproduite avec empressement, avec bonheur, par quelques écrivains de l'école révolutionnaire, enchantés de pouvoir lancer une accusation déshonorante contre des hommes qui évidemment étaient favorables, dès ce temps-là, à la branche cadette des Bourbons. Ces récriminations contre le passé en haine du présent ne méritent aucune réponse. Nous croyons qu'en effet la majorité des commissaires était fort disposée à passer condamnation sur les droits du fils de Napoléon. Il est même fort possible que quelques-uns, dans la chaleur de la discussion, aient dit que la reconnaissance de Napoléon II par les Chambres n'avait été qu'une mesure transitoire, dont l'unique but était de désarmer Napoléon et d'apaiser l'armée. Enfin, pour rassurer complétement Wellington, et dans l'espoir de l'amener, séance tenante, à une suspension d'armes, on a pu lui parler des mesures de surveillance prises le 27 juin à l'égard de Napoléon, aller même jusqu'à dire que la fixation de sa résidence ultérieure, en Angleterre ou en Autriche, pourrait, du *consentement de Napoléon lui-même,* être une des conditions de la paix. Mais ceci même n'était qu'une opinion individuelle ; les commissaires n'étaient nullement autorisés à stipuler de pareilles conditions, bien moins encore à promettre de *livrer* Napoléon en retour d'une suspension d'armes. Il est donc évident que Wellington s'est gravement mépris sur la portée de quelques expressions françaises. Dans toutes les éventualités possibles, l'idée de faire arrêter Napoléon et de le traîner au quartier général prussien ou anglais eût été aussi extravagante qu'odieuse [1].

Nous ne trouvons, au surplus, aucune trace de la moindre insinuation de ce genre dans la correspondance des commissaires. Voici dans quels termes ils rendaient compte de leur première conférence à Étray, et de la seconde qui avait eu lieu à Gonesse dans la nuit du 30 juin :

... Jusqu'à présent nous sommes autorisés à penser qu'aussitôt que vous aurez fait connaître que Napoléon *aura été éloigné*[2], il pourra être signé une suspension d'armes de trois jours.

Chargés par nos instructions d'entendre ce qui pourra nous être dit, et de vous en donner connaissance, nous devons vous informer que le duc de Wellington nous a répété à plusieurs reprises, que, dès que nous aurons un chef de gouvernement, la paix sera promptement conclue.

En parlant, dit-il, seulement comme individu, mais croyant cependant que son opinion pourra être prise en considération, il fait plus que des objections contre le gouvernement de Napoléon II. Il dit que, sous un tel règne, l'Europe ne pourrait jouir d'aucune sécurité, ni la France d'aucun calme.

---

[1] On sait que Blücher, nonobstant les représentations de son collègue, menaçait de *tuer* Napoléon s'il tombait entre ses mains, et qu'un détachement envoyé à la Malmaison pour s'emparer de l'Empereur, arriva quelques heures trop tard. Les Prussiens s'en vengèrent en saccageant cette résidence, qui demeura pendant plusieurs années dans l'état de délabrement où ils l'avaient laissée.

[2] Et non pas gardé en ôtage ou livré aux Prussiens ou aux Anglais. Wellington, dans sa dépêche n° 974, déjà citée, affirme avoir déclaré aux commissaires que, pour consentir à un armistice, il exigerait que Napoléon lui fût livré, à moins qu'il ne lui fût donné une assurance officielle de son éloignement. On remarquera que les commissaires n'ont pas même osé mentionner cette exigence purement comminatoire ; à plus forte raison n'ont-ils pas pu proposer d'eux-mêmes une semblable condition.

On dit qu'on ne prétend point s'opposer au choix d'un autre chef de gouvernement; on répète à chaque occasion que les puissances de l'Europe ne veulent pas intervenir dans ce choix, mais on ajoute que si le prince choisi était dans le cas, par la nature même de sa situation, d'alarmer la tranquillité de l'Europe, en mettant en problème celle de la France, il serait nécessaire aux puissances alliées d'avoir des garanties, et nous sommes fondés à croire que ces garanties seraient des cessions de territoire.

Un seul, Louis XVIII, leur semble réunir toutes les conditions qui empêcheraient l'Europe de demander de telles garanties pour sa sécurité. Déjà, disent-ils, il réside à Cambrai; le Quesnoy lui a ouvert ses portes; ces places et d'autres villes sont en sa puissance, soit qu'elles se soient données, ou qu'elles lui aient été remises par les alliés.

Le duc de Wellington reconnaît et énumère une partie considérable des fautes de Louis XVIII pendant son gouvernement de quelques mois. Il place au premier rang d'avoir donné entrée dans son conseil aux princes de sa famille, d'avoir eu un ministère sans unité et non responsable, d'avoir créé une maison militaire choisie autrement que dans les soldats de l'armée; de ne s'être pas entouré de personnes qui eussent un véritable intérêt au maintien de la charte. Il lui semble qu'en faisant connaître les griefs sans faire de conditions, il pourrait être pris des engagements publics qui rassureraient pour l'avenir, en donnant à la France les garanties qu'elle peut désirer.

Si l'on discute les conditions, répète le duc, si l'on perd du temps, des généraux d'autres armées pourront délibérer, se mêler des négociations, elles se compliqueront d'autres intérêts.

Ce compte rendu des deux premières conversations se retrouve, en termes équivalents, dans la dépêche de Wellington du 2 juillet. Il est seulement à remarquer que lord Wellington glisse beaucoup plus légèrement sur l'aveu catégorique qu'il aurait fait des fautes commises par le gouvernement des Bourbons, en 1814. En revanche, il insiste sur un détail important, omis dans le récit des commissaires. Il affirme que plusieurs d'entre eux l'ayant consulté à part sur les chances que pourrait avoir le duc d'Orléans, il avait formellement repoussé cette combinaison, et généralement tout ce qui n'était pas Louis XVIII.

Le duc de Wellington a vécu assez pour avoir le temps de se repentir deux fois de son inflexible détermination, en 1830 et en 1848.

Avant de conférer avec Wellington, les commissaires français avaient déjà eu l'occasion de prendre connaissance de plusieurs proclamations officielles, qui ne permettaient plus de douter d'une volonté irrévocable, de la part des souverains alliés, d'écarter du trône de France Napoléon et sa dynastie. L'une de ces proclamations, émanant du généralissime de l'armée autrichienne, encourageait d'une façon non équivoque le rétablissement des Bourbons, en faisant appel au concours de tous les Français qui n'adhéraient pas à la cause de Bonaparte ou qui s'en détacheraient, *dans le but de replacer la France dans les rapports que le traité de Paris avait rétablis entre elle et le reste de l'Europe*. On s'aperçoit aisément, aux expressions encore conciliantes de cette proclamation, qu'elle avait été publiée aussitôt après la bataille de Waterloo, mais avant qu'on n'eût reçu la nouvelle de l'abdication. On sentait la nécessité de ménager la France encore unie à Napoléon, d'essayer de la détacher de lui, en promettant, nonobstant le désastre de Waterloo, le respect de l'intégralité du territoire français pour prix d'une défection politique et militaire. On changea bien vite de langage une fois cette défection obtenue. Quand les ministres de Louis XVIII vinrent demander le respect de ces traités, que les alliés eux-mêmes avaient si bien promis de respecter tant que le succès avait été douteux, les diplomates de la coalition ne manquèrent pas d'objecter « que les Bourbons, en perdant leur trône, soit par leur faute, soit autrement, n'avaient pu remplir leurs obligations, et que, par ce fait même, leurs traités avec les alliés cessaient d'être obligatoires pour ceux-ci. « Les Bourbons, disait alors l'Autriche, n'ont pu empêcher que la France ne menace l'intégrité du territoire des alliés; dès ce moment ils n'ont plus le droit de prétendre que l'intégrité de la France soit respectée. » Sans la fermeté louable de Louis XVIII et l'énergique intervention de la Russie, ce sophisme triomphait, et la malveillance obstinée, impitoyable du cabinet de Vienne nous arrachait l'Alsace et la Lorraine! Ces choses-là, quoi qu'on fasse, ne sauraient s'oublier!!!

Ainsi l'Autriche elle-même avait publiquement sacrifié les droits du petit-fils de son souverain. Mais en même temps on avait communiqué aussi aux commissaires français l'imprudente proclamation de Câteau-Cambrésis, dans laquelle le gouvernement royal, plus sévère pour la France que nos propres ennemis, semblait applaudir au désastre de nos armes. Les alliés mêmes de Louis XVIII avaient blâmé cette proclamation. Wellington, qui a exercé sur tous ces événements une influence prépondérante, et qui fut, sinon généreux, du moins sensé en bien des choses, se joignit à M. de Talleyrand pour persuader à Louis XVIII qu'il devait retirer cette allégresse intempestive, et se faire désirer au lieu de se faire craindre. Le résultat de cette pression salutaire fut la proclamation plus conciliante de Cambrai. Wellington en reçut une copie au moment même où il conférait avec les commissaires français, et la leur remit comme correctif à la première, et comme un gage des intentions bienveillantes du Roi. Cependant, cette seconde proclamation contenait encore des menaces contre les instigateurs présumés du 20 mars, menaces qui donnèrent lieu de la part des commissaires à des observations dont Wellington promit qu'il serait tenu compte. Il en écrivit même, séance tenante, à M. de Talleyrand. Et à ce sujet, il est impossible de ne pas remarquer déjà qu'en dépit de toutes les protestations de Wellington, qu'il ne parlait que comme simple particulier, son rôle était trop important, son langage trop significatif, pour ne pas impliquer de la part du gouvernement de Louis XVIII, remanié et modifié sous son influence immédiate, une certaine responsabilité de tout ce que le général anglais pourrait proposer ou concéder.

Le moment approchait en effet, où, cédant à l'impérieuse pression des circonstances, il allait traiter enfin avec les autorités françaises, et obtenir d'elles la remise pacifique de Paris à son armée et au monarque qu'il voulait rétablir ; avantage immédiat, immense, obtenu sous des conditions que tous ceux qui en profitaient auraient dû respecter.

CHAPITRE VII

Dépêches du gouvernement provisoire aux commissaires; efforts réitérés pour séparer la question militaire de la question politique. — Nouvelle conférence à Gonesse. — Instances des commissaires pour obtenir une suspension d'armes. — La négociation est brusquement portée et terminée ailleurs.

Les premières dépêches adressées aux commissaires par le gouvernement provisoire, étaient conçues dans un esprit manifestement hostile au rétablissement de la branche aînée des Bourbons. On était alors en effet sous la double impression que nous avons déjà signalée, des indications inexactes de M. de Lafayette sur les dispositions des souverains, et du langage alarmant des conseillers de Louis XVIII. Ainsi, le 30 juin, tandis que les commissaires écoutaient les explications catégoriques du duc de Wellington sur le retour inévitable de Louis XVIII, le gouvernement provisoire leur envoyait encore des instructions dans un sens absolument opposé. Il insistait sur les dispositions énergiques de l'armée réunie sous les murs de Paris. « On se trompe, disait-il, sur l'esprit général de Paris et de la France. La Vendée même se pacifie, et l'on n'y voit plus de drapeau blanc; *il ne se montre que derrière les armées étrangères*[1]. » Dans une autre dépêche expédiée le même

---

[1] Dépêche n° 2, 30 juin.

jour, le gouvernement provisoire annonçait aux commissaires le départ de Napoléon, et les mesures prises pour assurer sa sortie du territoire français. Jusque-là, le seul motif allégué par les généraux ennemis pour refuser l'armistice avait été la présence de Napoléon à Paris ou dans le voisinage de l'armée française. Ce motif disparaissait par l'éloignement *surveillé* de Napoléon. Il était pénible pour d'anciens serviteurs de l'Empereur d'être contraints de donner leur assentiment à de pareilles mesures, et de s'en prévaloir aux yeux de l'ennemi, mais dans la voie funeste où l'on était engagé et qu'il fallait parcourir jusqu'au bout, on devait au salut du pays le sacrifice des plus honorables répugnances [1].

Ce ne fut que le 1er juillet que le gouvernement provisoire reçut la dépêche (n° 4) des commissaires, qui renfermait les explications de Wellington au sujet du rétablissement de Louis XVIII. Jusque-là, la majorité des membres du gouvernement se croyait sûre de faire agréer facilement aux alliés soit le duc d'Orléans, soit Napoléon II, avec un conseil de régence présentant des garanties suffisantes à l'Europe. Le langage pourtant si catégorique du général anglais ne suffit pas encore à les convaincre pleinement de leur erreur; ils pensèrent que cette détermination de rétablir Louis XVIII n'était

---

[1] Jusqu'au 1er juillet, il y eut une confusion extrême dans la correspondance du gouvernement et des commissaires. Cette confusion tenait à la difficulté et même au péril des communications entre Paris et la banlieue, sillonnée dans tous les sens par les Prussiens, qui tiraient sans scrupule sur les courriers, ou s'emparaient de leurs dépêches. Le général Tromelin, porteur d'une de celles des commissaires, la déchira pour l'empêcher de tomber aux mains de l'ennemi. Trois dépêches du gouvernement furent interceptées et remises aux commissaires par Wellington lui-même.

bien arrêtée que du côté de l'Angleterre, et qu'il était encore possible de la modifier. Ce fut dans ce sens que le ministre des affaires étrangères envoya de nouvelles instructions aux commissaires français (dépêche n° 6). Après leur avoir recommandé de nouveau d'insister, en vertu de l'éloignement de Napoléon, pour la conclusion immédiate d'une suspension d'armes d'environ cinq jours, pendant lesquels on réglerait les conditions de l'armistice, M. Bignon faisait observer que cet armistice était même conforme à l'intérêt militaire des Anglo-Prussiens, qui n'essaieraient pas probablement de forcer l'armée française sous Paris, avant l'arrivée ou l'approche de leurs renforts. Or, l'avant-garde bavaroise n'était annoncée à Châlons que pour le 4 juillet, et les autres armées alliées étaient encore plus éloignées.

Arrivant ensuite à la question politique, M. Bignon s'exprimait ainsi :

« La commission du gouvernement a eu sous les yeux tous les détails que vous avez transmis du langage que tient le duc de Wellington. Elle désire, messieurs, que vous vous attachiez à distinguer la question politique de la forme du gouvernement de la France, et la question actuelle de la conclusion d'un armistice. Sans repousser aucune des ouvertures qui vous sont faites, il est facile de faire comprendre au duc de Wellington que si, dans l'état actuel des choses, la question politique du gouvernement de la France doit inévitablement devenir le sujet d'une sorte de transaction entre la France et les puissances alliées, l'intérêt général et de la France et des puissances elles-mêmes est de ne rien précipiter, et de ne s'arrêter à aucun parti définitif, qu'après avoir mûrement pesé ce qui offrira des garanties véritables pour l'avenir. Il est possible que les puissances elles-mêmes, mieux éclairées sur les sentiments de la nation française, ne persévèrent pas dans des résolutions qu'elles peuvent avoir prises d'après d'autres données. Napoléon n'est plus à Paris ; depuis près de huit jours sa carrière politique est finie. S'il existait en faveur des Bourbons une disposition nationale, cette disposition se serait déjà manifestée avec éclat, et leur rappel serait déjà consommé. Il est donc évident que ce n'est pas le rétablissement de cette famille que veut la nation française ; et il restera aux souverains alliés à examiner si, en voulant l'imposer..., ils n'agiraient pas eux-mêmes contre leurs propres intentions, puisqu'au lieu d'assurer la paix intérieure de la France, ils y sèmeraient de nouveaux germes de discordes. »

Après avoir mentionné le fâcheux effet produit à Paris par les deux proclamations de Louis XVIII, et surtout par la première, M. Bignon terminait ainsi :

« Au reste, messieurs, vous devez vous borner à tout entendre ; vous devez établir que la France elle-même ne désire que ce qui peut être le plus utile dans l'intérêt général ; et que, si elle veut tout autre système que le rétablissement des Bourbons, c'est qu'il n'en est point qui lui présentent autant d'inconvénients et aussi peu d'avantages. Vous devez, messieurs, bien répéter au duc de Wellington et au prince Blücher, que, si le gouvernement français insiste avec chaleur sur un armistice, c'est surtout parce qu'il y voit la possibilité de s'entendre sur les points à l'égard desquels les opinions paraissent le plus divisées ; c'est que les communications et les rapports qui s'établiront entre leurs quartiers généraux et nous, les mettront en état de bien apprécier le véritable esprit de la France. Nous pensons particulièrement que le noble caractère du duc de Wellington et la sagesse des souverains alliés ne pourront les porter à soumettre violemment la France à un gouvernement que repousse le vœu bien réel de la grande majorité de sa population. »

Tandis que le gouvernement provisoire, d'accord avec l'esprit de la majorité des Chambres et de l'armée, prescrivait ainsi à ses commissaires une résistance marquée à l'idée du rétablissement de Louis XVIII, ceux-ci éprouvaient une nouvelle déception auprès de Wellington. L'annonce du départ de Napoléon ne produisait pas l'effet décisif qu'on avait espéré. Il devenait évident que ce départ n'était considéré par les alliés que comme un encouragement à poursuivre leurs avantages militaires.

La troisième conférence qui eut lieu au château de Louvres, fut donc pénible sous plus d'un rapport pour les commissaires français. Le comte d'Artois (depuis Charles X) venait d'arriver, et sa seule présence au quartier général anglais n'était que trop significative.

Wellington, évidemment décidé à différer encore l'armistice et à le faire payer le plus cher possible, donna d'abord lecture aux commissaires d'une lettre fort dure, datée de Mannheim et signée de MM. de Nesselrode et de Metternich, au nom des empereurs de Russie et d'Autriche. Dans cette lettre, écrite sous l'impression triomphante de l'abdication, on rejetait le masque de fausse douceur et les ménagements qu'on avait cru devoir garder même après Waterloo, tant qu'on avait cru que la France demeurait unie à Napoléon. Depuis qu'on avait appris que les Chambres avaient débarrassé la coalition de l'Empereur, on cessait de se contraindre; on donnait librement carrière aux sentiments véritables qui faisaient le nœud de la coalition, la rancune si longtemps contenue, l'ardeur d'une vengeance d'autant plus impitoyable qu'on avait été plus effrayé. Cette lettre, communiquée par Wellington aux commissaires, pressait vivement la poursuite des opérations, et déclarait que si les généraux les plus rapprochés de Paris se laissaient aller à conclure quelque armistice, les souverains d'Autriche et de Russie ne se considéreraient point comme liés par cet armistice, et n'en presseraient pas moins la marche de leurs troupes sur Paris.

Malgré cette lecture de sinistre présage, les commissaires insistèrent sur l'exécution de la promesse qui leur aurait été faite, d'une suspension d'armes subordonnée à la retraite définitive de Napoléon. Wellington ne pouvait nier que cette condition ne fût suffisamment remplie par le départ de l'empereur et la surveillance de ses démarches promise jusqu'à l'embarquement, mais il prétendit avoir toujours dit que, dans tous les cas, il ne pouvait rien faire sans le consentement écrit ou verbal du général en chef prussien. Il ajouta que ce général avait un extrême éloignement pour tout ce qui arrêterait ses opérations, qui s'étendaient déjà jusque sur la rive gauche de la Seine, et qu'il ne pouvait se dispenser d'appuyer ses mouvements, s'il ne pouvait l'amener à partager son opinion. Ceci ne s'accordait plus avec ce que les aides de camp de Blücher avaient dit, trois jours avant, que l'opinion du commandant en chef prussien était complétement subordonnée, pour tout ce qui concernait l'armistice, à celle de Wellington. Il était impossible de mieux donner à entendre qu'on était désormais trop sûr de l'effet désastreux produit sur le moral des généraux et des soldats français par la retraite définitive de Napoléon, et qu'on voulait largement escompter le bénéfice d'une telle situation. Wellington avait en main une preuve matérielle de cette démoralisation, qu'il communiqua aux commissaires. La veille, une dépêche télégraphique du duc d'Albuféra, qui défendait la frontière du côté de la Suisse, avait appris au gouvernement qu'après un léger avantage obtenu sur le général autrichien Frimont, il avait conclu un armistice de quelques jours. Cet incident avait été même communiqué aux commissaires par une dépêche spéciale (n° 5) qu'ils n'avaient pas encore reçue. Mais le prince d'Eckmühl, commandant en chef de l'armée sous Paris, ayant eu de son côté connaissance de cet incident, avait jugé nécessaire d'adresser en son propre nom une nouvelle demande d'armistice à Blücher et à Wellington. Cette double démarche était déplorable, et ne pouvait qu'encourager les généraux ennemis à redoubler d'audace et d'exigence. Blücher répondit immédiatement à Davoust (1er juillet) par un refus outrageant. Nous ne citerons pas sa lettre, reproduite dans tous les journaux du temps et dans toutes les histoires. Blücher y déclarait qu'il ne traiterait que dans Paris, et qu'il était résolu à risquer une attaque de vive force si on ne lui cédait pas cette capitale. Tandis que Davoust recevait cette réponse, Wellington toujours plus circonspect, demandait seulement, comme condition de la suspension d'armes réclamée, que l'armée française sortît de Paris, *ses troupes et celles de Blücher gardant leurs positions, sans autre force armée dans Paris que la garde nationale, jusqu'à ce que le roi en eût décidé autrement.* Les commissaires n'avaient alors aucune autorisation d'accéder à un semblable arrangement; ils répondirent qu'il était convenable, au contraire, que ce fût l'armée des alliés qui prît des positions éloignées, pour qu'il fût possible de délibérer avec liberté sur les grands intérêts de la France, dont Wellington paraissait reconnaître lui-même l'influence sur ceux de l'Europe. La conférence en demeura là, et le soir Wellington écrivit aux commissaires qu'il n'avait pas encore de réponse du général prussien [1].

Quoique le langage de lord Wellington semblât bien indiquer une persistance immuable dans le projet de rétablir Louis XVIII, les commissaires semblent avoir pensé que cette résolution n'était pas complétement irrévocable, car ils annonçaient au gouvernement provisoire, en lui rendant compte de cette dernière conférence, qu'ils avaient

---

[1] Dépêche des commissaires, n° 5; les mots cités en italique sont relatés dans le compte rendu de la même conférence adressé par lord Wellington à lord Bathurst.

quelque raison de penser que le comte d'Artois serait forcé de s'éloigner du quartier général anglais. Il n'en fallut pas plus pour prolonger l'illusion de la majorité du gouvernement provisoire. « Je suis chargé de vous répéter encore, écrivait M. Bignon aux commissaires, le 2 juillet, afin que vous puissiez vous-même le redire..... que le gouvernement français n'a au fond qu'un seul et unique désir, celui de s'entendre avec les souverains alliés sur ce qui peut véritablement, à l'égard du gouvernement, atteindre le grand but qu'ils paraissent avoir en vue, celui de l'établissement d'un ordre stable, tant en France qu'en Europe. La commission a lu avec attention les deux proclamations de Louis XVIII; elle vous engage à vous entretenir avec le duc de Wellington et le prince Blücher, et à invoquer leur honneur, leur raison et leur bonne foi sur la nature de ces actes, etc. » Il terminait en leur recommandant d'insister vivement et sans relâche sur une prompte suspension d'armes, ne fût-elle que de quatre ou cinq jours, dans l'espoir que les explications qu'on pourrait échanger dans cet intervalle conduiraient à des moyens de conciliation.

Le même jour encore (2 juillet) une nouvelle dépêche fut expédiée aux commissaires pour l'armistice ; mais en lisant celle-là, on voit que dans l'intervalle les événements avaient marché. Un grand conseil de guerre, rassemblé pour décider si Paris pouvait être défendu sans péril, avait émis un avis défavorable, et donnait ainsi raison à l'audace de Blücher, qui, dès la veille, avait osé réclamer l'occupation de Paris, tandis que Wellington s'efforçait encore, le 2 juillet au matin, de le détourner d'un projet d'attaque qui lui semblait hasardeux, quand ils pouvaient, sans inconvénient, demeurer dans l'expectative jusqu'à l'arrivée des autres alliés, ou accepter l'armistice dans les conditions posées par le général anglais aux commissaires, c'est-à-dire moyennant la retraite de l'armée française et l'immobilité des Prussiens et des Anglais. L'avis du conseil de guerre laissait incomber au gouvernement provisoire une effrayante responsabilité qu'il ne pouvait accepter; il fallait dès lors faire un pas de plus, et admettre éventuellement cette dernière et désolante conséquence de l'abdication, la remise de Paris aux alliés.

On envoya aux commissaires de nouvelles instructions dans ce sens, en même temps qu'on ouvrait directement avec Blücher une négociation séparée sur laquelle nous reviendrons tout à l'heure. On autorisait les commissaires à proposer successivement trois projets d'arrangement : d'abord, de laisser Paris neutre, les deux armées se retirant à quinze ou dix lieues de distance. Si ce premier projet était repoussé, ils devaient offrir le cours de la Seine comme ligne de séparation, toujours la neutralité de Paris réservée. Enfin, le troisième projet admettait la possibilité de l'entrée des troupes étrangères dans Paris, après la décision des souverains alliés. auxquels il serait envoyé un plénipotentiaire pour connaître leur résolution définitive à cet égard. Quel que fût le projet adopté, le gouvernement provisoire entendait que *la question politique restât entière, pour être discutée ultérieurement*[1]. Ainsi, le gouvernement provisoire, jusque dans cette pénible extrémité, faisait une dernière réserve de la question politique, pour sauvegarder du moins quelque semblant d'indépendance nationale dans le choix du nouveau souverain. Cette ténacité lui

---

[1] Dépêche du ministre aux commissaires, n° 9; on trouvera plus loin les trois projets *in extenso*.

était imposée par ses commettants, par la répugnance solennellement manifestée au sein des Chambres et dans les rangs de l'armée pour le rétablissement des Bourbons. Dans de telles circonstances, cette répugnance était sans doute un malheur, mais on ne saurait en imputer la responsabilité au gouvernement provisoire, qui ne faisait qu'en suivre l'impulsion. On se fit illusion, jusqu'à la dernière heure, et sur les dispositions incommutables des puissances, et peut-être aussi sur la force réelle, quoique latente à cette époque, du parti royaliste en France. On crut même, et ce fut la plus funeste erreur, que plus on montrerait d'empressement pour arrêter l'effusion du sang, plus on avait de chance de calmer l'irritation des souverains, de leur faciliter une appréciation des vraies tendances du pays, qui les détournerait, dans l'intérêt de la sécurité future de l'Europe, d'imposer à la France le rétablissement de Louis XVIII. Loin de nous la pensée de froisser aucune conviction respectable, mais en présence des événements accomplis depuis 1815, il est bien permis de se demander si les alliés prirent alors le plus sage parti?

Les dernières dépêches que nous venons d'analyser ne servirent pas à la négociation. Les commissaires étaient toujours à Louvres, tandis que Wellington, pressé de suivre et d'appuyer les mouvements de son collègue plus entreprenant, avait transféré son quartier général à Gonesse. Les commissaires lui écrivirent plusieurs fois dans la journée du 2, sollicitant sans relâche une solution à leur demande de suspension d'armes. Nous croyons devoir citer une de ces lettres; elle prouvera que ces grandes questions n'étaient pas après tout dans des mains si indignes qu'on a bien voulu le dire.

Louvres, 2 juillet 1815, 5 heures 1/2 du matin.

Milord,

Les circonstances sont trop graves, les moments trop précieux, pour que nous ne les comptions pas avec la plus grande anxiété. Nous recevons à l'instant votre lettre en date de ce jour... Nous nous flattions d'y trouver le résultat de la conférence que V. S. s'était proposé d'avoir avec M. le prince Blücher, et nous espérions que les hostilités allaient enfin cesser!

Milord, la cause de la guerre n'existe plus. Pourquoi donc le sang continue-t-il de couler? La continuation des hostilités offre des maux présents qu'aucune utilité ne compense, et peut-être elle en prépare pour l'avenir de plus funestes encore, et qui seraient sans remède.

Si l'éloignement de Napoléon ne suffit point au rétablissement immédiat de la paix ; si des arrangements doivent précéder ce rétablissement, et s'ils doivent être calculés de telle sorte qu'ils satisfassent en même temps à la situation morale et aux besoins de la France que les puissances alliées ne connaissent *peut-être pas assez*, à son indépendance qu'ils ont promis de respecter, et à ce que l'Europe peut être en droit de désirer pour sa propre sécurité, comment serait-il possible de parvenir au but sans s'entendre, et de s'entendre sans poser au moins momentanément les armes?

Les triomphes qui naissent de la force ne sont pas, milord, ceux que votre âme ambitionne. V. S. sait trop que ce qui n'a de fondement que la force tombe avec elle. La partie de votre gloire qui vous est sans doute la plus chère est celle qui repose sur le bien que vous pouvez faire, sur les maux que vous pouvez épargner. Nous nous adressons donc à votre gloire, lorsqu'au nom de l'humanité, et pour l'intérêt, non pas de la France seulement, mais de toute l'Europe, nous vous renouvelons avec instance la demande d'une suspension d'armes immédiate, et qui permette de s'entendre et de rétablir la paix sur des bases véritablement durables.

Cependant Wellington était sérieusement inquiet du mouvement hasardeux de Blücher sur la rive gauche de la Seine. Pendant toute la journée du 2, il fut occupé d'accélérer les mouvements de son armée, pour se mettre en mesure de soutenir au besoin les Prussiens. Il n'avait pu voir Blücher, mais il reçut une lettre de lui dans l'après-midi. Blücher, dont la démarche pacifique de Davoust n'avait fait que redoubler l'audace, témoignait vis-à-vis de son collègue la plus grande répugnance à conclure un armistice, « en raison, disait-il, de ce qui se passait journellement à Paris. » Il affectait de répéter que l'occupation immédiate de la capitale était le seul moyen de prévenir une explosion révolutionnaire, et, par suite, le pillage. Au fond, Blücher se souciait assez peu des désordres dont Paris aurait eu à souffrir, et aurait préféré une bataille à tout arrangement.

Wellington, craignant de pousser les choses à l'extrémité, écrivit à son collègue une nouvelle lettre plus pressante ; il s'efforçait de lui faire comprendre les difficultés et les périls d'une attaque immédiate, en lui conseillant très-sérieusement, ou de demeurer sur la défensive en attendant des renforts, ou d'adhérer aux conditions de l'armistice, telles qu'il entendait lui-même les régler avec les commissaires. Dans ce moment encore, Wellington ne comptait exiger que la neutralité de Paris, la retraite de l'armée française sur la Loire et le maintien des alliés dans leurs positions jusqu'à la rentrée de Louis XVIII. Nous avons déjà indiqué, et nous reverrons en détail dans le chapitre suivant, comment les autorités françaises furent entraînées à subir des conditions plus dures que celles-là.

Après avoir expédié cette lettre, Wellington mit les commissaires au courant de la situation, sans leur dissimuler la répugnance persistante de Blücher, qu'il n'osait se flatter de vaincre. Il ne pouvait d'ailleurs recevoir de ses nouvelles que dans la nuit ; s'ils tenaient à avoir auparavant une réponse formelle, *elle ne pourrait être que négative*. C'était à eux de voir s'ils voulaient attendre jusqu'au lendemain matin la chance d'une solution plus favorable[1]. Cette lettre était, comme toutes les autres, de la main de Wellington et transmise avec les formes les plus polies, avec toute la raideur ponctuelle et inflexible de l'étiquette anglaise. Mais au fond, malgré tous ces entretiens et ces correspondances, la question n'avait pas fait un pas.

Il paraît cependant que la dernière lettre des commissaires, celle que nous avons citée précédemment, fit une certaine impression sur l'esprit du général anglais. Il répondit de suite que la réponse de Blücher serait immédiatement transmise aux commissaires, et que pour éviter tout retard, il allait s'arranger pour les loger au quartier général.

Enfin, dans cette même nuit du 2 au 3 juillet, les commissaires reçurent les dernières instructions dont nous avons parlé, celles qui autorisaient éventuellement la remise de Paris. Une nouvelle lettre de Wellington leur donnait rendez-vous à Gonesse pour midi. Ils y arrivèrent au moment même où il rentrait à son quartier général ; il leur apprit que le feu avait cessé sur toute la ligne, et commençait à conférer sérieusement avec eux, quand on lui remit une lettre de Blücher. Celui-ci annonçait qu'après l'évacuation du village d'Issy, sur la rive gauche, il lui avait été adressé directement une demande de capitulation, et qu'il attendait Wellington à Saint-Cloud pour en discuter les conditions. Ainsi, par suite de circonstances impérieuses, la négociation dont les commissaires avaient été chargés venait d'être brusquement portée ailleurs, et leur mission se trouvait désormais sans objet. Ils restèrent néanmoins à Gonesse jusqu'à ce que la nouvelle de l'échange des rati-

---

[1] Lettre datée de Gonesse, 2 juillet, à 4 heures 1/2.

fications de la convention conclue à Saint-Cloud, leur fût parvenue, et ne rentrèrent à Paris que dans la soirée du 4, s'estimant encore heureux d'avoir été ainsi dispensés de concourir à l'accomplissement de ce pénible sacrifice [1].

[1] On trouvera aux pièces justificatives toute la correspondance des commissaires: leur dernière lettre est datée de Gonesse, 4 juillet. M. Vaulabelle a trouvé plus commode pour son système historique de les faire congédier et rentrer à Paris, dès le 1er juillet. (V. Vaul., III, 247.)

CHAPITRE VIII

Le gouvernement provisoire se décide à traiter directement avec le général en chef prussien; motif de cette résolution. — Les trois projets de convention. — Envoi du colonel Macirone à Wellington, et de M. de Tromelin au quartier général prussien. — Rapport confidentiel de M. de Tromelin. — Nomination de MM. Bignon, de Bondy et Guilleminot pour traiter de la reddition de Paris. — Attitude de Davoust. — Le général Zieten. — Les commissaires français à Saint-Cloud.

Nous avons indiqué déjà que la résolution d'accepter, pour condition d'une suspension d'armes, l'occupation de Paris par les troupes alliées, fut définitivement arrêtée à la suite d'un conseil de guerre tenu à la Villette dans la soirée du 1er juillet. Après une longue et pénible discussion, il fut reconnu et constaté par la majorité des généraux présents, qu'il était impossible d'employer indéfiniment l'armée à couvrir la capitale, sous peine de s'exposer à manquer de vivres et à perdre toute ligne de retraite ; et que même, en cas d'attaque immédiate, personne ne pouvait répondre que l'ennemi ne réussirait pas à percer sur quelque point la ligne de défense, et à pénétrer dans Paris. La situation militaire, ainsi définie, éclairait d'un triste jour la situation politique. Depuis le départ de Napoléon, nulle autorité n'était en mesure de provoquer l'élan de la majorité de la nation, et de l'empêcher de subir la loi du vainqueur ; une plus longue résistance ne pouvait que tout empirer, sinon tout perdre. Personne, d'ailleurs, n'eût osé prendre la responsabilité d'une telle résistance, nécessairement criminelle au regard d'un prince dont le rétablissement semblait inévitable. Toutes les déclamations rétrospectives des écrivains révolutionnaires à cet égard ne peuvent rien contre cette inexorable nécessité.

Nous allons maintenant suivre en détail les dernières péripéties de ce cruel événement, en rétablissant soigneusement dans leur ordre réel les faits et les influences. Rien n'est plus important, car aucun épisode de notre histoire n'a été plus embrouillé par des dates inexactes.

· Dans la nuit du 1er juillet, le gouvernement provisoire avait eu connaissance de l'avis du conseil de guerre. Le péril imminent qui planait sur Paris et sur la France ne permettait plus d'hésiter; il fallait adresser le plus promptement possible aux alliés des propositions ayant quelque chance d'être acceptées. Comme nous l'avons dit, le gouvernement provisoire se détermina à diriger ses nouvelles tentatives par deux voies différentes : d'un côté, en donnant suite à la négociation entamée avec Wellington par les commissaires; de l'autre, en tentant de faire parvenir des ouvertures directes au général en chef prussien. Une considération de la nature la plus grave forçait le gouvernement à user de ce double moyen. Si vers le 25 ou le 26 juin il y avait en effet, comme les commissaires l'avaient formellement énoncé dans leur première dépêche, entente complète entre Blücher et Wellington sur le parti à prendre au sujet d'une proposition d'armistice, et même déférence marquée de la part du général prussien à l'encontre de son collègue, divers indices trop significatifs autorisaient à penser que cette déférence était singulièrement modifiée depuis l'arrivée de Blücher sous les murs de Paris. Les Prussiens avaient été froissés de voir la mission des commissaires français accaparée en quelque sorte par Wellington. Ce sentiment de mauvaise humeur s'était manifesté d'une façon non équivoque, par la manière incivile et même hostile dont étaient traités les courriers du gouvernement provisoire et des commissaires, obligés de traverser toujours les lignes *prussiennes* pour se rendre au quartier *anglais*. Les Prussiens s'irritaient, non sans raison peut-être, qu'on ne s'adressât pas directement à eux, quand ils étaient en première ligne pour agir. D'ailleurs, les instructions des ministres de la coalition, conçues dans le sens de l'agression la plus vive, fortifiaient la tendance de Blücher vers les résolutions extrêmes. Wellington lui-même, dans sa correspondance et dans son langage, le 30 juin et le 1er juillet, avait paru admettre cette sensible modification en faveur du général en chef prussien, en se refusant absolument à traiter de suspension d'armes ni d'armistice sans le consentement de Blücher, *qu'il serait obligé d'appuyer,* disait-il, *en vertu des derniers ordres reçus, s'il persévérait, même malgré lui, dans son projet d'attaque.* Cette transition, dont aucun écrivain n'a tenu compte avant nous, est rigoureusement déduite de l'examen détaillé des pièces authentiques que nous avons sous les yeux. Elle est, de plus, importante à la décharge des membres du gouvernement provisoire. On a cru les accabler par l'exhumation d'une dépêche de Wellington, dans laquelle il engageait Blücher à se désister de ses projets d'assaut, en acceptant un armistice qui laissait Paris neutre, c'est-à-dire en se contentant d'avantages moindres que ceux qui *furent accordés quelques heures plus tard par les autorités françaises.* Il ne faut pas perdre de vue que la situation était, depuis deux jours, modifiée ou plutôt retournée; les instructions belliqueuses et inflexibles de MM. de Metternich et de Nesselrode faisaient en réalité Blücher l'arbitre de la situation. Or, ses intentions n'étaient que trop ouvertement manifestées par sa lettre à Davoust du 1er juillet : il voulait obstinément l'occupation de Paris pour prix d'un armistice, et toutes les instances de Wellington ne l'auraient pas fait reculer.

En résumé, du moment où la prédominance passait du côté de Blücher, la négociation des premiers commissaires, concentrée exclusivement près de son collègue, se trouvait mal engagée, ou du moins insuffisante. Si elle ne pouvait être rompue sans inconvénient, elle ne pouvait demeurer unique sans péril, car, de l'aveu de Wellington lui-même, la persévérance de Blücher à attaquer pouvait, d'un moment à l'autre, le forcer, malgré son opinion personnelle, à rompre sur toute proposition. Il fallait donc essayer d'arrêter Blücher par des ouvertures directes qu'on ferait néanmoins parvenir simultanément à son collègue, afin d'éviter tout froissement.

Les exigences de cette situation devenaient plus impérieuses encore par suite de la décision du conseil de guerre. Le ministre des affaires étrangères fut donc immédiatement chargé de rédiger *trois projets* de convention, destinés à être proposés tour à tour aux alliés. J'ai là, sous les yeux, les croquis de ces trois projets, écrits et raturés de différentes mains. Le trouble, le découragement, la douleur ont laissé leur empreinte visible sur les monuments de ces heures d'angoisses.

Le premier de ces brouillons est en entier de la main du duc de Vicence. Il est ainsi conçu : « 1° La ville de Paris sera déclarée neutre. Le gouvernement et les Chambres y resteront jusqu'à ce qu'on connaisse le résultat des négociations entamées avec les alliés. (On attendait toujours d'heure en heure des nouvelles de M. de Lafayette et de ses collègues, qui n'avaient pas donné signe de vie depuis la fameuse dépêche de Laon, du 26 juin.) 2° L'armée anglaise et prussienne restera sur la rive droite de la Seine, et l'armée française se retirera sur la rive gauche. L'une et l'autre armée prendrait une ligne à quinze lieues de la capitale, jusqu'à la fin de la négociation. Pour la ligne de l'armée alliée, on indiquera une ligne du midi au nord, qu'elle ne dépasserait pas, de manière à conserver la communication de Normandie. »

Après les exigences manifestées par Blücher, ce premier projet avait peu de chances d'être accepté. On jugea néanmoins qu'il était bon à être mis en première ligne, pour faire valoir les concessions plus étendues auxquelles il faudrait bien se résigner. En cas du rejet très-probable de cette proposition, on convint donc de demander en second lieu « l'armistice jusqu'à la paix définitive, la ligne de la Seine formant la délimitation des armées, et la neutralité de Paris réservée. Enfin, comme il fallait bien prévoir la nécessité d'un sacrifice plus grand encore, on résolut, si les deux premières combinaisons échouaient, d'en venir à celle d'un armistice qui aurait pour objet de porter l'armée française sur la rive gauche de la Seine et d'accorder l'entrée des puissances étrangères dans Paris, *après le retour d'un plénipotentiaire envoyé au congrès avec un sauf-conduit*[1], en ménageant toutes les réserves et garanties pour le gouvernement, les Chambres et autres autorités, la conservation de nos monuments, etc. » Comme il semblait probable que cette dernière combinaison avait

---

[1] Ces mots sont rajoutés de la main du duc de Vicence sur le brouillon original.

seule la chance d'être acceptée, le ministre des affaires étrangères rédigea d'avance un projet détaillé, conforme aux bases ci-dessus indiquées. Nous citerons tout à l'heure *in extenso* ce projet, tel qu'il fut discuté et approuvé dans la nuit du 2 au 3 juillet par le gouvernement provisoire. Cette pièce, dont la publication pourra rectifier bien des allégations erronées, était demeurée jusqu'ici complétement inconnue à tous les historiens des Cent Jours. La minute qui fait partie de notre dossier est celle-là même qui servit quelques heures plus tard à la discussion et à la rédaction du texte définitif de la convention, aussi est-elle couverte de corrections au crayon de la main de Wellington lui-même.

Après avoir rédigé ce projet, M. Bignon avait, d'après les ordres du gouvernement, adressé aux commissaires de l'armistice la dépêche n° 9, déjà mentionnée, par laquelle ils étaient autorisés, de leur côté, à présenter successivement à Wellington les trois projets. Cette démarche, quoique indispensable, était, comme nous l'avons dit, insuffisante en présence des progrès et de l'attitude persévéramment offensive des Prussiens, qui auraient pu attaquer Paris avant que rien n'eût été convenu au quartier général anglais. On envoya donc, dans cette même soirée du 2 juillet, directement à Blücher et à Wellington, deux nouveaux parlementaires, chargés de s'enquérir d'une façon plus positive et plus pressante des bases sur lesquelles il était possible de s'entendre pour suspendre immédiatement les hostilités. On ne saurait équitablement taxer le gouvernement provisoire d'aveuglement à cet égard ; il ne faut pas oublier qu'on n'avait alors encore aucune nouvelle de M. de Lafayette et de ses collègues (les plénipotentiaires). Rien, par conséquent, n'était encore venu de leur part contredire les assurances de leur dépêche de Laon, et si Wellington avait exprimé aux commissaires une opinion positive en faveur de Louis XVIII, cette opinion, tout anglaise, pouvait n'être pas partagée ou irrévocablement arrêtée par les puissances continentales. Dans de telles circonstances, on a pu croire que plus on se montrerait jaloux et empressé d'arrêter l'effusion du sang, mieux on disposerait les alliés à la modération, et que la remise de Paris, outre l'avantage de soustraire cette capitale aux terribles éventualités d'un assaut, présentait encore celui de sauvegarder au moins quelque chose de l'indépendance nationale, dans le choix définitif du nouveau souverain. Voilà ce qu'on peut alléguer de plus plausible en faveur de cette détermination, et, tout bien considéré, en tenant un compte rigoureux de la situation qui était faite au gouvernement provisoire, il lui eût été difficile d'agir autrement.

Le colonel Macirone, envoyé près de Wellington pour lui parler dans ce sens, fut retenu un jour entier par les Prussiens, et ne parvint au quartier général anglais que le 4 au matin, alors que tout était fini. M. de Tromelin, expédié directement à Blücher, fut plus heureux, si quelque chose dans tout ceci peut s'appeler du bonheur! Le compte rendu de sa mission, qu'il remit dans la matinée du 3 au duc de Vicence, a exercé une influence décisive sur l'événement, aussi croyons-nous nécessaire de transcrire en entier ce curieux document, *complétement inédit*.

J'ai l'honneur de rendre compte à Son Excellence qu'ayant éprouvé des retards aux avant-postes ennemis où je suis arrivé vers minuit (au pont de Chatou), je suis parvenu à y être admis à travers quelques coups de fusil. Arrivé à Saint-Germain, je fus informé que le maréchal Blücher s'était établi à Versailles, où j'ai été le rejoindre.

J'ai été reçu d'abord par M. le comte de Nostiz, son aide de camp de confiance, qui a ouvert les dépêches de Votre Excellence, et, après les avoir communiquées au prince, m'a renvoyé, *pour les explications*, à M. le comte de Gneisenau, son chef d'état-major.

Ce dernier, en présence d'un autre général de son état-major et du comte de Nostiz, m'a répondu que, pour aujourd'hui *seulement*, il s'engageait à faire cesser toute attaque, à la condition qu'il ne serait pas lui-même inquiété dans ses positions, dont la droite s'étend jusqu'à la petite rivière de Bièvre, et occupe les hauteurs de Meudon et même Issy;

Que, de son côté, il laisserait la route d'Orléans par Arpajon et Fontainebleau libre pour notre mouvement vers la Loire; qu'il désirait qu'on n'insistât pas pour conserver la grande route directe d'Orléans, parce qu'elle traversait la Bièvre, ruisseau où venait s'appuyer sa droite; mais je crois qu'on ne tiendrait pas à rigueur sur ce point.

M. le comte Gneisenau m'a ajouté : « Au surplus, cet arrangement est en effet même contraire aux dernières instructions que nous avons reçues en réponse d'une demande d'armistice faite par le général Rapp, et qui a été refusée; celle accordée par le comte de Bubna (au duc d'Albuféra) tient à d'autres causes. » Il m'a ensuite permis de prendre lecture d'une note adressée à lord Wellington, de Munich [1], en date du 26 juin, signée *Nesselrode* et *Metternich*, de laquelle il suit que les hautes puissances ne veulent accorder aucune trêve avant le départ de Napoléon, et veulent que rien n'arrête la marche des opérations; qu'elles ne traiteront ni avec lui, ni avec aucun de sa famille, et que, *ne voulant pas même reconnaître une autorité créée par lui*, elles ne peuvent pas même reconnaître des députés nommés par des Chambres *dont l'existence appartient entièrement à Napoléon*. En conséquence, les députés nommés par les Chambres seront arrêtés par les généraux des avant-postes, qui leur demanderont leurs dépêches, et d'après leur contenu et leurs instructions communiquées, on verra plus tard à les entendre, s'il y a lieu; car les puissances ne traiteront avec aucun de la famille Napoléon, *et ne veulent pas même reconnaître le droit qu'il s'est arrogé de se démettre en faveur de qui que ce soit*.

Quant au gouvernement que *voudra se donner la France*, on remet plus tard à juger de ce que l'on peut appeler la volonté et le désir national en faveur de tel ou tel individu, tant il est difficile de juger maintenant du véritable vœu de la majorité de la nation.

J'ai relu cette note trois fois, et voilà, à peu de chose près, le sens de son contenu.

Pour conclure, les Prussiens feront tout arrangement qui leur lais-

---

[1] C'est une erreur évidente. Il faut lire *Mannheim*.

sera la libre entrée de Paris; nos troupes pourront se retirer librement sur la Loire; mais il importe d'arrêter toute attaque inutile, dont les chances peuvent amener des événements qu'il serait difficile d'arrêter ensuite, vu la jactance des Prussiens, grandement gonflée par leur dernier succès. Ils croient leur position militaire excellente et hors de toute attaque sérieuse; tandis qu'en restant dans cette position, ils croient plus tard, après l'arrivée des Bavarois, ou autres, nous forcer à nous rendre prisonniers de guerre.

Les Prussiens se disposent à quitter la position au Pecq sous Saint-Germain, ainsi que le pont de Chatou qu'ils ont rétabli. Ils devaient céder aujourd'hui ces positions aux Anglais.

Ce rapport donnait enfin des renseignements plus positifs que tous ceux qu'on avait pu recueillir jusque-là. Le gouvernement provisoire connaissait déjà, par une dépêche des commissaires, reçue la veille, l'existence de la note du 26 juin; mais le duc de Wellington ne leur en avait lu que le passage relatif à la question militaire. Si menaçante que fût cette note pour les autorités existantes, il était à remarquer que le nom de Louis XVIII n'y était pas prononcé. Le contraste de cette réserve avec l'insistance marquée du duc de Wellington permettait d'espérer qu'il subsistait encore quelque dissentiment sur ce point entre l'Angleterre et les puissances continentales. D'ailleurs, en admettant même le rétablissement des Bourbons comme inévitable, c'était toujours servir la France, c'était servir le futur gouvernement, quel qu'il fût, que de préserver Paris des chances d'un assaut. On se décida donc à traiter sur cette base; c'était cruel, mais nécessaire.

La commission du gouvernement avait d'abord désigné pour cette négociation le duc de Trévise, le comte de Valmy et M. Dupont (de l'Eure); aucun d'eux ne voulut accepter. Alors on nomma le général Guilleminot, chef d'état-major du prince d'Eckmühl, le comte de Bondy, préfet du département de la Seine, et enfin le ministre même des affaires étrangères, M. Bignon, rédacteur du projet de convention qu'il s'agissait d'aller soumettre aux généraux ennemis. Tout cela se passait dans la nuit du 2 au 3 juillet. « Je cherchai, dit M. Bignon dans ses notes, différents prétextes pour me faire excuser ; cette commission me paraissait être la plus fatale, et surtout la plus pénible dont puisse être chargé un homme qui aime son pays, l'honneur de son pays ! Mais il ne s'agissait plus de gloire, il s'agissait de sauver Paris, que de plus longs retards pouvaient compromettre.

» On repoussa mes refus ; j'obéis ! »

Au moment où MM. Bignon et de Bondy partaient pour le quartier général du prince d'Eckmühl, où ils devaient retrouver son chef d'état-major, le général Guilleminot, qui leur était adjoint comme négociateur, on leur remit le rapport de M. de Tromelin, qui venait de rentrer à Paris ; ils avaient de plus une lettre de la commission de gouvernement pour le maréchal. Les commissaires devaient lui communiquer le projet de convention préparé par M. Bignon, et recevoir de lui toutes les facilités nécessaires à l'exercice de leur mission [1].

La conduite de Davoust dans cette crise a donné lieu à des récriminations amères et exagérées. Tout ne fut pas irréprochable, sans doute, dans la conduite du général qui avait si bien défendu Hambourg, et qui défendit si peu Paris. Il faut surtout oublier, pour son honneur, quelques précautions injurieuses, quelques paroles emportées contre

---

[1] J'ai sous les yeux l'original de cette lettre, signée des cinq membres du gouvernement. La main leur tremblait visiblement dans ce moment ; les signatures de Fouché, de Caulaincourt, celle même de Carnot, si ferme au bas des arrêtés de 1794, sont à peine lisibles.

le grand homme auquel il devait sa fortune. Mais il est juste de tenir compte des difficultés exceptionnelles de sa position.

Pendant les quelques jours de son commandement, le prince d'Eckmühl, plutôt homme de guerre que politique, avait subi coup sur coup l'impulsion de tendances absolument opposées. Après avoir prêté une oreille complaisante aux insinuations royalistes ; avoir même commencé, le 27 juin, à proposer ouvertement le rappel de Louis XVIII, on l'avait vu, effrayé du mauvais effet produit sur l'armée par les proclamations royales, apposer sa signature, quoiqu'à contre-cœur, à une adresse militaire hostile aux Bourbons. Depuis ce moment, Davoust n'avait cessé d'être en butte aux tiraillements les plus pénibles : si d'un côté la jactance des Prussiens, la correspondance personnellement insolente de Blücher, la témérité de ses manœuvres pour investir Paris, donnaient à chaque instant au prince d'Eckmühl la tentation de livrer, lui aussi, sa bataille de Toulouse, de châtier coûte que coûte la présomption de nos vainqueurs d'un jour, de l'autre il était retenu constamment sur la pente d'une résolution extrême, par des considérations dont les Français les plus jaloux de la gloire de leur pays ne sauraient méconnaître la gravité. Sa réputation de courage était trop bien établie pour qu'on pût taxer de faiblesse son insensibilité apparente aux provocations de Blücher ; il a fallu, à quarante ans de distance, la vue perçante des politiques du *National* pour découvrir ce fait vraiment inédit dans l'histoire, la lâcheté du prince d'Eckmühl ! Il n'y a ni bonne foi ni bon sens à méconnaître tout ce qu'avait de redoutable et d'accablant la responsabilité qui pesait alors sur le commandant de cette armée, suprême ressource de la France ; de cette armée dont l'immense majorité regrettait et rappelait hautement l'Empereur, mais n'aurait voulu combattre que pour lui, qu'avec lui! Tant que Napoléon fut à sa portée, lui seul aurait pu donner à la défense de Paris une impulsion suffisamment énergique, mais il ne voulait reparaître dans l'arène que par suite d'une invitation légale qui lui fit défaut, ou d'une révolution militaire dont il ne voulut pas. Sans Napoléon, il n'y avait plus ni chance de succès, ni possibilité même de combattre. Puis, quand on sut qu'il était parti, que c'était bien fini, il se fit comme un grand écroulement dans les âmes les plus vaillantes. Ceux-là même de ses lieutenants dont l'adversité avait lassé le dévouement se sentirent accablés, amoindris par cette catastrophe. L'Empereur emportait dans son exil tout ce qu'il y avait eu de grand et d'héroïque dans ses vieux compagnons de gloire; il ne laissait derrière lui que des ombres!

Il faut le reconnaître, après la retraite définitive de Napoléon, le sacrifice de notre armée jusqu'au dernier homme, sous Paris, ne pouvait qu'empirer la situation. Eût-on même vengé momentanément le désastre de Waterloo sur les Prussiens, ce succès éphémère n'aurait fait que compromettre davantage la France. Et pourtant il était dur pour un général comme Davoust d'attacher son nom à un tel dénoûment de tant de glorieuses campagnes où il avait joué lui-même un rôle important. Enfin, si dans l'armée plus d'un courage avait failli en apprenant le départ de Napoléon, si d'autres se résignaient en frémissant, il ne manquait pas de têtes exaltées, ne voyant rien au delà d'une revanche d'un jour. Toutes ces passions en sens si divers expliquent les tergiversations de Davoust, son immobilité en présence des mouvements téméraires de Blücher sur la rive gauche, mouvements dont il eût été assez facile de tirer parti dans les premiers moments ; puis l'élan belliqueux qui lance, le 1er juillet au matin, Excelmans sur deux régiments prussiens, bientôt surpris et culbutés sur la route de Versailles, puis le nouveau revirement qui arrête la poursuite, et interrompt ce dangereux succès.

Davoust n'était pas encore au bout de ces incertitudes, quand MM. Bignon et de Bondy arrivèrent à Montrouge, où se trouvait alors le général en chef. « En ce moment, dit M. Bignon, le prince d'Eckmühl montre quelque velléité de combattre, il croit être en bonne position et pouvoir obtenir un avantage marqué, en attaquant à l'instant les ennemis. Je lui témoigne que, s'il a d'heureuses et de grandes espérances, un sentiment français me porte à ne pas le presser dans un sens contraire, et que c'est à lui de juger ce qu'il doit faire. Ce n'était pas là son compte. Il sentait le besoin d'un arrangement, il le voulait ; mais pour ne pas compromettre sa popularité de la minute auprès de quelques têtes ardentes et de la foule à leurs ordres, il aurait désiré avoir la main forcée. Il monta à cheval, fit une tournée, puis, revenant au bout d'une heure, il nous dit qu'il avait envoyé un parlementaire. » Telles étaient les poignantes incertitudes des hommes de cœur mêlés à ces tristes événements, que malgré la volonté formelle et les instructions des membres du gouvernement, le ministre des affaires étrangères osait prendre sur lui de laisser un chef militaire libre d'agir dans un sens absolument opposé, d'opter entre la résignation aux plus douloureux sacrifices, ou l'élan d'une résistance désespérée. Personne assurément ne saurait blâmer cette honorable hésitation, mais personne aussi n'osera affirmer qu'effectivement il eût mieux valu combattre.

Ce fut le général Revest, chef d'état-major du général Vandamme, qui fut chargé d'annoncer aux Prussiens la mission des nouveaux commissaires français, et, par une singulière coïncidence, le général prussien auquel parvint cette proposition était précisément ce même Zieten, auquel avait été portée, huit jours auparavant, la première proposition d'armistice aux environs de Laon. Nous avons cité précédemment la réponse peu courtoise de Zieten à cette première démarche; celle qu'il fit au chef d'état-major de Vandamme n'était guère plus favorable ni plus polie. La voici fidèlement transcrite sur l'original:

Monsieur le général,

M. le général Revest m'a communiqué verbalement que vous demandiez *une* armistice pour traiter la reddition de la ville. En conséquence, je viens vous déclarer que je ne suis nullement autorisé d'accepter *une* armistice; je n'ose même point annoncer cette demande à Son Altesse le maréchal Blücher. Mais, cependant, si les députés du gouvernement déclarent à mon aide de camp, le comte Westphalen, qu'ils veulent rendre encore aujourd'hui la ville *et que l'armée française veut se rendre*, j'accepterai une suspension d'armes. J'en ferai part à Son Altesse le maréchal pour traiter sur les autres articles.

Je demande que les trois députés du gouvernement restent aux avant-postes français, et prie d'attendre la réponse du maréchal Blücher [1].

Agréez, etc.

Le lieutenant général, DE ZIETEN.

---

[1] Tout ce dernier paragraphe, qui modifie et contredit même sensiblement le commencement, manque dans les anciennes reproductions de cette lettre, et par conséquent dans l'ouvrage de Vaulabelle (III, 270.) Cette omission a entraîné l'historien des *Deux Restaurations* dans une erreur étrange. Il s'est imaginé que c'était à la suite de cette lettre, qu'il suppose n'avoir été qu'une sommation pure et simple de

Il semble, en lisant cette lettre aussi décousue qu'insolente, que le général prussien avait réfléchi et changé de résolution en l'écrivant, puisque après avoir annoncé d'abord qu'il ne cesserait les hostilités et n'en référerait au général en chef que si la ville et l'armée française se rendaient, il finissait par dire au contraire qu'il allait le prévenir de suite, et qu'il priait les députés français d'attendre sa réponse. En réfléchissant attentivement aux dates des événements et aux distances des localités, on comprendra facilement que Zieten, qui commandait l'avant-garde prussienne, postée à Issy, sur la rive gauche de la Seine, n'avait pas connaissance encore, dans la matinée du 3 juillet, de la conférence que M. de Tromelin avait eue dans la nuit avec le chef d'état-major de Blücher au pont de Chatou, c'est-à-dire à l'autre extrémité de Paris; que néanmoins, après avoir formulé son refus, il n'osa, toute réflexion faite, prendre sur lui la responsabilité d'une rupture dans une affaire aussi grave, et préféra référer immédiatement du tout au général en chef. Celui-ci, dont le parti était pris depuis plusieurs heures, s'empressa d'envoyer une réponse favorable, et Zieten écrivit de suite une lettre infiniment plus polie, annonçant que son général en chef l'autorisait d'accepter MM. les députés du gouvernement pour traiter *seulement* la reddition de Paris. Il envoyait en conséquence un de ses aides de camp pour les prendre et les conduire à Saint-Cloud où la conférence devait avoir lieu.

mettre bas les armes, que M. de Tromelin aurait été envoyé auprès de Blücher pour le supplier de modérer ses exigences. M. de Tromelin avait été envoyé à Blücher le 2 juillet au soir, il était rentré à Paris le 3 de grand matin, et ne retourna pas au quartier général prussien après la lettre de Zieten.

« Pendant cet intervalle, dit M. Bignon, nous nous étions mis d'accord avec le prince d'Eckmühl et le général Guilleminot sur quelques additions et modifications à faire au projet de convention dont j'étais porteur.

» Cependant il y avait dans l'armée française quelques esprits exaltés qui, trop confiants en eux-mêmes, ou trop peu attentifs aux intérêts de Paris, demandaient absolument la bataille, et repoussaient toute idée d'armistice. Flahaut, Excelmans et quelques autres s'emportaient contre nous; ils me demandaient comment je voulais les déshonorer, moi qu'ils avaient toujours vu jaloux de la gloire nationale..... Nous tâchions de les calmer. L'estimable général Drouot, avec qui je m'entretins longtemps, était convaincu de la nécessité d'un accord, et son opinion m'affermit moi-même....

» Nous étions rendus à Saint-Cloud à trois heures de l'après-midi. La marche au milieu de ces troupes étrangères, maîtresses de notre territoire, et le spectacle de leur orgueil, doublé par le souvenir de douze ans d'humiliations, me déchiraient le cœur. Mes compagnons éprouvaient le même sentiment. Nous étions silencieux et les yeux baissés entre nous, mais prêts à reprendre le courage qui convient au malheur, et nous le reprîmes en effet, quand nous fûmes en présence de nos vainqueurs du moment.

» Nous ne trouvâmes en arrivant que le prince Blücher, son chef d'état-major, le général Gneisenau, et le comte de Nostiz son aide de camp.

» On commença les pourparlers, mais ils ne prirent une forme sérieuse qu'au moment où le duc de Wellington fut arrivé, ce qui eut lieu une demi-heure après. »

Les fenêtres du salon où la conférence avait lieu donnaient précisément sur la fameuse terrasse de l'Orangerie.

Une amère dérision du sort rassemblait ainsi au même lieu la fin de la Révolution et celle de l'Empire, le 18 brumaire et la reddition de Paris. Là aussi, par un revirement providentiel, devait succomber, quinze ans plus tard, la dynastie ramenée et imposée par l'étranger.

CHAPITRE IX

Capitulation. — Discussion des articles. — Projet présenté par M. Bignon ; modifications proposées par le duc de Wellington ; texte définitif de la convention.

Trois intérêts étaient en jeu du côté de la France dans cette transaction : l'intérêt militaire, l'intérêt municipal, l'intérêt politique. Chacun était plus spécialement représenté par l'un des commissaires, le premier par Guilleminot, chef d'état-major de l'armée de Paris; le second par le préfet de la Seine, le troisième par le ministre des affaires étrangères.

L'intérêt militaire, une fois la reddition de Paris admise en principe, était d'obtenir les plus longs délais, les plus grandes sûretés possibles pour la libre retraite de l'armée et l'évacuation de son matériel.

L'intérêt municipal réclamait toutes les précautions de police, d'ordre et de sécurité compatibles avec l'occupation de Paris par les armées étrangères.

Enfin, l'intérêt politique était de nature complexe. Le gouvernement provisoire devait, jusqu'au dernier moment de son existence, réclamer, en retour des avantages militaires que la capitulation de Paris assurait aux alliés, quelque condescendance pour le principe de l'indépendance nationale dans le choix du nouveau souverain, dans la discussion des garanties qui pourraient être demandées; et si ce dernier effort échouait devant une volonté bien évidente et bien arrêtée de rétablir Louis XVIII, stipuler au moins, comme condition suprême d'arrangement, les sûretés nécessaires à tous ceux qui, soit par conviction, soit par entraînement ou nécessité, avaient pris une part notable aux derniers événements. *Cette clause du projet était tellement de rigueur, que les commissaires avaient ordre de rompre, si les généraux alliés s'y refusaient.* Les menaces inopportunes des proclamations royales contre les auteurs ou fauteurs des événements politiques des Cent-Jours, justifiaient cette précaution, et le bon sens le plus vulgaire suffit pour comprendre que cette promesse d'amnistie politique n'avait de portée qu'au point de vue du rétablissement de Louis XVIII, les alliés n'ayant personnellement aucune vengeance politique à exercer. S'il avait pu subsister alors dans l'esprit des commissaires quelque doute sur l'interprétation ultérieure de cette clause, un fait grave et tout récent aurait suffi pour les rassurer pleinement. Huit jours auparavant, on s'en souvient sans doute, Davoust, à l'incitation de Fouché, avait proposé le rappel spontané de Louis XVIII. Nous avons dit par suite de quels incidents cette démarche n'avait pas eu de suite; mais on doit ajouter, à la décharge de Davoust, qu'il n'avait agi ainsi qu'à la suite de pourparlers avec l'agent principal de Louis XVIII, M. le baron de Vitrolles, envoyé par le duc d'Otrante au quartier général de l'armée de Paris. L'une des premières conditions auxquelles le prince d'Eckmühl subordonnait le rappel des Bourbons, était précisément une promesse formelle d'amnistie générale, de pardon absolu, et cette clause avait été agréée sans difficulté. A cette époque, M. de Vitrolles se montrait encore plus accommodant, car il promettait au nom de Louis XVIII, pour prix de ce rappel spontané, le maintien de la cocarde tricolore, celui des deux Chambres, etc. Le 3 juillet, l'ennemi était aux portes de Paris; on n'avait plus le droit de se montrer aussi exigeant. Néanmoins l'avantage fait par la capitulation aux alliés, et par suite à Louis XVIII, qui marchait à leur suite, était assez grand, pour qu'on dût compter de leur part sur l'accomplissement de l'unique clause d'amnistie à laquelle on se réduisait.

L'attitude de lord Wellington, et les premiers mots qu'il adressa aux commissaires français, semblaient faits pour éloigner de leur esprit l'idée qu'il pût exister quelque malentendu sur la nature et la portée de la transaction qu'on allait conclure. Apprenant par leurs pleins pouvoirs la qualité particulière de chacun d'eux, lord Wellington dit à M. Bignon qu'il le considérait comme étant *spécialement l'officier du gouvernement*. (Ce furent ses propres termes[1]). Puis, la discussion s'étant engagée et semblant traîner en longueur, Wellington, s'adressant à M. Bignon, comme au négociateur principal, lui demanda s'il n'avait rien préparé d'avance par écrit. M. Bignon lui remit le projet de convention approuvé par la commission de gouvernement. Wellington, se levant aussitôt, passa dans la pièce voisine pour examiner ce projet avec Blücher et les autres officiers anglais et prussiens. Il dit en sortant, aux commissaires français, que cet examen séparé n'avait d'autre but que d'assurer les bases de la discussion, et d'éviter par là des longueurs inutiles.

Après une demi-heure d'attente, qui, malgré cette explication, dut paraître fort pénible aux commissaires

[1] Notes de M. Bignon.

français, Wellington reparut avec les autres, et remit à M. Bignon son projet avec de nombreuses modifications et corrections écrites au crayon par lui-même. Ces modifications, toutefois, n'étaient *pas imposées,* mais seulement *proposées.* Les prétentions, des deux côtés, se trouvaient ainsi nettement formulées, et ce fut sur cette base que s'établit la discussion dont sortit l'arrangement final.

Pour l'intelligence complète de cette discussion, nous allons d'abord mettre en regard le projet et les modifications en regard du texte définitif.

Ce jourd'hui, 3 juillet 1815, les commissaires nommés par les commandants en chef des armées respectives, savoir : le général baron de Müffling, muni des pleins pouvoirs de S. A. le prince Blücher, commandant en chef de l'armée prussienne ; M. le colonel Hervey, muni des pleins pouvoirs de S. E. le duc de Wellington, commandant en chef de l'armée anglaise,

D'une part ;

Et M. le baron Bignon, chargé du portefeuille des affaires étrangères ; M. le comte Guilleminot, chef d'état major général de l'armée française ; M. le comte de Bondy, préfet du département de la Seine, munis des pleins pouvoirs de S. E. le maréchal prince d'Eckmühl, commandant en chef l'armée française,

De l'autre part ;

Sont convenus des articles suivants :

PROJET DE M. BIGNON.	MODIFICATIONS PROPOSÉES.	TEXTE DÉFINITIF.
ART. ... Il y aura une suspension d'armes de...	Il y aura une suspension d'armes entre les armées alliées commandées par le maréchal prince Blücher, etc., et l'armée française sous les murs de Paris.	ART. 1er. Il y aura une suspension d'armes entre les armées alliées commandées par le duc de Wellington et le feld-maréchal prince Blücher et l'armée française sous les murs de Paris.
ART. ... L'armée française se retirera dans le délai de cinq jours, derrière une ligne qui sera déterminée ci-après...	... Demain, et se portera derrière la Loire où elle arrivera en cinq jours.	ART. 2. Demain, l'armée française commencera à se mettre en marche pour se porter derrière la Loire. L'évacuation

PROJET DE M. BIGNON	MODIFICATIONS PROPOSÉES	TEXTE DÉFINITIF
Emmenant avec elle tout son matériel, artillerie, équipage, caisse militaire, chevaux et propriétés sans aucune exception. Il en sera de même pour le personnel *de tous les dépôts* et pour le personnel des diverses branches d'administration qui appartiennent à l'armée.	Voyez l'art. 3 ci-joint.	totale de Paris sera effectuée en trois jours, et son mouvement pour se porter derrière la Loire sera terminé en huit. ART. 3. L'armée française emmènera avec elle tout son matériel, artillerie de campagne, caisse militaire, chevaux et propriétés des régiments sans exception. Il en sera de même pour le personnel des diverses branches d'administration qui appartiennent à l'armée.

ART. 4. (*Projet et texte définitif.*)

Les malades et blessés, ainsi que les officiers de santé qu'il sera nécessaire de laisser près d'eux, sont mis sous la protection spéciale de MM. les commandants en chef des armées anglaise et prussienne.

ART. 5. (*Projet et texte définitif.*)

Les militaires et employés dont il est question dans l'article précédent pourront, aussitôt après leur rétablissement, rejoindre les corps auxquels ils appartiennent.

ART. 6. (*Projet et texte définitif.*)

Les femmes et les enfants de tous les individus qui appartiennent à l'armée française auront la liberté de rester à Paris. Ces femmes pourront, sans difficulté, quitter Paris pour rejoindre l'armée, et emporter avec elles leurs propriétés et celles de leurs maris.

PROJET DE M. BIGNON	MODIFICATIONS PROPOSÉES	TEXTE DÉFINITIF
ART... Les militaires qui ne sont point en activité de service pourront rester à Paris.	Les officiers de ligne employés avec les fédérés ou la garde nationale, ou avec les tirailleurs de la garde nationale, pourront ou se réunir à l'armée, ou se rendre dans leur domicile ou dans le lieu de leur naissance.	ART. 7. Les officiers de l'armée employés avec les fédérés, avec les tirailleurs de la garde, devront ou accompagner l'armée ou se rendre dans leur domicile ou lieu de leur naissance.

CAPITULATION DE PARIS.

PROJET DE M. BIGNON	MODIFICATIONS PROPOSÉES	TEXTE DÉFINITIF
ART. ... Au jour indiqué la garde nationale remettra postes. ART. ... Les troupes anglaises et prussiennes n'entreront à Paris qu'après la réponse des alliés, ou au plus tôt dans cinq ou six jours. ART. ... Dans le cas où les troupes anglaises et prussiennes entreraient à Paris, elles ne pourront être logées qu'au pavillon et dans les casernes, et les généraux seuls chez les habitants.	Demain, à midi, on remettra Montmartre, la ville de Saint-Denis, et de Clichy, et de l'Étoile, et l'École militaire et les Invalides aux armées alliées. Supprimé.	ART. 8. Demain, 4 juillet à midi, on remettra Saint-Denis, Saint-Ouen, Clichy et Neuilly ; après-demain 5 juillet, à la même heure, on remettra Montmartre; le troisième jour, 6 juillet, toutes les barrières seront remises.

ART. 9. (*Projet et texte.*)

Le service intérieur de la ville de Paris continuera à être fait par la garde nationale et par le corps de gendarmerie municipale.

ART. ... La ville de Paris étant le siège du gouvernement, les commandants en chef des armées prussienne et anglaise s'engagent à respecter et à faire respecter le gouvernement, les autorités nationales, les établissements et administrations qui en dépendent, et à ne s'immiscer en rien dans les affaires intérieures du gouvernement et de l'administration de la France.	ART. 10. (Conforme à la modification proposée.) Les commandants en chef des armées anglaise et prussienne s'engagent à respecter et à faire respecter par leurs subordonnés les autorités actuelles, *tant qu'elles existeront.*	
ART. ... Les propriétés publiques, soit qu'elles appartiennent au gouvernement, soit qu'elles dépendent de l'autorité mu-	Voir l'art. 11.	ART. 11. Les propriétés publiques, *à l'exception de celles qui ont rapport à la guerre* (le reste conforme au projet ci-contre).

PROJET DE M. BIGNON	MODIFICATIONS PROPOSÉES	TEXTE DÉFINITIF
nicipale, seront respectées, et les puissances alliées n'interviendront en aucune manière dans leur administration.		

ART. 12. (*Projet et texte.*)

Seront pareillement respectées les personnes et les propriétés particulières. Les habitants, et en général tous les individus qui se trouveront dans la capitale, continueront à jouir de tous leurs droits et libertés sans pouvoir être inquiétés ni recherchés en rien relativement aux fonctions qu'ils occupent, ou auraient occupées, à leur conduite et à leurs opinions politiques.

ART. ... Les personnes qui, à dater de ce jour jusqu'à l'évacuation du territoire, voudraient sortir de France, recevront des généraux étrangers des passe-ports et toutes sûretés pour leurs personnes et leurs propriétés.	Supprimé.	
ART. ... Les établissements, monuments publics, les musées et bibliothèques, et en général les instituts de toute nature seront respectés.	Supprimé.	

ART. 13. (*Projet et texte.*)

Les troupes étrangères n'apporteront aucun obstacle à l'approvisionnement de la capitale, et protégeront au contraire l'arrivage et la libre circulation des objets qui y sont destinés.

ART. ... La présente convention est déclarée commune à toutes les armées alliées, et MM. les commandants des armées anglaise et prussienne s'engagent à la faire ratifier et exécuter par les commandants respectifs des autres nations.	La présente convention est déclarée commune à toutes les armées alliées, sauf la ratification des puissances alliées.	ART. 14. La présente convention sera observée et servira de règle pour les rapports mutuels jusqu'à la conclusion de la paix. En cas de rupture, elle devra être dénoncée dans les formes usitées, au moins dix jours à l'avance.

PROJET DE M. BIGNON	MODIFICATIONS PROPOSÉES	TEXTE DÉFINITIF
ART. ... S'il survient des difficultés sur l'exécution de quelqu'un des articles de la présente convention, l'interprétation en sera faite en faveur de l'armée française, *des autorités françaises* et de la ville de Paris.	Conforme au projet, sauf la suppression des trois mots : *les autorités françaises*.	ART. 15. (Conforme au texte modifié ci-contre.)
ART. ... Le présent armistice est déclaré commun à toutes les armées alliées, et MM. les commandants des armées anglaise et prussienne s'engagent à la faire ratifier et exécuter par les commandants respectifs des autres nations.	La présente convention, etc., sauf la ratification des puissances alliées.	ART. 16. La présente convention est déclarée commune à toutes les armées alliées, sauf la ratification des puissances dont ces armées dépendent.
ART. ... Les ratifications seront échangées au pont de Neuilly, dans le délai de	Les ratifications seront échangées à six heures demain matin, au pont de Neuilly.	ART. 17. (Conforme à la modification proposée.)

ART. 18 ET DERNIER.

(*Cet article, quoique bâtonné sur le projet, a été intégralement reproduit dans le texte définitif.*)

Il sera nommé deux commissaires par les parties respectives pour l'exécution de la présente convention.

Fait et signé à Saint-Cloud, en triple expédition, par les commissaires susnommés les jour et an que dessus :

Baron de MUFFLING, F.-B. HERVEY, colonel, le baron BIGNON, le comte GUILLEMINOT, le comte de BONDY [1].

---

[1] Le texte que nous reproduisons, collationné avec le projet et les corrections de Wellington, est une des expéditions originales, revêtue de la signature et des sceaux des commissaires. Au-dessous se trouvent le cachet et la ratification de Blücher, datée du quartier général de Meudon, le 4 juillet (*sic*). La signature de Blücher est tremblée et presque illisible. Wellington donna la sienne par acte séparé le même jour.

La seule lecture de ce document ainsi complété suffit pour rendre à la discussion de cet acte fameux sa physionomie véritable, et réfute ainsi bien des erreurs. On peut suivre, par les modifications proposées, le travail de transformation qu'a subi le projet de convention conçu et présenté par le gouvernement provisoire. Il n'était pas difficile à lord Wellington de remarquer que, même dans cette dernière extrémité, les autorités françaises s'efforçaient encore de réserver la question politique tout entière à l'appréciation des souverains, et d'en faire l'objet d'une négociation séparée, avant l'occupation définitive de Paris. Le général anglais, immuable dans ses résolutions, dut, par contre, exiger la remise immédiate de Paris, le plus prompt éloignement de l'armée, dont la malveillance à l'égard des Bourbons était évidente et redoutable, supprimer tout ce qui aurait pu impliquer pour les alliés la nécessité de protéger ou de respecter en quoi que ce fût des autorités qu'ils jugeaient et condamnaient de parti pris comme insurrectionnelles et nulles dans leur principe, et avec lesquelles ils traitaient néanmoins! En un mot, on s'efforça, en dépit de la contradiction flagrante d'une telle situation, d'écarter toute stipulation politique de nature à gêner l'action du gouvernement royal.

Cependant, sur les observations du général Guilleminot, chargé plus spécialement du débat des articles militaires, les généraux alliés consentirent à se relâcher de la précipitation de mouvements qu'ils avaient voulu d'abord imposer à l'armée française. Ils accordèrent un délai total de *onze jours* au lieu *de cinq* pour l'évacuation de Paris et la retraite sur la Loire. Ils comprirent que, dans leur propre intérêt, il importait de laisser aux généraux français une plus grande latitude de mouvements, sous peine d'amener des conflits désastreux.

Wellington dit nettement aux commissaires français que, d'après les intentions désormais irrévocables autant que formelles des souverains, la suspension d'armes qu'il consentait à accorder n'était qu'une mesure préliminaire à la rentrée du roi Louis XVIII dans Paris. C'était comme *allié du Roi* qu'ils retenaient les caisses et les papiers *des administrations militaires*, dont le personnel seulement devait accompagner l'armée (art. 3). Cette retenue avait un caractère politique qu'on ne saurait nier, et devait fortifier les commissaires dans l'opinion que Louis XVIII ne pourrait méconnaître aucun des articles d'une convention qui en fait lui livrait Paris autant et plus qu'à ses alliés.

Les articles 4, 5 et 6, tout à fait militaires, ne donnèrent lieu à aucune discussion. Il n'en fut pas de même de l'article suivant du projet, qui laissait aux militaires en non-activité la faculté de rester à Paris. Les généraux alliés jugèrent que dans l'intérêt de Louis XVIII comme dans le leur, il y avait là une distinction importante à faire, des mesures de précaution à prendre contre tous ceux qui avaient fait acte d'hostilité contre eux *et le Roi,* en concourant à l'organisation des levées départementales accourues pour se réunir à l'armée de Napoléon, et à celle du corps spécialement agressif des tirailleurs de la garde nationale (art. 7). La manière dont leur demande était formulée tendait même à expulser de Paris les officiers dont tout le crime avait été de prendre part au service de la garde nationale *sédentaire*, exigence outrée à laquelle on eut quelque peine à les faire renoncer.

Le projet de M. Bignon réservait encore dans une certaine mesure la question gouvernementale et même la neutralité de Paris. Tout en accordant la remise éventuelle de quelques barrières, il supposait encore la possibilité d'une négociation politique entre le gouvernement provisoire et les alliés, ne fût-ce que pour obtenir de Louis XVIII, par leur entremise, des garanties plus explicites, d'un caractère général vis-à-vis de la nation, d'un caractère personnel vis-à-vis des gens personnellement compromis. Cette précaution dut disparaître devant le refus formel des généraux anglais et prussiens. Tout ce qu'on put obtenir d'eux, ce fut un adoucissement, purement matériel, à l'exigence qu'ils manifestaient d'occuper Paris *dès le lendemain.* Il fut convenu (art. 8) que, dès le lendemain, on commencerait seulement à leur céder les postes avancés, et le surlendemain seulement les barrières. Ce n'était là, au surplus, que la conséquence rigoureuse du prolongement de délai accordé à l'armée française par l'article 2.

On a sans doute remarqué qu'une des dispositions du projet exemptait les Parisiens des logements militaires. Blücher rejeta cette réserve avec emportement, ajoutant que ses soldats ne feraient jamais autant de mal en France que les Français en avaient fait en Prusse, et que M. Bignon lui-même, administrateur à Berlin pendant l'occupation française, devait savoir mieux que personne à quoi s'en tenir là-dessus.

Les généraux alliés repoussèrent également la stipulation proposée, *de respecter* et *de faire respecter* les autorités existantes au moment de la convention. Sur l'interpellation de M. Bignon, Wellington déclara que son intention n'était pas de renverser de lui-même ces autorités, que c'était l'affaire du Roi et non celle des alliés. On promit seulement de respecter personnellement ces autorités, *tant qu'elles existeraient*, engagement qui ne fut pas tenu rigoureusement, comme on le verra bientôt.

La clause restrictive imposée à la disposition du projet qui garantissait le respect des propriétés publiques (art. 11), avait trait *aux propriétés ayant relation à la guerre,* c'est-à-dire à la grosse artillerie et aux munitions servant à l'armement de Paris. Ce fut du moins ainsi que cette réserve fut commentée et admise, bien que, quelques jours après, Blücher ait prétendu en induire le droit de détruire un monument public, uniquement parce qu'il portait le nom d'une bataille perdue par les Prussiens[1]. Nous reviendrons en détail sur ce point, ainsi que sur le trop célèbre article 12, qui n'avait d'autre sens raisonnable que celui d'une promesse d'amnistie politique de la part du gouvernement que rétablissaient les alliés. Cet article ayant été admis sans la moindre discussion, rendait inutile la disposition suivante du projet, relative aux passe-ports pour les personnes compromises. En présence des intentions conciliantes du gouvernement royal, dont Wellington parla à plusieurs reprises, il parut superflu et peut-être imprudent de solliciter ce surcroît de précautions. Les paroles du général anglais avaient d'autant plus d'autorité, que Louis XVIII lui-même venait d'arriver à son quartier général.

Le dernier incident important de la discussion fut la disposition du projet relative aux musées. Elle fut supprimée à la suite d'un débat sur lequel nous aurons à revenir.

---

[1] L'un des signataires de la convention, le baron de Müffling, qui a écrit sur les événements de 1815, a prétendu que cette arrière-pensée de détruire les monuments contemporains et commémoratifs des défaites prussiennes existait chez Blücher au moment de la convention; mais il résulte des expressions mêmes qu'il emploie que cette arrière-pensée aurait été soigneusement dissimulée par l'expression équivoque de *propriétés ayant relation à la guerre.* Tout cela était peu loyal et peu généreux.

CHAPITRE X

Observations et nouveaux détails sur la convention du 3 juillet. Conférence du 4 juillet entre Wellington et M. Bignon, etc.

Telle est cette convention tristement célèbre, objet de tant d'appréciations inexactes, de tant de critiques aussi violentes que mal fondées. Les royalistes fougueux n'y avaient vu qu'un dernier et impuissant effort de la révolution expirante ; les nouveaux révolutionnaires en ont fait un acte de lâcheté suprême, de haute trahison envers l'honneur national. Ces incriminations rétrospectives, inspirées par des haines récentes, sont indignes d'une discussion sérieuse. Peu importe, au point de vue des faits qui nous occupent, le rôle politique qu'ont pu jouer en 1830 quelques-uns des hommes de 1815. Le blâme, pour être équitable, doit remonter aux premiers auteurs de la situation qui existait alors, et non s'arrêter à ceux qui furent contraints de la subir. Nous ne prétendons pas assurément justifier tout ce qu'a fait la commission de gouvernement, surtout par rapport à l'Empereur, mais il est facile de démêler, dans tous les actes équivoques et regrettables, l'influence égoïste et malfaisante du duc d'Otrante, et, toutes réserves faites à l'égard de ce dernier, nous repoussons ces imputations outrageantes de lâcheté et de trahison, adressées à des hommes qui, en définitive, n'ont recueilli que des injures et une longue disgrâce, pour prix de leur dévouement à la chose publique dans des circonstances si difficiles, si compromettantes. D'ailleurs, en fait de *gouvernement provisoire*, les républicains ont-ils le droit de se montrer si difficiles ?

Quant à la convention en elle-même[1], on ne doit, après mûr examen, y voir autre chose qu'un acte de cruelle, mais impérieuse nécessité, qui nous sauva de malheurs plus grands encore, et dont l'accomplissement loyal eût été honorable et profitable à la famille des Bourbons. L'histoire doit surtout reconnaître à cette convention (et le but de notre travail est principalement d'élucider ce point important) *le caractère politique* qu'elle eut réellement au moment où elle fut conclue, et qui lui fut presque aussitôt contesté d'un commun accord par l'emportement des vainqueurs, et par les imprudentes rancunes de l'autorité dont ils imposaient le rétablissement. « Les misérables pouvoirs qui avaient conclu ou sanctionné cet acte de honte, dit un historien récent, *n'avaient rien garanti, rien réservé* : droits des citoyens, libertés publiques et privées, honneur national, indépendance du pays, ils avaient tout abandonné sans conditions, tout livré à l'ennemi[2]. » Ce jugement inexact et violent tombe déjà de lui-même en présence du document incontestable que nous publions

---

[1] On sait que ce mot de *convention* avait été suggéré par le duc d'Otrante pour éviter l'impression pénible que celui de *capitulation* n'aurait pas manqué de produire. Pour se consoler à si peu de frais, il ne fallait pas être difficile, et pourtant il faut bien avouer que le calcul de Fouché se trouva juste, en partie, et que l'offre morale de la reddition de Paris fut amortie par cet artifice grammatical. On ne saurait refuser au duc d'Otrante le triste mérite d'avoir bien connu et habilement exploité le côté infime et puéril de la nature humaine.

[2] Vaulabelle, III, 497.

aujourd'hui ; du projet primitif, des changements proposés, débattus, enfin du texte définitif de la convention. On peut, enfin, constater ici l'existence, suivre la trace du débat.

Mais c'est pour nous un devoir de famille et de conscience d'insister encore davantage sur le caractère politique de la convention du 3 juillet, et de démontrer jusqu'à la plus entière évidence combien la nouvelle école historique révolutionnaire s'est étrangement fourvoyée à ce sujet. C'est dans ce but que nous allons transcrire la plus grande partie d'un *mémoire* rédigé par un homme d'État éminent, que l'empereur Napoléon Ier a jugé digne d'être son historien et l'un de ses légataires, quoique son nom soit inscrit le premier au bas de la convention du 3 juillet [1].

« La convention du 3 juillet était obligatoire pour le gouvernement royal, considéré : 1° comme allié des souverains au nom desquels elle avait été signée ; 2° comme étant, à la place du gouvernement qui l'avait conclue et qui venait de disparaître, appelé à défendre les intérêts de la France contre les autres souverains. Avant d'entrer à Paris, le Roi était uni aux puissances étrangères par un traité d'alliance : rentré dans Paris et identifié avec la France, qu'il a dû prendre dans l'état où il la trouvait, il a eu un traité de paix à faire, au nom de la France, avec les puissances étrangères.

» Deux armées sont en présence ; Paris doit être le prix du combat. D'un côté, l'assaillant peut craindre d'échouer ou de payer chèrement la victoire ; de l'autre, l'armée qui

---

[1] Ce mémoire a été écrit en 1819. On verra plus bas dans quelles circonstances ; et quels graves motifs déterminèrent son auteur, M. le baron Bignon, à en ajourner indéfiniment la publication.

défend Paris brûle d'illustrer par un coup d'éclat, par une revanche suprême, les derniers jours où il lui sera permis de combattre. A côté de cette armée existe la commission de gouvernement provisoire, qui doit songer aux intérêts d'une grande capitale, qu'une bataille même gagnée peut compromettre plus tard, et dont une bataille perdue peut causer la ruine. Paris est un dépôt sacré dont elle doit compte au gouvernement royal lui-même qui va la remplacer. En pourvoyant au salut de Paris, elle va stipuler pour la civilisation européenne, pour la France, *pour le Roi*, car c'est servir le Roi que de sauver Paris. On se rappelle Washington détruit par les Anglais, Moscou brûlé par les Russes eux-mêmes : on est dans un âge de grandes catastrophes. En détruisant ces villes, on n'a anéanti que des richesses matérielles, dont la reproduction n'est pas impossible; mais dix siècles ont rassemblé dans Paris des trésors que le monde entier, mis à contribution, ne remplacerait pas...

» On se décide à négocier; mais, en traitant, il faut sauvegarder les intérêts civils comme les intérêts militaires. Deux proclamations du Roi avaient annoncé une amnistie, *avec exceptions...* La prudence demande des précautions contre l'esprit de vengeance qui circonvient le trône. La commission de gouvernement devait craindre les exceptions et pour elle-même, et pour les hommes qui occupaient les divers postes de l'administration et de l'armée.

» Elle pensa que la remise de Paris, sans coup férir, aux alliés du Roi *et au Roi lui-même*, serait une rançon au prix de laquelle devraient être facilement abandonnés des projets de rigueurs, qui ne pouvaient qu'être contraires aux vrais intérêts du Roi. Parmi les articles que l'on fit proposer aux commandants en chef des armées anglaise et prussienne, on plaça donc, comme condition absolue et indispensable, une clause destinée à préserver de poursuites ultérieures pour leurs opinions ou leur conduite politique, tous les individus qui se trouvaient dans la capitale, et cet article fut adopté *sans hésitation aucune*. En vain prétendrait-on en dénaturer le sens, il subsiste et subsistera éternellement contre ceux qui, après l'avoir admis, l'ont violé sans scrupule; contre cette faction vindicative qui a entraîné le gouvernement royal à de si funestes déterminations.

» Il est incontestable que c'est parce qu'ils considéraient le gouvernement du Roi comme allié des autres souverains, comme devant remplir la part d'obligations que la convention mettrait à sa charge, que les commissaires français proposèrent l'article 12. Et j'ajoute que les plénipotentiaires des alliés admirent cet article, en considérant les choses sous le même point de vue.

» D'abord, *c'est dans cet esprit, dans ce sens absolu, que l'article fut proposé*. Et quel autre but pourrait-on leur supposer? Est-ce à des généraux en chef, en leur qualité de commandants militaires, qu'il appartient de prononcer sur des questions d'ordre politique, d'ordre intérieur? Et lorsqu'ils entrent dans de pareilles discussions, lorsqu'ils admettent des stipulations de cette espèce, n'est-ce pas évidemment parce que, se regardant eux-mêmes comme munis de pouvoirs illimités qui les autorisent à payer des avantages militaires par des concessions sur des questions politiques, ils font marcher de pair ces questions de nature si différente, dans l'intérêt des princes au nom desquels ils agissent? Était-ce aux commandants des armées anglaise et prussienne que la commission provisoire eût demandé de telles garanties, si elle n'eût vu en eux que des chefs purement militaires, et non des organes avoués par les souverains alliés, stipulant pour eux, *stipulant surtout pour le Roi, dont la cause, confondue avec celle des souverains, était plus particulièrement intéressée à ce que l'occupation de Paris eût lieu par suite d'un accord, et non par suite de nouveaux combats?* Était-ce de la part du duc de Wellington et du prince Blücher ; était-ce de la part de quelque gouvernement étranger, quel qu'il pût être, que nous avions à craindre d'être inquiétés, pour *les fonctions* que nous aurions remplies, pour notre *conduite,* ou nos opinions ? Les puissances étrangères avaient pris soin de nous rassurer à cet égard par des déclarations officielles, par toutes leurs proclamations. Les seuls droits d'ailleurs que donne la force, les seuls que ces puissances eussent à exercer, sont ceux qui se fondent sur les droits de la guerre. Le pouvoir de juger notre conduite et nos opinions ne pouvait leur appartenir. C'est en conséquence de l'admission de cet article 12, que la convention fut signée par les commissaires français. Sans cette condition, peut-être eût-on tenté encore une fois le sort des armes...., ou enfin, si on eût été obligé plus tard de souscrire à des conditions moins rassurantes, les hommes qui auraient eu des poursuites à craindre, au lieu de se reposer sur la foi d'un acte inviolable à leurs yeux, auraient pu pourvoir à leur sûreté.

» C'était donc parce qu'ils voyaient dans Wellington et Blücher de véritables organes des souverains alliés et du Roi, que les commissaires français avaient proposé l'article 12, et que la France entière dut compter sur la garantie portée par cet article. C'était aussi de bonne foi, et en se considérant comme munis de tels pouvoirs, que les deux commandants anglais et prussien adoptèrent cet article. Nous expliquerons plus tard comment le duc de Wellington s'est trouvé entraîné, par la politique de son gouvernement, à l'explication forcée et fausse qu'il a été réduit à donner de ce même article dans sa réponse à la maréchale Ney. Ce qui est constant, ce que j'aime à déclarer pour son honneur, c'est qu'il avait primitivement agi avec des intentions droites et franches : sa conduite fut telle que la commission de gouvernement dut voir en lui, non pas seulement un plénipotentiaire général de tous les souverains, et par conséquent du Roi leur allié, mais un plénipotentiaire *spécial* du gouvernement du Roi. Dans toutes les communications qu'on eut avec lui, soit avant, soit après la signature de la convention, ce fut toujours principalement des intérêts du Roi qu'il s'occupa, en sorte qu'en négociant avec le noble duc, ce fut avec le représentant du gouvernement du Roi qu'on crut traiter, et qu'on traita réellement. Quelques particularités que je vais citer ne laisseront aucun doute à cet égard. »

Ici M. Bignon reproduit *in extenso* l'importante dépêche des commissaires nommés le 27 juin, pour traiter d'une suspension d'armes, dépêche que nous avons précédemment citée. Puis il en déduit les conséquences.

« C'était le 1er juillet que le duc de Wellington, reconnaissant le droit qu'avait la France de se choisir un gouvernement, se bornait à faire sentir aux commissaires français les avantages qu'aurait, sur tout autre parti à prendre, le rétablissement du gouvernement du Roi. C'était le 1er juillet qu'énumérant lui-même les fautes de la première Restauration, il cherchait à rassurer les esprits en promettant aux autorités existantes toutes les garanties que la France désirait. C'était le 1er juillet qu'il avertissait la commission de gouvernement qu'il ne fallait point discuter de conditions, attendu qu'il suffisait que les griefs dont la nation française avait eu à se plaindre fussent désormais bien connus, pour qu'elle n'eût plus à en craindre le retour, et lui-même indiquait déjà avec une parfaite justesse quelques-uns de ces principaux griefs. C'était le 1ᵉʳ juillet qu'il témoignait qu'on ne devait point perdre de temps, de peur que d'autres intérêts ne vinssent compliquer les négociations. Et, dès le lendemain, la commission de gouvernement, docile à ses conseils, nommait des commissaires nouveaux, autorisés à conclure[1] un arrangement sans exiger, *sous le rapport politique,* aucune autre condition que la sûreté des personnes ; ayant la persuasion, d'après sa déférence aux insinuations du noble duc, que c'était là le plus sûr moyen d'obtenir pour la France toutes les garanties qui, d'après lui-même, ne pouvaient pas et ne devaient pas être refusées.

» On conçoit quel poids devait donner à toutes ses paroles le rôle important qu'il avait joué depuis plusieurs années dans les plus grands événements de l'Europe, et la haute considération dont il jouissait notoirement dans les conseils des souverains. Ce n'est pas là un personnage dont les discours et les actions puissent être regardés comme sans conséquence, et exposés à l'affront d'un désaveu... Mais ce n'est pas d'après ces premières circonstances seulement qu'on était autorisé à agir comme on l'a fait. D'autres communications avaient eu lieu avec le duc de Wellington, soit par moi, soit par le duc d'Otrante, et nos communications n'étaient pas moins significatives dans le sens que j'indique. Deux points d'une haute gravité, exclusivement relatifs à la réorganisation intérieure de la France, furent surtout l'objet d'une sérieuse discussion, dans une

---

[1] A la dernière extrémité, il est vrai.

conférence que j'eus à Neuilly, avec le noble duc, le lendemain de la signature de la convention (4 juillet). »

Ici M. Bignon commence le récit de cette conférence. Nous reproduisons ce récit, en le complétant par des détails recueillis dans ses notes, mais qui ne pouvaient convenablement trouver place dans un écrit destiné primitivement à être publié pendant les luttes politiques de la première Restauration.

Après la signature et la ratification de la convention du 3 juillet, le gouvernement provisoire avait jugé convenable de charger M. Bignon d'une nouvelle mission auprès de Wellington. Cette mission, dont l'initiative appartenait plus particulièrement au duc de Vicence, avait en réalité deux objets, l'un patent, l'autre secret. Il s'agissait d'abord de tenter un dernier effort, avant l'arrivée des souverains alliés, pour détacher Wellington de Louis XVIII, et lui faire agréer la combinaison de Napoléon II ; puis, si cette tentative échouait, M. Bignon devait insister ouvertement pour obtenir du moins certaines garanties politiques, notamment le maintien du drapeau tricolore et celui de la Chambre des représentants. En arrivant à Saint-Cloud, M. Bignon rencontra précisément le duc de Wellington qui rentrait à cheval, avec une suite nombreuse, dans laquelle figurait un certain nombre de généraux français, ayant tous la cocarde blanche. Cette manifestation renversait le seul argument dont on pouvait encore se servir avec quelque chance de succès contre les Bourbons, les répugnances invincibles de l'armée. Il ne s'agissait donc plus de contester le rétablissement de Louis XVIII, mais seulement de tâcher d'obtenir de Wellington, parlant en son nom, quelque supplément de garanties, indépendamment de l'amnistie déjà obtenue par l'article 12, signé la veille.

Il ne fut pas en effet question d'autre chose dans la conférence qui eut lieu entre le général anglais et M. Bignon. Le duc de Wellington s'expliqua sur les garanties réclamées avec une entière franchise, en homme bien instruit des résolutions irrévocablement arrêtées, et autorisé à les faire connaître.

A l'égard du drapeau tricolore, il dit qu'au premier retour du Roi, ce fut peut-être une faute de ne pas l'avoir adopté, que lui-même en aurait donné le conseil si alors il avait été consulté, mais que depuis la situation avait changé ; qu'il n'était plus possible au Roi de conserver ces couleurs, après qu'elles avaient servi de signe de ralliement contre lui et contre sa dynastie. Il assura que la volonté de Louis XVIII était irrévocablement arrêtée sur ce point. Quant au maintien des représentants, le noble duc trouvait de même qu'il n'était pas possible que le Roi y consentît, et il finit par apprendre à M. Bignon que cette seconde question était déjà jugée par les souverains. Il lui fit lire une lettre signée par MM. de Metternich et d'Hardenberg, dont le contenu ne laissait aucun doute à ce sujet... « D'après la nature de ces communications, dit M. Bignon, on voit si la commission de gouvernement avait entendu ne traiter que militairement avec des chefs militaires..... »

« A la fin de cette conférence, le duc de Wellington me dit qu'il allait de suite se rendre auprès de Sa Majesté Louis XVIII, installé depuis trois jours à son quartier général [1], et qu'il reviendrait le soir, de huit à neuf heures, avec M. de Talleyrand à Neuilly, où il fut convenu que se trouverait de son côté le duc d'Otrante, président du gouver-

---

[1] Au château d'Arnouville, près de Gonesse.

nement provisoire. Il m'engagea à revenir aussi, ce que je ne fis pas, mais le duc d'Otrante s'y rendit : la conférence eut lieu; les résultats communiqués le lendemain par le duc d'Otrante à la commission de gouvernement étaient de nature à éloigner toute appréhension de vengeance et de proscription. Comment la sûreté n'eût-elle pas été complète, quand le duc d'Otrante lui-même prenait place dans le conseil du Roi[1]! Cette nomination était en effet la ratification la plus formelle qui pût être donnée à la convention du 3 juillet, et notamment à l'article 12 de cette convention.

» Peut-être objectera-t-on que cette position faite au duc d'Otrante, sur les instances itératives et pressantes d'un général étranger, était une faveur exceptionnelle que d'autres n'ont pas le droit d'invoquer. Peut-être se hasardera-t-on à la représenter comme le prix de services particuliers rendus à la cause royale, c'est-à-dire comme le prix de la perfidie dont il se serait rendu coupable envers le

---

[1] Un fait particulier, dont j'ai eu personnellement connaissance, prouve surabondamment que les idées de pardon et d'oubli étaient alors dominantes dans les conseils du Roi, et qu'on s'estimait alors fort heureux d'obtenir à ce prix la remise de Paris. Plusieurs jours avant la convention du 3 juillet, M. le prince d'Eckmühl avait, dans la séance de la commission de gouvernement, exprimé l'opinion que, sans attendre les dernières extrémités, il convenait de s'adresser directement au Roi, ce moyen lui paraissant le plus propre à faire obtenir des conditions qui assurassent tous les intérêts nationaux. Des ouvertures lui avaient été faites par des agents du gouvernement royal (MM. de Vitrolles et autres). On lui avait demandé d'exposer les conditions moyennant lesquelles un accommodement pourrait avoir lieu. Davoust avait exposé ces conditions, et on juge bien qu'il n'avait pas négligé d'y faire entrer la condition indispensable d'un pardon *général, absolu*, sans aucune espèce de restriction. Une réponse lui fut donnée. La condition dont il s'agit y était admise sans aucune difficulté. (Note de M. Bignon.)

gouvernement de Napoléon dont il avait fait partie, ou envers la commission provisoire dont il était le chef. Une pareille explication serait au moins incomplète, et de plus souverainement injurieuse pour le Roi lui-même. Quoi qu'il en soit des soupçons élevés sur la conduite de Fouché dans ces temps difficiles, quand on le voit passer soudain d'un poste ennemi à un poste de confiance, ce n'est pas le serviteur plus ou moins fidèle de divers gouvernements qu'on doit remarquer le plus en lui, c'est l'homme de la Révolution, c'est le conventionnel régicide, que l'article II de la Charte avait couvert, comme les autres, de son inviolable garantie. En voyant un tel homme non plus seulement amnistié cette fois, mais officiellement honoré de la confiance royale, placé sur les premières marches du trône, combien ne devaient pas être plus tranquilles tous les hommes qui, purs des égarements de la Révolution, n'avaient de commun avec le duc d'Otrante que l'erreur des Cent Jours?

» Dira-t-on encore qu'il manque à la convention du 3 juillet une ratification *matérielle* du gouvernement royal? Nous répondrons que les circonstances ôtaient aux commissaires français la possibilité et même la pensée de l'invoquer. La convention était débattue et signée avec les commandants des forces qui menaçaient Paris! Le Roi, qui n'avait pas voulu voir des Français combattre contre des Français, arrivait sans armée, et, par conséquent, sans avoir de général qui pût prendre part en cette qualité aux mêmes transactions. Il est d'ailleurs pour les traités conclus même sans ordre, des ratifications *tacites*, réputées par tous les publicistes avoir la même force et les mêmes effets que les ratifications expresses.

« Quand un engagement a été contracté sans l'ordre du souverain, dit Grotius, mais que ce souverain a fait ensuite quelque chose qui ne peut vraisemblablement être rapporté à un autre principe qu'une approbation tacite, on a raison de prendre ce silence pour une approbation. » L'admission immédiate, dans le ministère du Roi, du chef même du gouvernement des révoltés, n'était-il pas déjà un indice suffisant, presque surabondant, de la ratification du pardon accordé, même sans ordre, à ces révoltés?

« Il y a encore, continue Grotius, un autre cas où le souverain est engagé du fait de ceux qui ont traité pour lui : c'est lorsque, sachant ce qui s'est passé, il a laissé faire des choses qui ne pouvaient vraisemblablement être rapportées à une autre cause qu'à l'exécution des engagements contractés sans sa participation. » Le gouvernement du Roi a eu connaissance de la convention du 3 juillet au moment même de sa signature; il a vu faire, en exécution apparemment de cette convention, toutes les dispositions relatives à la remise de Paris aux alliés, et il n'est pas venu arrêter ces dispositions ou protester contre elles, par la notification du refus de remplir les engagements qui le concernaient.

« Le souverain est aussi obligé, selon Grotius, à tenir un contrat dont il veut retirer de l'avantage, quoique ce contrat ait été fait sans autorisation, ou à renoncer aux avantages de ce contrat. » L'avantage du contrat en cette occasion était la possession de Paris. Le gouvernement du Roi a bien voulu recueillir cet avantage et il l'a recueilli en effet : il était donc obligé à tenir le contrat au prix duquel cet avantage était accordé; « car on ne saurait, dit encore Grotius, excuser d'injustice ceux qui, désapprouvant les conventions faites sans leur ordre, veulent néanmoins garder ce qu'ils n'auraient point sans cela. » Si l'on avait l'indécente hardiesse d'alléguer que Louis XVIII serait redevenu maître de Paris sans la convention du 3 juillet, nous conviendrons que la chose est vraisemblable, et que, dans l'hypothèse d'une lutte prolongée, même de quelque revanche glorieuse et éphémère de nos armées, l'effrayante accumulation des armées combinées rendait à peu près inévitable la prise de Paris, après quelques combats de plus ou moins. Qui sait ce que Paris aurait eu à souffrir de cette continuation d'hostilités? Est-il raisonnable, est-il même permis de supposer que le Roi aurait mieux aimé rentrer dans sa capitale au milieu des ruines, que de la reconquérir intacte par la clémence et le pardon?

» Remarquons enfin que, entre la convention du 3 juillet et l'ordonnance de proscription qui viola les garanties stipulées dans cet acte, il s'est écoulé *vingt et un jours;* que pendant cet espace de temps, le gouvernement royal, instruit de la signature de cette convention, le jour même où elle a eu lieu, témoin de tout ce qui se faisait pour son exécution, non-seulement n'a rien fait pour s'y opposer, mais en a recueilli le fruit, puisque c'est en vertu de cette convention que les portes de Paris se sont ouvertes au Roi comme à ses alliés, et qu'il a pu prendre possession du palais de ses pères.

» Cet intervalle de *vingt et un jours* n'a pas été un piége, un répit insidieux accordé à des victimes marquées d'avance. Mais, pendant ce laps de temps, le gouvernement du Roi eut à subir, et l'ascendant des volontés étrangères, qui prétendaient se venger d'anciennes défaites en détruisant notre armée et décimant ses chefs, et les rancunes non moins implacables des ultra-royalistes qui se pressaient autour du trône pour implorer des vengeances.

» Oserait-on prétendre que le gouvernement, tout en profitant des avantages que lui offrait la convention, a pu se dispenser d'observer des conditions favorables à des rebelles? Tous les publicistes ont fait justice de cette doctrine inique. « Le prince, religieux observateur de sa parole, dit Vatel, doit garder fidèlement ce qu'il a promis, même à des sujets révoltés. » Selon Puffendorf, « quand on traite de son propre mouvement avec un brigand reconnu tel, on est censé par cela même renoncer au droit que le caractère d'un tel contractant pourrait nous donner de ne pas lui tenir parole. » De quelque titre qu'il ait plu aux hommes de 1815 de nous honorer, il n'y en a aucun qui pût autoriser la violation par le gouvernement royal d'une convention dont il a recueilli les bénéfices, et qui n'avait pu d'ailleurs être contractée que sous la conviction de son consentement, de son engagement solidaire, puisque l'exécution d'une partie des stipulations de cet acte devait dépendre de lui seul... »

Nous abrégeons la seconde partie de ce mémoire, dans laquelle M. Bignon s'efforce de démontrer que la convention du 3 juillet était obligatoire pour le gouvernement provisoire de Louis XVIII, non-seulement comme allié des souverains avec lesquels elle était signée, mais comme étant appelé à protéger contre leur ressentiment la France rentrée sous l'obéissance des Bourbons. Ici surtout, malgré la modération et le calme un peu affecté de la forme, les ressentiments et les regrets personnels de l'écrivain se montrent trop à découvert, et l'énumération de ce qu'on aurait dû faire devient la plus sanglante critique de ce qui a été fait. « La rentrée du Roi dans Paris a complétement changé sa position. Hors Paris, il combattait avec eux la France révoltée; dans Paris, il protége contre eux la France soumise. Son cœur seul lui indique ce nouveau rôle, et d'ailleurs, ses alliés ont soin de le lui rappeler, puisque les princes dont il était l'allié avant la reddition de Paris exigeront de lui qu'il signe un traité de paix avec eux (et quel traité!) comme chef de la nation avec laquelle ils étaient en guerre. »

M. Bignon s'efforce de démontrer que l'exécution de la convention du 3 juillet, invoquée par le gouvernement de Louis XVIII, aurait suffi pour éviter à la France la plupart des conséquences désastreuses de l'invasion, notamment la dissolution de l'armée et la remise des places fortes non encore soumises à cette époque, attendu que la convention n'en parlait pas, et que les puissances coalisées, en négociant cet acte qui en réalité mettait fin à la guerre et leur assurait, ainsi qu'à Louis XVIII leur allié, un avantage décisif, étaient censées par là même avoir renoncé à exiger de nouvelles conditions pour conclure définitivement la paix. Toute cette argumentation, habilement et longuement élaborée, peut se résumer en ce peu de mots : La France ne devait pas subir deux capitulations. Ici, M. Bignon s'est laissé emporter trop loin par l'amer et légitime ressentiment de tant de désastres, et l'impartialité historique ne saurait admettre que les omissions mêmes de la convention du 3 juillet dussent avoir force de loi contre les entraînements de la victoire, et les immenses rancunes de l'Europe coalisée. Les conditions de la convention du 3 juillet n'étaient que celles d'un arrangement préliminaire, non celles d'une paix définitive.

Mais il en est autrement des sauvegardes et garanties stipulées expressément dans cette convention. Là, l'argumentation de M. Bignon reprend toute sa puissance, et les conditions d'un avantage aussi important que la remise de Paris auraient dû être invoquées et maintenues par le gouvernement royal. Sous ce rapport, deux articles de cette convention ont une haute importance historique : l'article 11, par lequel les puissances alliées s'engageaient à respecter les monuments et les propriétés publiques, et l'article 12, qui sauvegardait les individus compromis politiquement dans les Cent Jours. Le premier de ces articles fut violé par la spoliation du Musée, l'autre par l'ordonnance de proscription du 24 juillet 1815.

L'initiative de la première violation appartient aux alliés, qui trouvèrent une complicité tacite dans la faiblesse du gouvernement royal. Quant aux ordonnances de proscription, tout en faisant une large part aux suggestions étrangères, on ne peut méconnaître que la responsabilité de ces actes incombe surtout aux ministres de Louis XVIII.

CHAPITRE XI

Affaire du Musée. — Lettres inédites du duc de Richelieu
et de M. Bignon, etc.

Nous ne reproduisons pas ici les détails trop connus des événements qui suivirent immédiatement la signature de la convention du 3 juillet. L'exaspération de l'armée et de la partie énergique de la population, l'indifférence apathique de ceux qui ne croyaient pouvoir payer trop cher le repos, la contenance menaçante, irritée des Prussiens dans Paris, l'expulsion de la commission de gouvernement, la dissolution des Chambres, la rentrée de Louis XVIII, les rigueurs de la réaction ultra-royaliste, sont des faits tombés depuis longtemps dans le domaine de l'histoire, mais qu'il est bien difficile, encore aujourd'hui, d'apprécier d'une façon pleinement impartiale. Pour nous surtout, Français, il nous sera sans doute impossible toujours de rester calmes en présence de pareils souvenirs.

Aussi avons-nous pris à tâche, dans ce travail, de nous circonscrire dans les rigoureuses limites de l'équité. Nous nous abstenons même d'examiner si dans leur propre intérêt, dans l'intérêt mieux entendu de l'avenir européen, les vainqueurs n'auraient pas dû user de plus de ménagements dans leurs représailles ; nous admettrons, si l'on veut, que les vaincus n'avaient pas le droit de compter sur la modération; mais ne devaient-ils pas compter du moins sur la stricte justice, sur l'exécution d'une capitulation dont toutes les clauses, de leur part, avaient été fidèlement observées?

Ainsi le gouvernement de Louis XVIII a pu faire renvoyer des Tuileries la commission de gouvernement, dissoudre brusquement les Chambres; il était dans les limites de son droit, car la capitulation de Paris lui laissait à cet égard toute liberté d'action. Seulement il eût été plus légal de confier à des mains françaises l'exécution de ces mesures violentes, car les alliés, qui s'en chargèrent avec empressement, avaient promis de respecter ces autorités *tant qu'elles existeraient,* et n'auraient pas dû, par conséquent, s'employer à les détruire. De même, quand les alliés opprimaient et rançonnaient la France par le traité du 20 novembre 1815, au point de faire maudire leur victoire par les plus zélés royalistes, ces rigueurs étaient une revanche peu généreuse, mais facile à prévoir, de l'assistance que la majorité de la nation et de l'armée avait prêtée à l'Empereur; elles pouvaient être excessives, mais elles ne violaient aucun engagement réciproque. Mais il n'en est pas de même de la spoliation des bibliothèques et des musées, et surtout des arrêts de mort et d'exil lancés contre les *complices* de Napoléon. Là, il n'y avait plus seulement faute, mais iniquité flagrante; non plus seulement sévérité imprudente, mais attentat à la foi jurée.

Sur ces deux points capitaux, nous laissons de nouveau la parole à M. Bignon, dont le témoignage apporte à l'histoire plusieurs faits graves et d'une irrécusable authenticité.

Au mois d'octobre 1815, les journaux anglais et français publièrent un document des plus étranges, émanant du duc de Wellington. C'était une longue lettre adressée à lord Castlereagh, dans laquelle le noble duc repoussait le reproche d'avoir violé la convention du 3 juillet, en faisant enlever de vive force au Louvre, malgré les protestations du gouvernement royal, les tableaux réclamés par le ministre des Pays-Bas. Son argumentation, comme on va le voir, avait même une portée plus générale, et tendait à légitimer toutes les reprises de tableaux, de livres et objets d'art opérées dans les établissements publics, et jusque dans les résidences royales, par les ministres des différentes nations coalisées [1].

« Comme tout bon Français, dit M. Bignon, je fus blessé du langage peu mesuré avec lequel le duc de Wellington exprimait la volonté de donner à la France une *grande leçon morale*, et de plus, en ma qualité de signataire de la convention, je fus frappé de la manière peu exacte dont il

---

[1] Ces enlèvements avaient produit dans la France entière une émotion dont Casimir Delavigne a conservé le souvenir dans une de ses plus belles *Messéniennes*.

Les documents qu'on va lire établissant d'une manière irréfragable l'iniquité de ces restitutions forcées, nous nous plaisons à rappeler que du moins elles ne s'opérèrent que d'une façon fort incomplète, et que nous avons conservé une partie de ces richesses artistiques, qui, dans l'intérêt de la civilisation, ne seraient nulle part aussi bien placées qu'à Paris. A la Bibliothèque impériale, le conservateur, M. Millin, allégua son grand âge pour se dispenser d'aider dans leurs recherches les commissaires étrangers, si bien qu'ils n'osèrent presque rien emporter. Nous fûmes moins heureux au Louvre, malgré les énergiques protestations de M. Denon; néanmoins les agents étrangers reculèrent devant la difficulté et le péril même d'enlever les objets les plus pesants, qu'ils n'osèrent confier aux mains inexpérimentées des soldats prussiens, seul moyen de transport dont ils pussent disposer. C'est ainsi qu'on nous laissa le célèbre tableau des *Noces de Cana*, et plusieurs marbres d'un poids considérable, comme le *Tibre*, la *Melpomène* et la *Pallas* de Velletri.

présentait le détail des discussions qui avaient eu lieu à Saint-Cloud. Je n'accusais point l'intention du noble duc; je n'accusais que sa mémoire. Pour rectifier les inexactitudes que j'avais aperçues dans son récit, je rédigeai des observations dans la forme d'une lettre adressée à M. le duc de Richelieu (alors premier ministre de Louis XVIII), à qui je les fis parvenir, sous la date du 22 octobre, en lui proposant de les faire paraître appuyées de ma signature, et prenant sur moi toute la responsabilité de cette publication. Mon but était de fournir au gouvernement du Roi un moyen de réfuter les allégations du duc de Wellington, et de s'opposer avec avantage aux enlèvements qui se faisaient encore. Voici cette lettre à M. de Richelieu :

Verclives, le 22 octobre 1815.

Monsieur le duc,

Une lettre que M. le duc de Wellington a écrite le 23 septembre dernier à lord Castlereagh, lettre publiée par les papiers anglais, et que les gazettes de Paris viennent de répéter, renferme des faits sur lesquels je crois devoir présenter quelques explications à Votre Excellence. A Dieu ne plaise qu'il entre dans ma pensée d'élever le moindre doute sur la loyauté d'un aussi noble caractère que celui de M. le duc de Wellington et sur la bonne foi des déclarations contenues dans sa lettre, mais il peut arriver et il arrive quelquefois à l'homme le plus droit et le plus sincère de donner, sans le remarquer lui-même, au récit d'une chose passée, une teinte plus ou moins sensible de sa propre opinion, et surtout de son opinion du moment. C'est là précisément ce qui me frappe dans le passage de la lettre de M. le duc de Wellington relatif aux débats qui eurent lieu, au sujet du Musée, entre MM. les commandants en chef des armées anglaise et prussienne, et les commissaires français délégués pour conclure la convention militaire qui a ouvert Paris aux troupes alliées. Ayant été l'un de ces commissaires, et me rappelant très-bien les débats dont parle M. le duc de Wellington, mais avec des nuances différentes de celles que présente son exposé, il me semble que c'est une obligation pour moi, monsieur le duc, de vous faire connaître cette différence, et de vous soumettre ces mêmes faits, tels que ma mémoire les a conservés.

Le paragraphe qui provoque mes observations est conçu ainsi qu'il suit :

« Les commissaires français avaient introduit dans le projet de *traité* un article pour assurer la sécurité de cette espèce de propriété (les Musées); mais le prince Blücher ne voulut point y consentir, et dit qu'il y avait dans la galerie des tableaux pris à la Prusse, et que S. M. Louis XVIII avait promis de rendre, ce qui n'avait pas eu lieu. Je rappelai cette circonstance aux commissaires français, et ils proposèrent l'admission de l'article, en exceptant les tableaux prussiens. A cette proposition, je répondis *que j'étais là comme le représentant des autres nations de l'Europe*, et que je devais réclamer pour les autres nations tout ce qu'on accordait aux Prussiens. J'ajoutai que je n'avais point d'instructions relatives au Muséum, ni aucun moyen de me former une opinion sur la manière dont les souverains agiraient, que certainement ils insisteraient sur l'accomplissement des engagements du Roi, et je conseillai la suppression entière de l'article, et de réserver cette affaire à la décision des souverains, lorsqu'ils seraient arrivés. »

Je suis parfaitement d'accord sur la première partie de ce paragraphe; mais à l'égard des deux dernières phrases, je prie M. le duc de Wellington de me permettre de lui retracer des circonstances qui paraissent lui avoir échappé, et qui donneront au dénouement de la discussion une autre couleur que celle du compte qu'il en rend à lord Castlereagh.

La seule objection que MM. les commandants en chef opposèrent à l'article proposé par les commissaires français pour la sécurité des musées, bibliothèques, galeries, etc., fut en effet la promesse de restitution antérieurement faite à S. M. le roi de Prusse, et non encore exécutée; du reste, M. le duc de Wellington annonçait particulièrement que, l'Angleterre n'ayant point de répétition à faire, il était, pour son compte, *prêt à signer l'article dont il était question;* mais la nécessité désagréable où l'on serait de faire entrer dans la rédaction de cet article une exception au nom de la Prusse, fut mise en avant comme une difficulté qui devait en faire omettre l'insertion textuelle, sans que son objet fût compromis par cette omission, et la magnanimité des souverains alliés dans la première occupation de Paris, le respect qu'ils avaient montré pour les établissements de cette capitale, furent offerts aux commissaires français comme un gage qui devait leur suffire. Dominés par la situation des affaires, les commissaires français saisirent les déclarations de MM. les commandants en chef; ils s'y attachèrent avec une insistance marquée ; ils témoignèrent *qu'ils regardaient les paroles de Leurs Excellences comme aussi sacrées qu'un engagement spécial, et finirent la discussion par des remerciments*, considérant l'article comme admis au fond, conformément à leurs désirs, quoique non inséré dans la convention, et jugeant d'ailleurs le même but déjà implicitement atteint par l'article 11 qui concernait les propriétés publiques en général.

Tel est, monsieur le duc, le jour sous lequel est restée gravée dans mon esprit la partie de la discussion qui porta sur la proposition faite, par les commissaires français, d'une clause particulière pour la conservation à Paris des objets d'art qui s'y trouvaient rassemblés. Je remarque aujourd'hui que le jugement de M. le duc de Wellington, sur la nécessité de répartir ces richesses entre tous les pays de l'Europe, se prononce dans les termes les plus péremptoires. Si telle était déjà sa manière de penser à l'époque de la conférence de Saint-Cloud, les commissaires français ont à se reprocher une grave méprise, car ils revinrent de cette conférence intimement convaincus que Son Excellence était dans un système tout contraire. Mais, soit que M. le duc de Wellington pensât dès lors comme il pense aujourd'hui, soit que son opinion, d'abord favorable à nos vœux, ait pris depuis un autre caractère, c'est évidemment dans l'énergie de son opinion actuelle qu'existe le principe de la différence qui se trouve entre la manière dont Son Excellence présente les détails de la discussion qui eut lieu sur ce point, et la manière dont je me les rappelle. Mes collègues, M. le comte de Bondy et M. le général Guilleminot, en auront gardé la même impression que moi ; et, maintenant que je viens de reproduire ces particularités, sans doute involontairement mises en oubli par M. le duc de Wellington, je ne balance pas à croire que Son Excellence en retrouvera la trace en elle-même, comme on retrouve quelquefois, à l'aide d'un seul mot, la trace d'un songe que d'autres images avaient effacé!

La lettre du duc de Wellington ayant, comme on le voit par les observations que je viens de faire, l'inconvénient de ne pas offrir une idée absolument précise de la conférence de Saint-Cloud, en ce qui se rapporte à l'un de ses points les plus importants, je prie Votre Excellence de considérer si, dans l'intérêt du gouvernement, ce n'est pas un devoir pour les commissaires français de former une réclamation tendant à rectifier ou à éclaircir ce qui, dans le compte rendu de cette discussion par M. le duc de Wellington, ne s'accorde pas avec le souvenir qu'ils en ont conservé.

Veuillez agréer, etc.,

Baron BIGNON.

Ces observations étaient, comme on voit, présentées avec tous les ménagements que comportait la situation si difficile de la France. Labédoyère venait d'être fusillé, Ney était prêt à subir son jugement; on était au fort de la réaction royaliste et de l'oppression étrangère. Dans un pareil moment, il y avait quelque patriotisme et quelque courage, de la part d'un fonctionnaire des Cent Jours, à oser élever la voix contre les allégations d'un personnage tel que Wellington.

A cette lettre était joint un billet d'envoi particulier, dans lequel M. Bignon s'efforçait de démontrer les avantages de cette publication, faite à ses risques et périls, au point de vue de la dignité nationale. « Quoique, dans la position où se trouve la France, disait-il, souffrir et se taire doive être en général l'une des principales règles de la conduite du gouvernement français vis-à-vis des puissances étrangères, il se peut aussi qu'il ne soit pas inutile de donner de temps en temps quelques marques d'une juste sensibilité, lorsqu'on peut le faire d'une manière indirecte et sans inconvénient, ou bien du moins sans que cet inconvénient retombe sur le gouvernement même. Comme les explications que je donne à Votre Excellence sont de la vérité la plus rigoureuse, je ne crains point, si le gouvernement approuve leur publication, d'en prendre sur moi les chances. Cette publication pourrait se faire par la voie des gazettes de Londres, pour éviter au ministre français le reproche de l'avoir permise [1]. Dans le cas même où vous jugeriez qu'il n'y a pas lieu de faire usage de ma déclara-

---

[1] La plupart de ces gazettes avaient amèrement censuré la conduite du duc de Wellington dans cette affaire, et auraient accueilli avec empressement les observations de M. Bignon.

tion, je crois toujours de mon devoir de vous la transmettre, afin que vous ayez une connaissance exacte de ce qui s'est passé, à l'égard des établissements publics de Paris, entre MM. les commandants en chef des armées anglaise et prussienne et les commissaires français. »

La réponse de M. de Richelieu à cette communication ne se fit pas longtemps attendre : elle était ainsi conçue :

<blockquote>
Monsieur le baron, j'ai reçu la lettre que vous m'avez fait l'honneur de m'écrire en me transmettant vos observations... Je suis sensible aux motifs qui vous ont porté à me faire cette communication confidentielle, et je vous prie d'en recevoir mes remerciments. Vous me demandez mon opinion sur l'intention où vous paraissez être de publier cette pièce ; je vais vous la dire avec une entière franchise. Je pense que sa publication ne peut qu'avoir les plus graves inconvénients. Non-seulement, elle ne saurait avoir lieu dans nos journaux, mais il est hors de doute que l'insertion de cette pièce dans les journaux anglais ou dans telle autre feuille étrangère que ce soit, ne produisît un très-fâcheux effet, sans nous procurer le moindre avantage, puisque le mal est consommé. Je ne saurais donc trop vous engager à renoncer entièrement au projet de donner de la publicité à ces réflexions. J'aime à me flatter que vous voudrez bien déférer à cette demande, que je vous adresse avec une confiance égale à celle que vous m'avez témoignée.

Recevez, etc.,

RICHELIEU.
</blockquote>

Le ministre de Louis XVIII attachait une singulière importance à dissuader le ministre de l'interrègne de cette publication. Non content de lui avoir répondu par écrit dans ce sens, il pria M. Bignon de venir à Paris, et eut avec lui un entretien confidentiel, dans lequel M. de Richelieu confirma son opinion sur l'inopportunité d'un pareil éclat par des considérations malheureusement trop convaincantes, pour que le patriotisme éclairé de M. Bignon pût y refuser son assentiment. La seule date de cet entretien (31 octobre 1815) fait assez pressentir la nature des explications de M. de Richelieu. Déjà, depuis un mois, un protocole secret avait fixé les bases du traité entre la France et les alliés; mais les questions de la durée de l'occupation militaire, de la quotité des contributions de guerre, n'étaient pas encore définitivement résolues; tout espoir n'était pas perdu d'obtenir quelque allégement aux charges accablantes que le ressentiment de l'Europe prétendait imposer à la France désarmée. Choisir un tel moment pour raviver une discussion d'une nature irritante, c'était en définitive agir contre l'intérêt présent du pays, fatalement lié à celui du gouvernement, qui, comme l'avait dit M. Bignon lui-même, ne pouvait, par la force des choses, que souffrir et se taire.

M. Bignon renonça donc à engager cette controverse délicate, et ajourna la publicité de ses observations à une époque où elles n'auraient plus qu'une importance historique. Cet incident tout à fait inconnu de l'histoire politique de 1815, nous semble digne d'un sérieux intérêt. Il y a, si je ne me trompe, un enseignement honorable et salutaire dans ce rapprochement, commandé par l'intérêt réel du pays, dans cette entente sage et vraiment patriotique entre deux personnages si profondément séparés d'opinions et d'affections politiques.

Il est bien à remarquer au surplus que M. de Richelieu, en dissuadant M. Bignon de cette publication, ne lui objectait pas que la convention du 3 juillet ne pouvait pas être invoquée, mais bien que, dans les circonstances présentes, et le mal étant consommé, ses observations n'offraient plus que des inconvénients sans avantage.

En effet, le mal était consommé, car, tandis que M. Bignon adressait au duc de Richelieu la communication confidentielle qu'on vient de lire, le plénipotentiaire des Pays-Bas annonçait triomphalement à sa cour le départ des tableaux, estampes, etc., enlevés aux bibliothèques et aux musées de la France. Il y avait de tout, même des quadrupèdes et des oiseaux empaillés, dans ce convoi de dépouilles opimes qui n'avaient coûté au baron de Gagern que des obsessions réitérées auprès de ceux qu'il appelait *ses grands amis*.

Ce diplomate a publié, en 1844, ses Mémoires sur la seconde paix de Paris. C'est une lourde compilation de *mémorandums*, de notes confidentielles, etc., dont la conclusion invariable est qu'on ne saurait faire payer trop chèrement à la France sa défaite. Nous n'aurions pas même nommé ce triste livre, si nous n'y avions trouvé une confirmation indirecte, mais positive, des assertions de M. Bignon relativement à la spoliation des musées. M. de Gagern avait formulé sa réclamation dès le mois de juillet. Il revint à la charge, quand Blücher fit enlever d'autorité les tableaux provenant de la Prusse ou des pays qui allaient être adjugés à ce royaume. Mais Blücher avait fait une réserve formelle lors de la capitulation, sa position était exceptionnelle et en dehors de toute discussion ; il en était autrement des réclamations ultérieures. La conférence s'occupa de celle des Pays-Bas dans les premiers jours de septembre. Il y eut alors une explication catégorique sur la discussion qui avait eu lieu à Saint-Cloud, et la première impression de l'empereur de Russie fut bien dans le sens indiqué par M. Bignon. Il jugea tout d'abord que les commissaires français n'avaient consenti à la suppression de la garantie des musées, que d'après l'assurance qui leur avait été donnée qu'il ne serait dérogé à cette garantie qu'en faveur de la Prusse, et que, pour tout le reste, on pourrait s'en rapporter à la magnanimité dont les puissances alliées avaient fait preuve l'année précédente. Sur cette impression sincère de la situation, les plénipotentiaires russes déclarèrent que la loyauté de l'empereur Alexandre ne lui permettait pas d'autoriser d'autre réclamation que celle des Prussiens. Mais le ministre des Pays-Bas avait vivement travaillé les autres membres de la conférence, et surtout les Anglais; lord Castlereagh parla alors pour la première fois de la leçon morale dont la France avait besoin; il s'attacha à dénaturer, à sophistiquer le sens des paroles de Wellington aux commissaires français; il prétendit que son langage avait été mal compris, qu'il avait voulu simplement rapporter à l'arbitrage des grandes puissances toutes les résolutions de ce genre, sans qu'on pût en déduire un engagement même indirect en faveur de la France. Malgré tous ses efforts, la décision fut remise au lendemain. Mécontent et inquiet de cet ajournement, M. de Gagern écrivait le jour même à sa cour : « Lord Castlereagh a parlé pour nous avec art et éloquence, il n'y a donc plus que le comte de Nesselrode, c'est-à-dire *le cher empereur Alexandre*, qui soit notre adversaire. »

La discussion fut reprise en effet le lendemain; elle continua le surlendemain; mais, dans cet intervalle, le diplomate hollandais se donna tant de mouvement, surtout auprès de lord et lady Castlereagh, que les Russes finirent par se trouver seuls de leur avis. Néanmoins, ils ne voulurent pas se départir de *leurs principes*, mais ils se bornèrent à protester, ajoutant qu'après tout ils n'empêchaient pas les autres de passer outre. *Forts de cette notion*, écrivit

Gagern, *nous allons prendre de vive force*, et c'est ce qu'il fit en effet, avec le concours de Wellington lui-même [1] !!!

[1] L'ouvrage de M. de Gagern est si peu connu en France, que nous avons cru devoir joindre à nos pièces justificatives les détails véritablement curieux qu'il donne lui-même sur l'enlèvement de son butin.

CHAPITRE XII

Fausse interprétation donnée par le duc de Wellington à l'article 12, à propos du procès du maréchal Ney. — Ses véritables motifs. — Le secret de M. Bignon.

On a pu, par les détails qui précèdent, apprécier la signification politique, l'importance capitale de l'article 12 de la convention du 3 juillet. Cet article sauvegardait tous les fonctionnaires militaires ou civils que se trouvaient à Paris, au moment où la convention fut conclue. Mais tel fut l'emportement de la réaction royaliste, que personne, parmi les plus compromis, ne songea d'abord à cette garantie; on ne pensa qu'à fuir ou à se cacher. Elle ne fut pas même invoquée devant le conseil de révision qui confirma la sentence de mort rendue contre le courageux et infortuné Labédoyère.

Ce fut pour sauver une vie plus illustre, celle du *maréchal Ney*, que des défenseurs habiles et dévoués songèrent à se prévaloir de l'article 12 de la capitulation de Paris. Avant même que le procès s'engageât devant la Cour des pairs, la maréchale Ney fit une démarche dans ce sens auprès de Wellington, qui se trouvait alors à Paris, et dont l'intervention aurait pu être décisive dans l'intérêt de l'accusé, de même que plus tard elle aurait pu protéger du moins la vie du condamné, et épargner plus qu'une faute au gouvernement royal. Wellington répondit à la lettre de la maréchale par une longue et froide consultation, dans laquelle il donnait comme motif de son refus absolu d'intervention : 1° que le Roi n'avait pas ratifié la convention ; 2° que la stipulation écrite dans l'article 12 n'exprimait qu'une renonciation des hautes puissances, POUR LEUR COMPTE, à rechercher qui que ce fût en France pour raison de sa conduite et de ses opinions politiques, qu'elles n'avaient donc à s'immiscer en rien dans la conduite du gouvernement du Roi[1] !

« De bonne foi, s'écrie à ce sujet M. Bignon, est-il possible d'admettre que cette interprétation puérile, insignifiante, fût celle que les signataires français donnaient à l'article 12, et Wellington lui-même leur aurait-il soutenu sérieusement qu'en le signant il n'avait pas voulu s'engager à autre chose ; lui qui, au contraire, lors de la discussion de la convention, comme dans ses conférences avec les premiers commissaires, ne tarissait pas sur la bonté, sur les intentions bienveillantes et conciliantes du Roi, blâmait l'imprudence des menaces de la première proclamation, écrivait séance tenante pour les faire réformer ! »

Nous faisons ce que nous pouvons pour demeurer calme dans la discussion de ces faits, qui n'ont plus qu'une importance purement historique. Nous ne voudrions pas amoindrir la juste part de renommée qui revient au héros de l'Angleterre, quoique cette renommée soit faite en grande partie de nos malheurs. Nous la respectons même d'autant plus que Wellington ne serait pas si célèbre, si nous n'avions pas été si redoutables. Mais, en présence des témoi-

---

[1] Cette réponse, qui équivalait à un arrêt de mort, fut consignée, avec toute l'impassibilité anglaise, au protocole de la conférence du 16 novembre.

gnages dont nous évoquons l'accablante autorité, tout homme sincère et impartial, à quelque nation, à quelque opinion qu'il appartienne, reconnaîtra comme nous que le général anglais manqua d'équité autant que de générosité dans cette circonstance décisive pour sa gloire. Ce qui n'est pas moins étrange; ce qui, pour des Français particulièrement, peut sembler plus révoltant encore que la conduite même de Wellington, c'est que l'esprit de parti ait entraîné quelques écrivains de l'école révolutionnaire à faire cause commune sur ce point avec le général anglais, en haine de ceux qui avaient traité avec lui. « Wellington était dans le vrai, quant à la capitulation, » s'écrie M. Vaulabelle[1]. Non, mille fois non! Wellington n'était pas dans le vrai; les termes de la discussion de l'article 12 étaient trop précis pour qu'il pût rester dans sa pensée la moindre équivoque sur la portée de l'engagement spécifié dans l'article 12[2]. Mais ce que l'apologiste français de lord Wellington n'a pas su ou n'a pas voulu dire, c'est que ce général, en s'efforçant de dénaturer son engagement par une interprétation sophistique, obéissait à l'injonction formelle, *à la consigne* du ministère anglais, faiblesse impardonnable chez un homme dont le rôle était alors si important dans la politique européenne, qu'il semblait avoir momentanément

---

[1] III, 497.

[2] Nous avons omis un argument non moins étrange de Wellington, et qui paraît décisif à M. Vaulabelle. « Le maréchal, disait Wellington, est parti sous un faux nom, le jour même de la remise de Paris; aurait-il songé à se cacher, s'il s'était cru protégé par la capitulation? » L'attitude hostile des alliés, les mesures violentes qui signalèrent leur entrée dans Paris, autorisaient bien les personnes compromises à pourvoir avant tout à leur sûreté matérielle, et l'événement ne leur a que trop donné raison. La chose la plus regrettable pour tout le monde, c'est que le maréchal n'ait pas mieux pris ses précautions.

usurpé quelque chose de la toute-puissance de Napoléon abattu.

« Aussitôt que le cabinet britannique fut informé de la signature de la convention, dit M. Bignon, il s'empressa de prescrire au noble duc dans quel sens il devait en expliquer l'article 12. Lord Bathurst, ce même ministre qui, presque en même temps, ordonnait et pressait le départ de Napoléon pour Sainte-Hélène, écrivait au duc de Wellington, dès le 7 juillet 1815 : « Quoique Votre Grâce ait établi distinctement que la convention faite par vous et le maréchal Blücher avec quelques autorités françaises, en décidant toutes les questions militaires, n'a traité aucune question politique, et quoiqu'on ne puisse imaginer que, dans une convention conclue avec ces autorités, vous ayez voulu contracter un engagement par lequel on pût présumer que S. M. Très-Chrétienne serait absolument privée du juste exercice de son autorité relativement à la punition méritée de ceux de ses sujets qui, par de perfides complots et par une révolte *non provoquée*, ont perdu le droit d'invoquer la clémence et la longanimité de Sa Majesté ; néanmoins, pour empêcher qu'on élève aucun doute sur le sens que le prince régent attache à l'article 12, en donnant son approbation entière à cette convention, j'ai ordre de vous déclarer que Son Altesse Royale regarde cet article comme n'étant obligatoire qu'en ce qui concerne la conduite des commandants anglais et prussiens, et des commandants de celles des autres puissances alliées qui peuvent devenir parties contractantes de la convention en la ratifiant. »

» Le lecteur, dit M. Bignon, jugera si le sens de cet article était assez précis, assez clair, par les subtilités mêmes auxquelles on était réduit pour en escamoter les conséquences. Lord Bathurst notifie au duc de Wellington dans quel sens le prince régent veut que l'article soit entendu, dans quel sens il l'approuve. Et que nous importe dans quel sens cette ratification se fait et doit être comprise ? La convention dont il s'agit est-elle un de ces actes qui ne doivent avoir leur effet que d'après l'approbation des gouvernements ? C'était un acte *absolu* et non un acte *conditionnel ;* comment aurait-on pu faire dépendre de ratifications qui n'eussent pu être obtenues que dans un délai de huit jours au moins, les stipulations d'un acte dont l'exécution devait être terminée *dans trois jours ?* Cette circonstance était une de celles où le pouvoir souverain se trouve nécessairement lié par les engagements qu'ont contractés en son nom ce que les juristes appellent les *puissances subalternes,* c'est-à-dire les chefs militaires et les autres agents autorisés par la nature de leur emploi à traiter en son nom. Le pouvoir souverain se trouve surtout engagé sans retour, quand il a profité de l'avantage attaché aux engagements contractés, à moins qu'il ne consente à renoncer à cet avantage, et à replacer les choses dans l'état où elles étaient avant la convention, si encore ce rétablissement est possible. C'est d'après ces maximes, qui sont celles de tous les grands publicistes, que doit être jugée la lettre de lord Bathurst. Cette pièce ne fut connue que neuf mois après sa date, et parut avec d'autres documents dont la Chambre des communes ordonna l'impression. Il s'éleva aussitôt un cri d'indignation dans toute l'Angleterre; même les journaux ministériels s'associèrent à ce mouvement général de l'opinion. L'un d'eux *(le Courrier)* alla jusqu'à dire que lorsqu'on a pris des engagements aussi formels, *fût-ce même avec le diable,* il faut les tenir ! »

Malheureusement cette indignation tardive ne pouvait plus sauver personne.

Enfin, M. Bignon, après avoir démontré que la convention *politique et militaire* du 3 juillet aurait dû être obligatoire de toute manière pour le gouvernement royal, terminait son mémoire par la révélation d'un fait d'une haute gravité. Il résulte de ce fait la preuve positive que le désaveu de la convention par le gouvernement de Louis XVIII n'a bien été que le résultat d'un système *conçu après coup*, quand ce gouvernement se trouva engagé dans les mesures de vengeance auxquelles l'exécution de cette convention mettait obstacle, tandis que le lendemain de la rentrée de Louis XVIII, c'est-à-dire le 9 juillet, ce même gouvernement, sous l'empire d'une préoccupation bien différente, avait *formellement reconnu et invoqué* l'article 11 de la capitulation pour préserver le pont d'Iéna, que les Prussiens commençaient déjà à détruire, comme un monument injurieux de leurs anciennes défaites.

Cette révélation, que nous allons fidèlement transcrire telle que nous l'avons retrouvée dans les cartons de M. Bignon, vient ajouter une triste page à l'histoire déjà si douloureuse de cette époque.

« Le jour où le général en chef de l'armée prussienne se préparait à faire sauter le pont d'Iéna, M. de Talleyrand, arrivant au ministère des affaires étrangères où j'étais encore, me fit part du désespoir du Roi, et me demanda si dans la convention que nous avions conclue avec les alliés, il n'y avait pas des articles que nous pussions invoquer contre ces actes d'une hostilité hors de saison. Je lui citai l'article 11 de la convention du 3 juillet, qui lui parut en effet applicable à la question, et il me chargea de rédiger sur-le-champ une note pour être adressée au ministre de Prusse, afin d'arrêter l'exécution des projets du maréchal Blücher. Je rédigeai sur-le-champ la note suivante :

CAPITULATION DE PARIS.

A SON EXCELLENCE M. LE COMTE DE GOLZ[1].

Le soussigné... apprend que l'autorité militaire prussienne semble préparer la destruction d'un pont aussi précieux comme monument, que nécessaire pour la communication des deux rives de la Seine. Malgré la crainte que peut lui inspirer la menace de ces préparatifs, il ne peut croire à la réalité d'une telle détermination, *la convention conclue le 3 du présent mois de juillet devant lui donner à cet égard une entière sécurité.* L'article 11 de cette convention porte « que les propriétés publiques seront respectées. » Assurément on ne refusera pas de placer au nombre des propriétés publiques un ouvrage dont la ruine entraînerait une perte considérable pour le trésor de l'État, et dont les besoins journaliers de Paris et des environs réclament la conservation.

Si, même dans l'état de guerre, la destruction d'un édifice public est un acte contraire à toutes les lois, dès qu'il n'est pas commandé par une nécessité absolue, comment un tel acte serait-il possible, lorsque S. M. le roi de Prusse est dans des relations très-étroites avec Sa Majesté très-chrétienne, lorsque l'armée prussienne n'est plus en guerre avec Paris, et vient d'entrer dans cette capitale en vertu d'une convention qui a fait cesser les hostilités?

Indépendamment des motifs tirés de la convention du 3 de ce mois, le soussigné aime à s'appuyer sur les principes des traités qui unissent les puissances, principes qui, dans le traité du 25 mars, auquel le Roi a adhéré, comme dans celui de Chaumont, n'assignent à la guerre qu'un but salutaire, honorable et réparateur. Ce but étant atteint, les puissances ne peuvent vouloir causer un dommage gratuit à un pays qui ne leur oppose plus de résistance, et que tout porte au contraire à désirer de rentrer promptement dans les rapports d'une parfaite intelligence avec toutes les autres nations.

M. le comte de Golz connaît trop bien les sentiments de son auguste souverain, pour ne pas intervenir en son nom dans une circonstance où l'autorité militaire prussienne paraît prête à s'en écarter. L'intervention de Son Excellence, pour être utile, doit être prompte, et il n'y a pas un moment à perdre.

Le soussigné prie M. le comte de Golz, etc.

---

[1] Ministre de Prusse.

M. de Talleyrand ayant approuvé et signé cette note, elle fut immédiatement adressée au comte de Golz, et des copies en furent communiquées aux ministres de Russie, d'Autriche et d'Angleterre.

La note produisit son effet; le pont d'Iéna ne fut pas détruit. Ainsi, *la convention du 3 juillet a été reconnue par le gouvernement royal, qui en a invoqué l'exécution.* Il l'a reconnue en l'invoquant dans son intérêt, il l'a violée en poursuivant et punissant des hommes sauvegardés formellement par un des articles de cette convention, et notamment LE MARÉCHAL NEY. C'est cette reconnaissance de la convention du 3 juillet par le Roi, qui forme ce qu'on a appelé *le « secret de M. Bignon! »*

Ce fait important était demeuré inconnu à tous les historiens de la Restauration; aussi aucun n'a pu dire exactement quelles circonstances forcèrent Blücher à renoncer définitivement à son projet[1].

« Le ministre des affaires étrangères, le président du

---

[1] Une démarche personnelle du duc de Wellington avait échoué devant les rancunes impitoyables du vieux général prussien, qui donna l'ordre, le 9 juillet, de mettre le feu à la mine. Heureusement cette tentative, faite précipitamment, ne produisit qu'un résultat insignifiant. On allait recommencer le lendemain, 10 juillet, quand les souverains et les ministres arrivèrent, et, *peu de moments après,* c'est-à-dire à la suite de la remise de la note que nous venons de citer, Blücher reçut l'injonction positive de renoncer à son projet.

On a parlé, mais sans preuve suffisante, d'une insistance toute personnelle et très-énergique de Louis XVIII, qui aurait déclaré à l'empereur Alexandre qu'il était prêt à se faire porter sur le pont. Quand même ce fait serait vrai, quand même la note à M. de Golz n'aurait pas été la seule cause de conservation du monument, le fait de la reconnaissance de la convention, constaté par cette note, n'en subsiste pas moins, et demeure irrévocablement acquis à l'histoire.

nouveau conseil des ministres de Louis XVIII, ayant, par une note officielle, signée de lui, demandé à l'une des parties contractantes l'exécution de la convention du 3 juillet, ayant requis l'une des parties contractantes d'en accomplir les conditions en ce qui la regardait, le gouvernement du Roi s'était par cela même approprié la convention; il l'avait adoptée, et, par cela même encore, il avait pris, de son côté, l'engagement de remplir celles des conditions dont l'exécution dépendait de lui.

» On ne dira pas sans doute que le gouvernement a été maître d'invoquer tels ou tels articles et de rejeter tels ou tels autres, qu'il lui a été loisible d'invoquer les articles destinés à sauver les monuments, et de rejeter les articles destinés à sauver les hommes. Une telle allégation serait aussi absurde que barbare. Une convention, un traité, un pacte quelconque, après sa conclusion, n'est point un acte qui puisse être scindé, à moins que ce ne soit du consentement mutuel des parties; autrement, il est, par sa nature, essentiellement indivisible. Réclamer l'exécution d'un article, c'est les reconnaître *tous*, et de tous les modes de sanction, celui-là est sans contredit le plus irréfragable. »

Ainsi, non-seulement la convention du 3 juillet était obligatoire, en droit, pour le gouvernement royal, mais en fait, il l'avait reconnue! Il s'était prévalu de cet acte dans son propre intérêt, dans celui de la tranquillité de Paris! Voilà quel était le secret de M. Bignon. Ce précédent, s'il eût été connu, aurait fourni le plus puissant de tous les arguments à la défense des victimes de la réaction ultra royaliste, et notamment à celle du maréchal Ney. Une déplorable fatalité empêcha M. Bignon d'en faire usage dans cette circonstance décisive. Nous devons entrer à cet égard dans quelques explications, qui formeront le complément et la conclusion de notre travail. Ces explications, élaborées de longue main par M. Bignon lui-même, importent à l'honneur de sa mémoire, et présentent tous les caractères d'une authenticité irrécusable.

CHAPITRE XIII

Le secret de M. Bignon (suite).

Devant la Cour des pairs, les défenseurs du maréchal Ney, MM. Berryer et Dupin, s'empressèrent d'argumenter de la sauvegarde résultant de l'article 12, et l'on a pu juger par les détails précédents, si ce moyen de défense n'était vraiment qu'une *vaine subtilité de légiste,* comme l'ont dit quelques écrivains français.

Conformément aux indications du gouvernement royal, le procureur général, M. Bellart, s'attacha au système d'interprétation restrictive déjà patronné par le duc de Wellington. Malgré l'insistance et les observations judicieuses des défenseurs, ce système prévalut devant la Cour, et une décision conforme aux conclusions du ministère public écarta des débats la convention, comme *plus qu'étrangère* au gouvernement de Sa Majesté [1].

---

[1] Dans la discussion qui précéda la décision de la Cour, M. Dupin, entendant le ministère public qualifier la convention d'acte purement militaire, demanda à quel titre M. Bignon, agent politique du gouvernement existant, aurait pu figurer en première ligne dans un acte dont les stipulations n'auraient pas été politiques autant que militaires. Cette observation, faite d'instinct, est un nouveau témoignage de la sagacité si connue du célèbre jurisconsulte. Le ministère public se dispensa d'y répondre en étouffant le débat.

Le maréchal Davoust et les trois commissaires français signataires de la capitulation avaient été assignés à la requête du maréchal, pour être entendus à sa décharge, et « notamment, portait la citation, sur les circonstances qui avaient précédé et motivé la convention. » Davoust, MM. de Bondy et Guilleminot se présentèrent; mais la délibération qui écartait la convention des débats ôtait toute importance à leur témoignage, et on ne leur laissa pas même expliquer dans quel sens ils avaient entendu l'article 12. M. Bignon ne vint pas; son absence, dans une circonstance si grave, a été remarquée par tous les historiens, mais aucun n'a su les circonstances qui expliquent cette absence, plus profondément regrettable qu'on ne pouvait le soupçonner.

M. Bignon était alors à sa campagne, éloignée de Paris d'environ vingt-cinq lieues. L'assignation qui le citait à comparaître à la séance du 4 décembre n'avait été remise que le 2 au soir à son domicile de Paris, et ne lui parvint que le 4 dans l'après-midi. Il se trouvait donc dans l'impossibilité matérielle d'arriver en temps utile. Il était de plus assez sérieusement indisposé; enfin, il savait que MM. de Bondy et Guilleminot étaient à Paris, et, en interrogeant ses souvenirs, il ne retrouva rien d'abord que ses deux collègues ne pussent dire aussi bien que lui. Néanmoins, il voulut se mettre en règle en envoyant sa déposition écrite dans les formes prévues par la loi, et manda en conséquence le juge de paix de son canton, pour recevoir cette déposition, qui fut expédiée le 5 décembre au matin. Cette déposition relatait l'arrivée tardive de la citation, l'état de maladie du témoin, et s'expliquait en ces termes sur la convention du 3 juillet :

M. Bignon a déclaré :

Que les circonstances de lui connues qui ont précédé et motivé la convention du 3 juillet ont été, comme il est notoire, d'abord le grand intérêt de sauver Paris; ensuite de faire cesser les malheurs résultant de l'état de guerre pour la France en général, et en même temps, en faisant cesser cet état de guerre, par un arrangement qui conduisît à la paix, d'obtenir des sûretés pour les personnes qui pourraient être coupables aux yeux du gouvernement prêt à être rétabli ;

Que l'article 12 de ladite convention, proposé dans ce dernier but par les commissaires français, fut adopté sans objection, par MM. les commandants en chef des armées anglaise et prussienne ;

Que l'esprit dans lequel fut proposé cet article était que la garantie qu'il exprimait aurait son effet à l'égard de toutes les puissances en général, et par conséquent aussi à l'égard de l'autorité qui allait être rétablie en France, puisque c'était de la part de cette autorité, bien plus que de la part des autorités étrangères, que les individus pour l'intérêt desquels cette garantie était stipulée, auraient pu avoir à craindre des poursuites relativement *à leur conduite et à leurs opinions politiques;*

Que, si la rédaction de l'article n'a pas été plus détaillée et plus précise, c'est que la convention elle-même étant un arrangement militaire, les parties contractantes ne crurent pas devoir toucher d'une manière explicite et formelle la question du gouvernement auquel les autorités temporaires, qui existaient alors à Paris, allaient faire place.

Dans le moment où M. Bignon rédigeait et signait cette déclaration, il était préoccupé uniquement de préciser le sens de l'article 12, et l'intention qui l'avait dictée; il avait complétement oublié l'incident du pont d'Iéna. Ce défaut de mémoire est assurément fort concevable, après les épreuves pénibles et multipliées que M. Bignon venait de subir. Mais il vit dans les journaux du 5 qu'on refusait de laisser lire et invoquer la convention devant la Cour des pairs. Une lettre confidentielle, qu'il reçut le même jour, lui apprenait ce qui se disait partout à Paris, que Ney était condamné d'avance, et que le jour de son exécution était déjà fixé. Cette cruelle certitude impressionna fortement M. Bignon, et il passa toute la nuit à interroger ses souvenirs sur toutes les circonstances relatives à la capitulation, cherchant à faire jaillir de sa mémoire quelque considération décisive propre à sauver le maréchal. Esprit gouvernemental par réflexion comme par instinct, M. Bignon faisait bon marché de sa fortune politique, sombrée dans le grand naufrage de l'Empire; il eût sacrifié volontiers à l'intérêt de la France, ses regrets et ses sympathies personnelles. Mais il craignait avec raison que l'esprit de réaction violente qui prédominait dans les conseils de la royauté ne ramenât des bouleversements; il était aussi alarmé qu'affligé de ces rigueurs implacables, par lesquelles le gouvernement royal, en croyant ne venger que ses propres injures, semblait se faire le complice des représailles de l'étranger. De toutes ces vengeances, la plus cruelle, la plus impolitique, était bien celle qu'on s'apprêtait à exercer sur le héros de la campagne de Russie. C'était peut-être sauver les Bourbons eux-mêmes, que de les contraindre à épargner le maréchal Ney.

M. Bignon était absorbé dans ces tristes préoccupations, dans cette recherche fiévreuse, incessante, d'un moyen de salut, quand tout à coup l'incident du pont d'Iéna lui revint en mémoire. Ce fut pour lui un trait de lumière, et oubliant soudain l'abattement de la maladie, les embarras de sa propre position, il partit de suite, pour aller soumettre au zèle de la défense, à l'équité des juges et de l'accusateur lui-même, cette révélation qui pouvait changer le dénouement du procès.

Mais, à cette époque, un voyage de vingt-cinq lieues prenait encore une journée presque entière, aussi M. Bignon n'arriva-t-il que le 6 novembre au soir. Il courut de suite à la Chambre des pairs... Hélas! les débats étaient clos, la délibération fatale dont sortit l'arrêt de mort était commencée! Désespéré, M. Bignon courut chez M. Berryer père, et lui dit son secret tout entier. L'avocat du maréchal fut profondément impressionné de cette révélation dont il comprit la portée, et regretta amèrement qu'elle n'eût pas été produite aux débats. Il engagea M. Bignon à faire un dernier effort auprès du chancelier (M. Dambray), pour obtenir d'être entendu avant la fin de la délibération. N'ayant pu arriver jusqu'au chancelier, M. Bignon lui écrivit pour réclamer d'une façon pressante et même suppliante l'autorisation d'être entendu, nonobstant la clôture des débats[1]. M. Dambray lui répondit *le lendemain matin seulement*, que le jugement était rendu, qu'au surplus M. Bignon n'avait guère à regretter de n'avoir pu donner sa déclaration, puisqu'elle ne pouvait porter que sur la convention, que la Cour des pairs n'avait pas jugé convenable de laisser lire. Tout espoir de sauver juridiquement le maréchal était perdu; mais la famille du maréchal, ses amis, plusieurs même des juges qui l'avaient condamné, comptaient sur sa grâce! Ce dernier espoir fut cruellement déçu; à cette heure suprême; la clémence fit défaut, comme avait fait la justice. Quelques heures plus tard, tout était consommé.

La surexcitation politique était si vive dans ces jours malheureux, qu'il est bien difficile de se prononcer d'une façon positive sur les conséquences qu'aurait pu avoir la révélation du secret de M. Bignon, *même faite en temps utile*. M. de Talleyrand, qui avait approuvé et signé la note relative au pont d'Iéna, était démissionnaire et presque

---

[1] Voir cette lettre aux pièces justificatives.

disgracié à l'époque du procès. Évidemment le Roi n'avait pas eu personnellement connaissance de ce fait, ou du moins n'en avait pas compris la portée. La résolution *de faire un grand exemple* était assez fortement concertée autour du trône pour triompher des plus puissants obstacles. Peut-être n'aurait-on réussi qu'à compromettre tout à fait M. de Talleyrand, qui malgré ses services était devenu suspect et odieux.

Toutefois, il est impossible de méconnaître que le fait prouvé de la reconnaissance de la convention du 3 juillet, par le premier ministre de Louis XVIII, sapait par la base tout le système de l'accusation. Il eût été difficile que la révélation d'un fait semblable ne produisît pas une profonde impression sur la conscience des juges : plus d'un se serait abstenu, ou bien aurait voté l'exil au lieu de la mort ! Dans tous les cas, un tel moyen de défense offrait donc plus d'une chance favorable, au moins pour l'adoucissement de la sentence, et M. Bignon regretta amèrement toute sa vie le fatal retard qui avait rendu son intervention impossible. Mais n'ayant pu faire à temps sa déclaration dans une circonstance aussi exceptionnellement grave que celle-là, M. Bignon se renferma dans un silence absolu. Aucun intérêt privé ne lui parut assez considérable pour compenser le tort qu'une semblable révélation pouvait faire, non pas seulement au gouvernement royal, mais à la France elle-même, qui avait surtout besoin alors de résignation et d'apaisement. Ces sacrifices généreux au véritable intérêt public sont malheureusement rares en France. Nous avons vu, depuis, certaines coteries politiques rechercher avidement toutes les choses pénibles ou honteuses, s'armer sans scrupule de tous les scandales contre les pouvoirs établis. Nous sommes heureux de constater ici que M. Bignon, dans le rôle politique qu'il remplit avec autant d'honorabilité que d'éclat, de 1815 à 1830, ne fut jamais un homme d'opposition systématique et à outrance, et conserva, en dépit de toutes les provocations, cette mesure, cette réserve gouvernementale, condition vitale du régime parlementaire.

Une seule fois, pendant ces quinze années, M. Bignon se laissa entraîner à faire allusion au dangereux secret qu'il possédait. Ce fut à l'occasion d'une pétition présentée à la Chambre des députés, en 1819, pour demander le rappel des exilés de 1815. Cette pétition excita une émotion assez vive; c'était l'un des premiers indices du réveil des vrais sentiments nationaux, dans un pays à peine délivré du fléau de l'occupation étrangère. M. Bignon, qui avait fortement appuyé cette pétition, fit imprimer son discours avec quelques additions. Après avoir indiqué et résumé toutes les considérations patentes de justice et d'humanité qui plaidaient en faveur des proscrits, il ajoutait « qu'on aurait pu présenter en leur faveur un dernier argument, plus décisif encore, et dont une déplorable fatalité l'avait jadis empêché de faire usage. »

Cette insinuation irrita et intrigua fort les ministres, qui n'étaient plus ceux de 1815, mais qui acceptaient la responsabilité du système de rigueur adopté alors, et ne voulaient pas s'en départir. Aucun, si ce n'est peut-être M. Decazes, ne soupçonnait quelle pouvait être la nature de la révélation indiquée, et tous crurent pouvoir la braver impunément. En conséquence, le ministre de l'intérieur, M. de Serres, somma M. Bignon de s'expliquer catégoriquement. Malgré cette provocation, réitérée avec une insistance presque injurieuse, l'ancien ministre des affaires étrangères refusa de s'expliquer, se bornant à déclarer que, par son silence, il servait le gouvernement *malgré lui-même.* Cette réserve fut commentée d'une façon malveillante par la presse ministérielle, dont le langage agressif mit la patience de M. Bignon à une rude épreuve. Un mot aurait suffi pour faire justice de ces bravades, et faire repentir amèrement le ministre de son imprudence. Ce mot, M. Bignon eut la sagesse et le courage de ne pas le prononcer. Ce ne fut pas toutefois sans une pénible hésitation qu'il fit à l'intérêt général ce dernier sacrifice de ses affections et de ses ressentiments personnels. Il écrivit même *ab irato* un mémoire adressé à ses commettants, celui-là même auquel nous avons emprunté la plupart des détails qui précèdent, puis, toute réflexion faite, il ajourna indéfiniment la publication de ce mémoire, et se borna à déclarer qu'il persistait à se taire, nonobstant toutes les injures et toutes les calomnies ; que son silence tenait à des considérations gouvernementales d'une haute portée, et qu'il en acceptait la responsabilité devant la France [1]. A ses amis politiques trop ardents, qui auraient voulu, eux aussi, le faire parler, M. Bignon répondait sagement : « Les armes de cette nature sont dangereuses pour ceux qui s'en servent. La crainte de nuire au gouvernement aura toujours un fort empire sur mon esprit. Les souffrances des individus passent ; les atteintes portées à la considération des gouvernements sont un long malheur, et laissent des traces profondes. »

La révolution de Juillet ayant rouvert la France aux derniers bannis, M. Bignon jugea qu'il était moins utile et

---

[1] Cette déclaration, aussi remarquable par la forme que par la pensée, fut publiée dans *la Minerve*, recueil politique publié et rédigé par les sommités de l'opposition parlementaire. Nous la reproduisons plus loin aux pièces justificatives.

moins convenable que jamais de revenir sur des faits accomplis, et de lancer une accusation posthume contre un gouvernement tombé. Cette réserve lui était d'ailleurs imposée par une considération particulière : plusieurs des juges de Ney siégeaient encore à la Chambre des pairs et dans les conseils du nouveau Roi, et l'on sait quels obstacles insurmontables rencontrèrent alors les pieuses démarches de la famille du maréchal pour obtenir la révision de son procès. Si cette révision avait eu lieu, M. Bignon l'aurait soutenue de l'irrécusable autorité de son témoignage, il aurait déclaré et prouvé que le jugement et l'exécution de Ney avaient été non pas seulement une faute, mais un *attentat politique,* accompli au mépris d'une convention que le gouvernement royal était d'autant plus tenu de respecter qu'il l'avait reconnue, qu'il en avait invoqué l'exécution. Cependant tout en gardant le silence, M. Bignon dut prendre, dans l'intérêt de son honneur et de l'histoire, toutes les précautions nécessaires pour la conservation d'un fait dont il ne fallait pas laisser abolir la mémoire, car un jour devait venir où la révélation de ce fait deviendrait nécessaire peut-être, et, dans tous les cas, intéressante. Aujourd'hui, en effet, les motifs qui en commandaient l'ajournement ont cessé. Tout ceci, grâce à Dieu, n'est plus que de l'histoire, et la révélation du secret de M. Bignon n'est plus une excitation ni une insulte pour personne. On peut néanmoins encore, ce me semble, en tirer un enseignement salutaire et profond. Elle est la ratification solennelle, irréfragable, du sentiment populaire qui, tout d'abord, condamna à leur tour les accusateurs et les juges du maréchal Ney, et justifie ainsi les généreux instincts de la conscience publique.

CHAPITRE XIV

Conclusion.

En terminant cette étude, nous résumons, pour l'intelligence des événements de l'interrègne, les négociations que nous venons d'exposer en détail.

Napoléon, au retour de Waterloo, vient à Paris pour se concerter avec les représentants. Pris entre deux feux par leur défection, il se détermine à céder plutôt que de prolonger la lutte par des moyens révolutionnaires. Il abdique *en faveur de son fils,* et va attendre à la Malmaison qu'on organise honorablement son départ, si la paix peut se conclure ainsi, ou qu'on vienne le rechercher, en cas de persistance hostile des alliés.

De son côté, la commission de gouvernement nommée par les Chambres agit conformément à l'esprit qui les anime. On veut tirer parti de l'abdication pour obtenir la paix la plus prompte et la moins désastreuse. Les plénipotentiaires qu'on envoie rencontrent l'ennemi à trente lieues de Paris; car l'invasion de notre territoire, la désorganisation de la défense, ont été les conséquences immédiates de cette abdication dont on se promettait tant de bien. Les plénipotentiaires ne peuvent rien obtenir des généraux anglais et prussiens en marche sur Paris, et s'en vont bien loin de là, auprès des souverains, se heurter contre une fin de non-recevoir. Leur mission n'a servi qu'à donner d'avance au gouvernement de fausses indications sur les intentions des alliés.

Cependant la situation s'éclaircit de moment en moment d'une lueur sinistre. La France ne peut résister aux alliés sans Napoléon; elle est à leur merci, et, malgré les répugnances de l'armée, de la majorité des Chambres, d'une partie de la population, le rétablissement forcé de Louis XVIII apparaît déjà comme plus que probable. Aucun général de quelque renom n'ose prendre sur lui la responsabilité d'une résistance sérieuse aux alliés du Roi; car l'énergie patriotique d'aujourd'hui peut être flétrie demain du nom de trahison. Aussi l'armée française est-elle ramenée sans combattre jusque sous les murs de Paris, où l'ennemi la suit de près. La question se serre et se complique, entre les alliés, qui refusent même de suspendre les hostilités tant que Napoléon sera à Paris et en liberté, et Napoléon, que l'abandon des droits de son fils relèverait légalement de son abdication. Mais on ne l'a pas contraint à abdiquer pour revenir à lui, et l'Empereur lui-même est aussi las de l'ingratitude des hommes que des caprices du sort.

Le 27 juin, le duc d'Otrante essaie d'en finir avec ces inextricables difficultés, en combinant l'éloignement de Napoléon avec une proposition pour le rappel de Louis XVIII. Les renseignements inexacts, transmis par les plénipotentiaires, font avorter cette combinaison; on en revient à espérer que le rétablissement de la branche aînée n'est pas inévitable, que Napoléon II ou le duc d'Orléans sont encore possibles. Sous cette impression nouvelle, on ajourne d'abord le départ de Napoléon, comme pour le garder en otage ! Deux jours plus tard, on se décide à faire cesser cette situation pénible, et d'ailleurs dangereuse sous plus d'un rapport. On en revient à l'exécution du projet de départ surveillé jusqu'à l'embarquement ; mais ces deux jours ont rendu l'évasion par mer impossible, et c'est la captivité et le martyre que l'Empereur va chercher, pour prix de son généreux sacrifice. Ce martyre, pour lui, ce n'est pas tant l'indigne traitement dont il est l'objet, ce n'est pas tant l'hospitalité meurtrière des Anglais, que les souffrances et l'abaissement de la France !

L'Empereur s'éloigne, et toutes les chances d'une solution honorable pour nous disparaissent avec lui. Les conséquences de son départ se pressent, s'accumulent en peu d'heures avec une rapidité effrayante. Le gouvernement provisoire a envoyé des commissaires aux généraux alliés pour traiter d'un armistice, et tout d'abord les Prussiens leur demandent Paris ! On s'adresse à Wellington, plus conciliant de formes, non moins inflexible au fond. Les généraux alliés traînent la négociation en longueur pour se donner le temps de développer tous les avantages militaires que leur donnent l'abdication et le départ de l'Empereur, et déjà leur avant-garde menace, attaque les abords de la capitale !

Wellington avait décliné d'abord toute suspension d'armes tant que Napoléon serait à Paris et en liberté ; les commissaires lui annoncent vainement que Napoléon va partir, ensuite qu'il est parti. On se rejette alors sur la nécessité de se concerter avec Blücher, qui attaque déjà les abords de Paris. En même temps le général anglais s'exprime en termes non équivoques sur le rétablissement prochain, inévitable de Louis XVIII, la seule solution que la coalition puisse et veuille accepter, *la seule qui puisse garantir la France d'un démembrement.* Le gouvernement oppose à cette solution les antipathies de l'armée, des Chambres, de la nation, et tente encore vainement de séparer la question militaire de la question politique.

Enfin une nécessité pressante, inexorable, précipite le dénoûment de cette crise. Malgré l'insistance des commissaires auprès de Wellington, Blücher, soutenu par les instructions belliqueuses de la coalition, poursuit ses progrès, et force est bien d'ouvrir directement avec lui la négociation. Pour prix d'une suspension d'armes, il exige et il obtiendra la remise de Paris. Comment résister encore, quand personne n'ose prendre la responsabilité de la lutte, quand il est presque avéré qu'une victoire même ne serait qu'un acheminement à des désastres plus grands, irréparables peut-être ? On capitule donc ; c'est le seul parti raisonnable, le seul possible dans cette situation désespérée. Dans la discussion même de cette capitulation, on est entraîné à sacrifier les dernières réserves qu'on aurait voulu faire sur la question de gouvernement. En traitant avec les généraux alliés, on admet implicitement le dénoûment qu'ils imposent, on traite *ipso facto* avec le gouvernement royal qu'ils ont l'ordre de rétablir. Vis-à-vis de Louis XVIII et de l'Europe qui le veut, on se réduit à une stipulation d'amnistie politique. Cette concession était bien la moindre qu'on pût obtenir ; elle coûtait assez cher à la majorité de la nation pour être du moins respectée ! Enfin, les armées étrangères entrent dans Paris, le Roi y rentre à leur suite ; et, tandis qu'on élabore déjà à Londres la distinction sophistique qui détruira la sauvegarde résultant de la convention du 3 juillet, le gouvernement royal, dominé par une nécessité impérieuse, invoque un des articles de cette convention contre le vandalisme outrageant des vainqueurs. Il sauve, au mois de juillet 1815, un monument public dont la destruction compromettait ses alliés et lui-même ; il le sauve en se prévalant de cette même convention qu'il laissera violer bientôt après par la spoliation de nos musées, qu'il repoussera lui-même dans l'intérêt de sa vengeance.

Les événements dont nous n'avons pas craint d'évoquer le souvenir ont été, pendant plus d'un quart de siècle, le sujet d'amers regrets, de ressentiments légitimes et profonds. Les prospérités de la Restauration et du gouvernement de Juillet ne suffisaient pas à consoler les hommes de cœur, tous ceux qui n'acceptent pas pour la patrie ce qu'ils refuseraient pour eux-mêmes, des compensations matérielles pour l'honneur outragé ! Parmi ses splendeurs pacifiques, sous sa robe de fête, la France garda longtemps cette blessure non cicatrisée ! Cette situation est enfin changée ; ils commencent à respirer enfin, ceux-là qui se souvenaient toujours de 1815, et que je nommerais volontiers, sans distinction de parti ni de caste, l'*élite de la nation!*

Au reste, si notre revanche n'est pas encore complète, si certaines parties d'un règlement du droit public européen, fait en haine de la France, attendent encore une révision désormais inévitable, bien des événements d'une date récente suffisaient déjà pour adoucir l'amertume de nos ressentiments. La France a survécu à cette crise terrible ; elle s'est relevée plus puissante, plus redoutable que jamais, en dépit de ses propres fautes et de l'animosité de ses vainqueurs d'un jour. Deux révolutions successives ont condamné la dynastie imposée en 1815, puis celle qui l'avait remplacée, et l'Europe, mieux inspirée, s'est résignée deux fois à respecter les faits accomplis, à laisser la France maîtresse et responsable de ses destinées. Enfin, des événements au-dessus de toute prévision humaine ont relevé la dynastie napoléonienne proscrite en 1815 par l'Europe conjurée ; et aujourd'hui, nous pouvons nous écrier à notre tour : « Victoire d'un jour si chèrement achetée, violences faites à la volonté et aux véritables affections d'un grand peuple, représailles injustes et impitoyables, A QUOI AVEZ-VOUS SERVI ? »

O mon pays, à l'heure des combats, c'est peine perdue d'implorer pour toi la Gloire : elle ne te fit jamais défaut, cette compagne, cette sœur immortelle ! Je crois donc et j'applaudis d'avance à tes succès ! D'avance aussi je veux croire, j'applaudis à un triomphe non moins beau, plus difficile peut-être, celui de la modération dans la victoire !

FIN

DOCUMENTS INÉDITS

ET

PIÈCES JUSTIFICATIVES

DOCUMENTS INÉDITS

ET

PIÈCES JUSTIFICATIVES

I

NOMINATIONS, PLEINS-POUVOIRS ET INSTRUCTIONS
DES PLÉNIPOTENTIAIRES.

Le gouvernement français à tous ceux qui les présentes verront, salut : Les changements survenus dans la forme du gouvernement français par l'abdication de l'empereur Napoléon ayant écarté les obstacles qui avaient été opposés jusqu'à ce jour à l'ouverture d'une négociation propre à prévenir les malheurs de la guerre entre la France et les hautes puissances alliées ; vivement animé du désir de rétablir entre elles la parfaite harmonie qui résultait des stipulations du traité de paix signé à Paris, le 30 mai 1814, et d'assurer le repos de l'Europe sur des fondements solides et durables, et de concert avec les susdites hautes puissances : à ces causes, prenant une confiance entière dans la capacité et la prudence de MM. le comte de Laforest, le général de Lafayette, le général comte Sébastiani, le comte Doulcet de Pontécoulant, le comte Voyer d'Argenson et Benjamin de Constant, nous les avons nommés et constitués, et par ces présentes dûment en forme, nous les nommons et constituons nos plénipotentiaires, et leur donnons plein et absolu pouvoir, commission et mandement spécial de se rendre au quartier général des hautes puissances alliées, ou dans tout autre lieu qui serait jugé convenable, à l'effet de traiter et de se concerter conjointement, ou en majorité, en cas d'empêchement quelconque de l'un d'eux, avec les commissaires et plénipotentiaires nommés par les susdites hautes puissances, et munis également de pleins pouvoirs en bonne forme; d'arrêter, conclure et signer au nom du gouvernement français les traités, déclarations, articles, conventions et autres actes qui seront jugés nécessaires pour arriver à un but si désirable ; promettant, au nom du peuple français, d'accomplir et d'exécuter ponctuellement tout ce que lesdits plénipotentiaires auront stipulé, promis et signé, en vertu des présents pleins pouvoirs, sans y contrevenir pour quelque cause et sous quelque prétexte que ce soit; comme aussi d'en donner des lettres de ratification en bonne forme, pour être échangées dans le temps dont il sera convenu. Les présentes ont été signées, scellées et délivrées à Paris, le 22ᵉ jour du mois de juin 1815.

Paris, 23 juin 1815.

Monsieur,

J'ai l'honneur de vous annoncer que le gouvernement vous a nommé l'un des plénipotentiaires chargés de se rendre auprès des puissances alliées pour y traiter avec elles des moyens de rétablir la paix. En vous choisissant pour cette honorable et difficile mission, le gouvernement vous donne un témoignage éclatant de sa confiance dans vos lumières et dans votre dévouement à la patrie, au milieu des circonstances extraordinaires où elle se trouve aujourd'hui placée.

Je suis chargé en même temps, monsieur, de vous inviter à vous rendre demain aux Tuileries, à huit heures du matin, pour y recevoir les instructions et les ordres du gouvernement.

Veuillez agréer, etc.

INSTRUCTION POUR MESSIEURS LES PLÉNIPOTENTIAIRES DE LA COMMISSION DE GOUVERNEMENT AUPRÈS DES PUISSANCES ALLIÉES.

Paris, 23 juin 1815,

L'objet de la mission de MM. les plénipotentiaires chargés de se rendre auprès des souverains alliés n'a pas besoin d'être développé ; il est dans leur cœur, comme dans tous les cœurs français ; il s'agit de sauver la patrie.

Le salut de la patrie est attaché à deux questions essentielles, l'indépendance nationale et l'intégrité de notre territoire.

L'indépendance nationale ne peut être complète qu'autant que les principes constitutifs de l'organisation actuelle de la France sont à l'abri de toute atteinte étrangère. L'un des principes de cette organisation est l'hérédité du trône dans la famille impériale. L'Empereur ayant abdiqué, ses droits sont dévolus à son fils. Les puissances ne peuvent porter la moindre altération à ce principe d'hérédité établi par nos constitutions, sans violer notre indépendance.

La déclaration du 13 et le traité du 25 mars ont reçu une importante modification par l'article interprétatif que le cabinet britannique a joint à la ratification de ce traité, article par lequel ce cabinet annonce qu'il *n'entend point poursuivre la guerre dans l'intention d'imposer à la France un gouvernement particulier.* Cette modification a été adoptée par les alliés ; elle a été consacrée par la lettre de lord Clancarty du 6 mai, à la rédaction de laquelle tous les autres plénipotentiaires ont donné leur assentiment ; elle a été consacrée par une note du prince de Metternich en date du 9, et enfin par la déclaration des puissances en date du 12 du même mois.

C'est ce grand principe reconnu par les puissances que MM. les plénipotentiaires doivent surtout invoquer.

On ne peut se dissimuler qu'il est fort à craindre que les puissances ne se croient plus liées aujourd'hui par les déclarations qu'elles ont faites avant le commencement des hostilités : elles ne manqueront pas d'objecter :

Que si, avant la guerre, elles ont établi une distinction entre la nation et l'Empereur, cette distinction n'existe plus lorsque la nation, en réunissant toutes ses forces dans les mains de ce prince, a uni de fait sa destinée à la sienne.

Que si, avant la guerre, elles étaient sincères dans l'intention de ne point se mêler des affaires intérieures de la France, elles sont forcées de s'en mêler aujourd'hui précisément pour prévenir tout retour semblable de guerre et assurer le repos de l'avenir.

Il serait superflu d'indiquer à MM. les plénipotentiaires les réponses qui peuvent être faites à ces objections. Ils en puiseront la meilleure réfutation dans les sentiments de l'honneur national qui, après que la nation entière s'était ralliée à l'Empereur, a dû combattre avec lui et pour lui, et qui ne pourrait s'en séparer qu'autant qu'un acte tel que celui d'une abdication viendrait rompre les liens de la nation et de son souverain. Il leur sera facile de démontrer que si ce devoir sacré de l'honneur a forcé la nation française à la guerre pour sa propre défense, jointe à celle du chef qu'on voulait lui enlever, l'abdication de ce chef replace la nation dans l'état de paix avec toutes les puissances, puisque c'était ce chef seul qu'elles voulaient renverser ; que si la déclaration faite par les puissances de ne pas prétendre imposer à la France un gouvernement particulier était franche et sincère, cette sincérité et cette franchise doivent se manifester aujourd'hui par leur respect pour l'indépendance nationale, lorsque des circonstances nouvelles ont fait disparaître le seul grief dont elles se crussent autorisées à se plaindre [1].

Il est une objection d'une nature plus grave et que les puissances

---

[1] Cette partie des instructions est la seule qui ait été publiée jusqu'ici.

pourront mettre en avant, si elles sont déterminées à profiter de tous les avantages que la situation militaire semble leur offrir. Cette objection serait celle qui tendrait à refuser de reconnaître et la commission de gouvernement, et les plénipotentiaires, et les actes de la représentation nationale, comme étant les résultats d'un ordre de choses qui ne serait point légal à leurs yeux, attendu qu'elles ont constamment refusé d'en reconnaître le principe. Cette objection, si elle était fortement articulée et que les puissances ne voulussent pas s'en désister, laisserait peu de jour à la possibilité d'un accommodement. Cependant, MM. les plénipotentiaires ne négligeraient sans doute aucun effort pour combattre de pareilles objections, et ils ne manqueraient pas de raisonnements pour les combattre avec succès, surtout envers le gouvernement britannique dont la dynastie actuelle ne règne qu'en vertu des principes dont nous sommes, à notre tour, dans le cas d'invoquer l'application.

Peut-être encore, sans méconnaître l'indépendance de la nation française, les souverains alliés s'attacheront à déclarer qu'il n'est pas constant pour eux que le vœu de la nation soit bien le vœu qui est exprimé par le gouvernement et même par les Chambres ; qu'ainsi, pour connaître le véritable vœu de la nation, elles doivent commencer par rétablir tout ce qui existait avant le mois de mars 1815, sauf à la nation à décider ensuite si elle doit garder son ancien gouvernement ou s'en donner un nouveau.

La réponse à ces objections se trouverait encore dans celle que faisait autrefois l'Angleterre elle-même aux ennemis qui voulaient lui disputer le droit de changer de gouvernement et de dynastie. L'Angleterre répondait alors que le fait seul de la possession du pouvoir autorise les puissances étrangères à traiter avec celui qui en est revêtu. Ainsi, dans le cas même où les autorités actuellement existantes en France ne seraient pas, comme elles le sont en effet, entourées de la légalité la plus complète, le refus de traiter avec elles ne pourrait être appuyé sur aucun raisonnement solide. Ce serait déclarer que l'on veut essayer jusqu'où l'on pourra porter les prétentions de la force, et annoncer à la France qu'il n'y a plus de salut pour elle que dans les ressources du désespoir.

Enfin, il est une chance moins fâcheuse que nous devons aussi prévoir, c'est que les puissances, fidèles, du moins en partie, à leurs déclarations, n'insistent point absolument pour imposer à la France la famille des Bourbons, mais qu'elles exigent, d'un autre côté, l'exclusion du fils de l'empereur Napoléon, sous prétexte qu'une longue minorité pourrait donner lieu, ou à un dangereux déploiement de vues ambitieuses de la part des principaux membres de l'autorité en France, ou à des agitations intérieures dont le contre-coup se ferait sentir au dehors. Si la question en était venue à ce point, MM. les plénipotentiaires trouveraient dans le principe de l'objection le principe même de la réponse, puisque la répartition du pouvoir entre les mains d'un conseil rend ordinairement l'autorité plus faible, puisque la minorité d'un prince est presque toujours pour un gouvernement une époque de mollesse et de langueur ; ils trouveraient surtout dans l'esprit actuel de la nation française, dans le besoin qu'elle a d'une longue paix, dans l'effroi que doit lui inspirer l'idée de la continuation ou du renouvellement de la guerre, dans les entraves qui seront mises par des lois constitutionnelles aux passions des membres du gouvernement, quelle que soit d'ailleurs son organisation, ils trouveraient dans toutes ces circonstances et dans mille autres encore, des raisons très-valables à opposer à celles qu'on alléguerait contre le maintien du principe de l'hérédité dans la dynastie de l'empereur Napoléon.

Le premier et le plus solide gage que les alliés puissent donner à la nation française de leur intention de respecter son indépendance, est de renoncer sans réserve à tout projet de la soumettre de nouveau au gouvernement de la famille des Bourbons. Les puissances alliées doivent maintenant être elles-mêmes bien convaincues que le rétablissement de cette famille est incompatible avec le repos général de la France, et par conséquent avec le repos de l'Europe. Si c'est, comme elles l'annoncent, un ordre stable qu'elles veulent rendre et à la France et aux autres nations, ce but serait manqué entièrement ; le retour d'une famille devenue étrangère à nos mœurs, et toujours entourée d'hommes qui ont cessé d'être Français, rallumerait une seconde fois au milieu de nous toutes les passions et toutes les haines, et ce serait une illusion que d'espérer faire sortir un ordre stable du sein de tant d'éléments de discorde et de troubles. L'exclusion de la famille des Bourbons est ainsi une condition absolue du maintien de la tranquillité générale, et c'est, dans l'intérêt commun de l'Europe comme dans l'intérêt particulier de la France, l'un des points auxquels doivent tenir le plus fortement MM. les plénipotentiaires.

La question de l'intégralité du territoire de la France se lie intimement à celle de son indépendance. Si la guerre déclarée par les puissances alliées à l'empereur Napoléon n'était en effet déclarée qu'à lui seul, l'intégralité de notre territoire n'est point menacée. Il importe à l'équilibre général que la France conserve au moins les limites que le traité de Paris lui a assignées. Ce que les cabinets étrangers ont eux-mêmes regardé comme convenable et nécessaire en 1814, ils ne peuvent pas le voir d'un autre œil en 1815. Quel prétexte pourrait aujourd'hui justifier de la part des puissances le démembrement du territoire français? Tout est changé dans le système de l'Europe, tout, au profit de l'Angleterre, de la Russie, de l'Autriche et de la Prusse; tout au détriment de la France. La nation française n'en est point jalouse, mais elle ne veut être ni assujettie ni démembrée.

Deux objets principaux seront ainsi le but des efforts de MM. les plénipotentiaires, le maintien de l'indépendance nationale et la conservation de l'intégralité du territoire français.

Ces deux questions sont enchaînées l'une à l'autre et dépendantes entre elles On ne saurait les diviser et admettre des modifications sur l'une des deux sans compromettre le salut de la patrie.

Que s'il était fait par les puissances étrangères des propositions qui pussent se concilier avec nos plus chers intérêts et qui nous fussent offertes comme dernier moyen de salut, MM. les plénipotentiaires, en s'abstenant d'émettre une opinion prématurée, s'empresseront d'en rendre compte et de demander les ordres du gouvernement.

Quelles que soient les dispositions des puissances alliées, soit qu'elles reconnaissent les deux principes qui sont indiqués à MM. les plénipotentiaires comme base de leur mission, soit que la négociation amène d'autres explications de nature à entraîner quelque délai, il est très-important, dans l'une et l'autre hypothèse, qu'un armistice général soit préalablement établi. Le premier soin de MM. les plénipotentiaires devra être en conséquence d'en faire la demande et d'insister sur sa prompte conclusion.

Il est un devoir sacré que ne peut pas oublier la nation française, c'est de stipuler la sûreté et l'inviolabilité de l'empereur Napoléon hors de son territoire. C'est une dette d'honneur que la nation éprouve le besoin d'acquitter envers le prince qui longtemps la couvrit de gloire et qui, dans ses malheurs, renonce au trône pour qu'elle puisse être sauvée sans lui, puisqu'il paraît qu'elle ne peut plus l'être avec lui.

Le choix du lieu où devra se retirer l'Empereur pourra être un sujet de discussion. MM. les plénipotentiaires en appelleront à la générosité personnelle des souverains pour obtenir la fixation d'une résidence dont l'Empereur ait lieu d'être satisfait.

Indépendamment des considérations générales que MM. les plénipotentiaires auront à faire valoir envers tous les souverains alliés indistinctement, ils jugeront d'eux-mêmes la diversité des raisonnements dont ils auront à faire usage séparément auprès des divers cabinets.

Les intérêts de l'Angleterre, de l'Autriche, de la Russie et de la Prusse n'étant pas les mêmes, c'est sous des points de vue différents qu'il conviendra de faire envisager à chacun de ces cabinets les avantages que peut leur présenter respectivement le nouvel ordre de choses qui vient de s'établir en France. Toutes les puissances y trouvent la garantie de la conservation de ce qu'elles possèdent, soit en territoire, soit en influence, et avec ces avantages généraux, quelques-unes doivent y rencontrer encore des avantages particuliers.

L'Autriche pourrait bien ne pas voir avec plaisir le rétablissement sur le trône de France d'une branche de la même dynastie, tandis qu'une autre branche de la même maison remonte sur le trône de Naples.

A cette circonstance qui tient à la politique de cabinet, il se peut que l'affection de famille vienne donner encore quelque appui; il se peut que la tendresse de S. M. l'empereur d'Autriche pour son petit-fils le porte à ne pas l'enlever aux grandes destinées qui lui sont offertes; il se peut que le cabinet autrichien aperçoive dans ce lien de parenté un moyen de fortifier sa cause de l'appui de la nation française; et qu'effrayé de l'agrandissement de la Russie et de la Prusse, dont l'alliance lui pèse sans doute, il saisisse l'occasion d'un rapprochement utile avec la France, pour avoir en elle, au besoin, un puissant auxiliaire contre ces deux gouvernements.

D'autres raisons se présenteraient pour ramener vers nous le cabinet de Pétersbourg : les idées libérales que professe l'empereur de Russie autorisent auprès de son ministère et auprès de ce prince même un langage que peu d'autres souverains seraient capables d'entendre. Il est permis de croire aussi que ce monarque ne porte personnellement qu'un faible intérêt à la famille des Bourbons, dont la conduite en général ne lui a pas été agréable. Il n'a pas eu beaucoup à se louer d'elle lorsqu'il l'a vue professer une reconnaissance presque exclusive pour le prince régent d'Angleterre. D'ailleurs le but de la Russie est atteint : tous ses vœux de puissance et d'amour-propre sont également satisfaits. Tranquille pour longtemps, et vainqueur sans avoir combattu, l'empereur Alexandre peut rentrer avec orgueil dans ses États et jouir d'un succès qui ne lui aura pas coûté un seul homme. La continuation de la guerre avec la France serait maintenant pour lui une guerre sans objet : elle serait contre tous les calculs d'une bonne politique. MM. les plénipotentiaires tireront parti de ces circonstances et de beaucoup d'autres encore pour tâcher de neutraliser une puissance aussi redoutable que la Russie.

Celle des puissances continentales dont la France peut espérer le moins de ménagements est la cour de Berlin, mais cette cour est celle dont les forces viennent de souffrir le plus violent échec, et pour peu que la Russie et l'Autriche se prêtent à entrer en négociation, la Prusse sera bien contrainte d'y accéder. On ne manquerait pas non plus, même avec cette cour, de raisons d'un grand poids pour l'amener à des dispositions plus amicales, si elle ne voulait écouter que ses intérêts véritables et de tous les temps.

MM. les plénipotentiaires trouveront auprès des souverains alliés les plénipotentiaires britanniques. Ce sera peut-être avec ces plénipotentiaires que la négociation offrira le plus de difficultés. La question, à l'égard de l'Angleterre, n'est presque point une matière de discussion.

Avec cette puissance, tous les raisonnements, tous les principes sont pour nous; tout consiste à savoir si sa volonté ne sera pas indépendante de tous les principes, de tous les raisonnements.

Les détails auxquels on vient de se livrer n'étaient pas nécessaires sans doute, et MM. les plénipotentiaires auraient trouvé en eux-mêmes tout ce qui leur est indiqué ici; mais ces indications peuvent n'être pas sans utilité, attendu que leur effet naturel sera de porter l'esprit de MM. les plénipotentiaires sur des considérations plus graves et sur des motifs plus puissants, dont ils sauront se servir à propos dans le grand intérêt de l'importante et difficile mission dont ils sont chargés.

MM. les plénipotentiaires trouveront dans les rapports faits à l'Empereur par M. le duc de Vicence, les 12 avril et 7 juin dernier, ainsi que dans les pièces justificatives qui accompagnent ces rapports, toutes les données dont ils peuvent avoir besoin pour bien apprécier notre situation à l'égard des puissances étrangères, et pour régler leur conduite avec les ministres de ces diverses puissances.

II

LETTRES AUX MINISTRES ALLIÉS.

Paris, le 26 juin 1815.

A SON ALTESSE LE PRINCE DE HARDENBERG.

Prince,

L'abdication de l'empereur Napoléon est pour l'Europe comme pour la France un événement d'une haute gravité qui ne peut qu'être pris en grande considération par tous les cabinets.

Pour ne laisser lieu à aucun doute sur la nature de cette démarche, l'Empereur demande lui-même à se retirer sur-le-champ aux États-Unis d'Amérique. Son départ n'est différé que par l'obligation d'attendre les sauf-conduits nécessaires.

Cependant la commission de gouvernement a fait partir, le 24 de ce mois, des plénipotentiaires pour se rendre au quartier général des souverains alliés; mais comme il serait possible que les souverains, aussi bien que leurs ministres des affaires étrangères, ne fussent pas réunis tous dans un même lieu, en sorte que les communications de nos plénipotentiaires avec Votre Altesse se trouveraient retardées, je crois devoir, prince, vous informer directement de leur mission et vous en annoncer l'objet. — L'objet en est simple, c'est la proposition de la conclusion immédiate d'un armistice et du prompt rétablissement de la paix. Si les puissances ont vu dans le retour de l'empereur Napoléon un motif de guerre, ce motif disparaît par le fait seul de son abdication. — Il ne peut rester ni à son égard, ni du côté de ses frères, aucune sorte d'ombrage : ses frères vont quitter avec lui le territoire français. — Il restait à la France à pourvoir à son gouvernement à l'intérieur, il y a été pourvu par les lois. — Les souverains ayant proclamé solennellement qu'ils n'entendent point imposer à le nation française un gouvernement particulier, la France ne peut douter de la sincérité de leurs déclarations et elle doit regarder l'état de paix comme assuré de nouveau, lorsque la seule raison qu'ils assignaient à la guerre est définitivement écartée.

Le cabinet de S. M. P. est trop éclairé pour ne pas sentir combien le moment actuel est propre à opérer une réconciliation générale. Il aura reconnu par l'exemple du gouvernement même dont il a pu avoir à se plaindre, qu'il est toujours dangereux de vouloir pousser trop loin ses avantages. Après de longues souffrances, la Prusse s'est relevée plus puissante! Elle a su résister au malheur; elle saura résister sans doute à la prospérité.

Dans l'ordre actuel du monde politique, la France, réduite par le traité de Paris à son ancien territoire, et séparée du chef dont le retour avait réveillé tant de ressentiments, ne peut plus présenter aux autres nations aucun motif d'inimitié ni d'inquiétude. Elle ne peut plus avoir qu'un désir, celui de cultiver des relations amicales avec ses voisins, et surtout avec les États dont la nature des choses doit plus particulièrement la rapprocher. C'est en s'écartant de leurs vrais intérêts que la France et la Prusse se sont livrées à de funestes divisions; le moment est venu de commencer un meilleur avenir. V. A. a trop d'expérience pour ne pas sentir qu'il est dans toutes les affaires un point de bonheur qu'il ne faut point dépasser. La Prusse est arrivée à ce point, c'est à la sagesse de l'empêcher d'aller au delà. Rendue à son entière indépendance, elle respectera celle de la nation française, et nous aimons à croire que nos plénipotentiaires ne pourront que trouver dans Votre Altesse des sentiments favorables à l'objet de leur mission.

(Le préambule de la lettre adressée à S. A. le prince de Hardenberg étant le même que celui des lettres suivantes, nous jugeons inutile de le répéter.)

Paris, le 26 juin 1815..

A SON ALTESSE LE PRINCE DE METTERNICH.

Prince,

C'est surtout du côté de la cour de Vienne que la France aime à espérer de trouver un accès facile à une prompte et entière réconciliation. Aucun choc violent n'a encore eu lieu entre nos armées, et le gouvernement français s'en félicite. C'est à Vienne que se trouvent et l'héritier du trône de France, et l'auguste princesse que nos vœux appellent à venir une seconde fois donner parmi nous l'exemple de toutes les vertus. La conservation de ce précieux dépôt est un bienfait dont la France tient compte à S. M. l'Empereur votre souverain. Elle voit surtout avec satisfaction, dans l'avénement au trône d'un prince cher à la maison d'Autriche, un gage précieux du retour et du maintien d'une heureuse intelligence entre les deux gouvernements. La seule cause qui les divisait étant disparue, toutes les considérations qui doivent les rapprocher ne peuvent manquer d'être senties de part et d'autre. Si la politique des cabinets reprend un cours régulier, l'Autriche et la France sont incontestablement destinées à s'accorder souvent dans les mêmes vues, dans les mêmes craintes, dans les mêmes désirs. Il semble que leur intérêt bien entendu doit les porter dès aujourd'hui à préparer cet utile accord qui peut avoir un jour des résultats si satisfaisants pour le bonheur des nations et pour la conservation de la tranquillité générale. Cette disposition que j'ai l'honneur d'exprimer à Votre Altesse n'est pas uniquement celle du gouvernement français, elle est commune à la nation entière dont il n'est que l'organe.

Il m'est doux de penser, prince, que la franchise de ce langage ne sera pas repoussée, et que S. M. l'empereur d'Autriche répondra au double vœu de la France, en lui rendant S. M. l'impératrice et le prince impérial, et en favorisant le succès de nos efforts pour le prompt rétablissement de la paix.

Paris, le 26 juin 1815.

A MONSIEUR LE COMTE DE NESSELRODE.

Monsieur le comte,

L'empereur Napoléon étant mort pour le monde politique, le système du monde politique est complétement changé ; les haines qui s'attachaient à l'homme n'ont plus d'objet, et des intérêts qui étaient opposés cessent tout à coup de l'être. Vous êtes en état plus que personne, monsieur le comte, de juger tout ce que le moment actuel présente de chances pour fonder l'avenir. En attaquant dans la France une exagération qui lui a surtout été fatale à elle-même, Votre Excellence est trop éclairée pour n'avoir pas reconnu toujours combien il importe à l'ordre commun que la France conserve aussi sa place dans la première ligne des nations. Sa Majesté l'empereur Alexandre, dont la manière de penser, noble et libérale, ne se fait point un jeu des droits des peuples, ne peut vouloir nous rendre un gouvernement qui n'a pas su entrer dans nos mœurs, et qui aujourd'hui encore, s'il était rétabli, ne manquerait pas de suivre les mêmes voies. Si l'on veut sincèrement fonder un système stable pour la France et pour les autres nations, il ne faut pas rendre à la France un ordre de choses qui rallumerait toutes les haines, mettrait de nouveau en jeu toutes les passions, et ranimerait partout les germes de discorde et de troubles. Telle ne peut être assurément l'intention personnelle de votre auguste souverain. Sous aucun point de vue il ne saurait avoir des dispositions aussi contraires à l'intérêt actuel de la France. Renfermée, comme elle l'est, dans ses anciennes limites, la France ne peut maintenant apparaître à la Russie que sous des formes amicales, et rien ne s'oppose plus à leur réconciliation. Nous n'hésitons pas à en exprimer le vœu, et Votre Excellence, qui sait qu'il est un terme où la puissance des princes heureux doit s'arrêter, jugera qu'il est difficile de concevoir l'existence d'un moment où un monarque ait à jouer un rôle plus élevé, plus glorieux que sera celui de Sa Majesté l'empereur Alexandre, si, satisfait du grand sacrifice qui vient d'être consommé, il souscrit sans délai au rétablissement de la paix, en respectant l'indépendance de la nation française.

Paris, le 26 juin 1815.

A MONSIEUR LE COMTE DE MONTGELAS.

Monsieur le comte,

Vous jugez sans peine si c'est surtout avec regret que la nation française voit marcher contre elle des nations appelées à être ses amies, et pour lesquelles, en dernier résultat, son affaiblissement ne pourrait être qu'un malheur. Entre ces États, la France a toujours distingué la Bavière. La conduite noble qu'a tenue récemment votre cabinet dans des circonstances difficiles, doit nous porter à mettre plus de prix encore à nos anciennes relations. La France, séparée du chef dont le retour a été l'occasion du renouvellement de la guerre, ne demande que l'intégrité de son territoire et le maintien de son indépendance. Aucun État dont la politique est saine et mesurée, ne peut vouloir maintenant la combattre, pour lui enlever ce que naguère on ne lui disputait pas. Nous devons penser que les esprits, calmés par l'abdication de l'empereur Napoléon, ne repousseront point nos pacifiques propositions; mais s'il existait encore quelque part des ferments d'animosité et d'aigreur, sans doute des princes sages, des ministres éclairés, feront entendre la voix de la modération et de la sagesse. C'est toujours un rôle honorable à saisir que celui d'éteindre les haines et d'apaiser les ressentiments. Ce rôle serait digne de Sa Majesté le roi de Bavière, et nous aimons à espérer que, dans cette conjoncture, Votre Excellence prouvera de nouveau qu'elle ne se méprend jamais sur les véritables intérêts de son pays.

III

EXTRAITS DE LA CORRESPONDANCE BARILLON.
(1688)

Dès le 5 août 1688 on soupçonne, à Londres, les desseins du prince d'Orange, mais on en croit la réalisation impossible. Dans le même mois, à deux reprises différentes, l'ambassadeur français prévient Sa Majesté britannique des préparatifs qui se font secrètement en Hollande. Le 26, Sa Majesté britannique persiste à croire que le prince d'Orange ne réussira pas, surtout s'il ne commande pas en personne, ce qui n'est pas probable. Jusque-là on a affecté de décliner les offres de secours du roi de France : mais tout à coup, sur d'autres renseignements conformes, cette fois, aux nôtres, Jacques II (2 et 9 septembre) réclame instamment l'assistance proposée. A ces alarmes succède un nouvel accès de dangereuse sécurité ; Jacques (13 septembre) sait ou croit savoir que l'expédition est au moins ajournée. On lui répond de Paris par les informations les plus précises : les vaisseaux hollandais sont armés, approvisionnés pour deux mois; plusieurs millions ont été expédiés d'*Angleterre même* au prince d'Orange. Louis XIV craint que Sa Majesté britannique ne soit mal servie (18 et 21 septembre). Le roi et son ministre Sunderland persistent dans leurs doutes ; ils croient d'ailleurs qu'*aucun homme ayant quelque bien ne se déclarera pour le prince*. Le langage alarmant du ministre français lui attire même quelques railleries des courtisans. Cependant deux jours plus tard, Jacques admet enfin la descente en Angleterre comme probable, mais il pense qu'*alors les troupes feront leur devoir,* et que le prince ne parviendra *pas à détrôner un roi légitime.* Enfin, huit jours après, toutes les illusions sont dissipées, l'abattement le plus complet succède à l'aveugle confiance des jours précédents, on ne doute plus ni de la réalité de l'expédition, ni de son succès. On songe fort à remédier au péril, écrit Barillon le 30 septembre ; mais il aurait fallu y songer plus tôt. Ici l'analogie devient de plus en plus frappante. Le gouvernement de Jacques II recourt avec une précipitation maladroite à des mesures libérales (restitution des priviléges à la ville de Londres, mesures contre les catholiques, etc.). Cependant Guillaume d'Orange débarque. Les troupes qu'on lui oppose se débandent ou se joignent à lui (5 novembre), et les Stuarts, abandonnés et poursuivis, se réfugient en France.

IV

DÉPÊCHES DES PLÉNIPOTENTIAIRES.

Laon, le 25 juin, à onze heures du matin.

A MONSIEUR LE BARON BIGNON.

Monsieur le baron,

Nous avons le regret d'avoir attendu à Soissons jusqu'à cinq heures et demie du matin les chevaux que nous avions demandés hier au soir, vers les dix heures; c'était une conséquence presque inévitable des embarras d'un quartier général.

Vous trouverez ci-jointe la copie d'une note que nous adressons par des parlementaires au duc de Wellington et au prince Blücher.

L'ennemi a ses avant-postes à une lieue de Laon; quelques personnes assurent qu'il a occupé Saint-Quentin. Nous doutons de pouvoir pénétrer plus loin avant d'avoir reçu les passe-ports nécessaires. Le général commandant à Laon et les avant-postes, nous assure, au reste, qu'il a, depuis ce matin, une trêve verbale avec le général de l'avant-garde alliée sur ce point, trêve qui consiste à ne pas commettre d'hostilités avant de s'être prévenus réciproquement.

Agréez, monsieur le baron, l'assurance de notre haute considération.

Le comte DE LAFOREST, LAFAYETTE, D'ARGENSON,
baron SÉBASTIANI et BENJAMIN CONSTANT.

M. le baron Bignon, commissaire chargé par intérim du portefeuille des affaires étrangères.

Copie

NOTE DE MESSIEURS LES PLÉNIPOTENTIAIRES A MESSIEURS LE DUC DE WELLINGTON ET LE GÉNÉRAL EN CHEF PRINCE DE BLUCHER.

De Laon, le 25 juin 1815.

Les changements survenus dans la forme du gouvernement français par l'abdication de l'empereur Napoléon, acceptée au nom du peuple français par ses représentants, ayant écarté les obstacles qui avaient été opposés jusqu'à ce jour à l'ouverture d'une négociation propre à prévenir les malheurs de la guerre entre la France et les hautes puissances alliées, les plénipotentiaires soussignés ont reçu des pleins pouvoirs pour la négociation, la conclusion et la signature de tous les actes qui conduiraient à arrêter l'effusion du sang et rétablir d'une manière stable la paix générale en Europe.

Ils ont en conséquence l'honneur de donner ces informations à..... et de le prier de les mettre à même de se rendre immédiatement au quartier général des souverains alliés et de conférer préalablement avec S. E. au sujet d'une suspension d'armes générale entre les armées françaises et alliées, suspension qui a déjà été demandée par le général français commandant l'avant-garde de l'armée du Nord, et verbalement convenue entre nos avant-postes réciproques.

Les plénipotentiaires soussignés prient M. le baron Bignon d'agréer l'assurance de leur haute considération.

A MONSIEUR LE GÉNÉRAL COMMANDANT LES AVANT-POSTES
DES ARMÉES ALLIÉES.

Monsieur le général,

Les plénipotentiaires soussignés prient M. le général commandant les avant-postes des armées des puissances alliées, de faire passer le plus promptement possible les deux lettres ci-incluses à MM. les généraux en chef duc de Wellington et prince Blücher, et d'agréer l'assurance de leur considération très-distinguée.

Laon, le 25 juin, à cinq heures du soir.

A MONSIEUR LE BARON BIGNON.

Monsieur le baron,

Notre courrier devait partir à midi, mais l'arrivée d'un parlementaire prussien porteur de la réponse à la lettre du général Morand, pour demander un armistice, nous en a fait retarder l'envoi afin de pouvoir vous la faire connaître (cette lettre a été citée ci-dessus *in extenso*). Elle ne comporte aucune espèce de réflexion. Nous n'en avons pas moins envoyé par ce parlementaire notre note aux généraux Blücher et Wellington, qui nous a été renvoyée par la méprise de l'officier prussien qui commande le premier poste; nous attendrons sa réponse jusqu'à demain.

Le quartier général de Blücher est à Sains, ce qui fait présumer qu'il veut entreprendre quelque chose sur la ville de la Fère, et qu'il marchera à la fois par les directions de Craone et de Saint-Quentin.

Nous ajouterons que le parlementaire nous a donné lieu d'espérer que nous obtiendrions des passe-ports et l'indication du quartier général des souverains. Dans ce cas nous nous hâterons de nous y rendre. Nous déplorons les retards et les incertitudes attachés à notre position.

Wellington est, dit-on, à la droite de Blücher, et marche de Bavai sur Péronne; il est urgent de réunir promptement le plus de forces que l'on peut derrière l'Aisne pour couvrir Paris.

Agréez, monsieur le baron, notre haute considération.

> Baron Sébastiani, Lafayette, Benjamin Constant, conseiller d'État, d'Argenson et le comte de Laforest.

P. S. M. le comte de Pontécoulant ne nous a pas encore rejoints.

A Laon, le 26 juin 1815, à dix heures du soir.

A MONSIEUR LE BARON BIGNON.

Monsieur le baron,

Nous avons reçu la lettre que vous nous avez fait l'honneur de nous écrire hier 25, au sujet de l'intention où est l'Empereur de se rendre avec ses frères aux États-Unis de l'Amérique.

Nous venons de recevoir enfin nos passe-ports pour nous rendre au quartier général des souverains alliés, qui doit se trouver à Heidelberg ou à Manheim. Le prince de Schœnburgh, aide de camp du maréchal Blücher, nous accompagne; la route de Metz est celle que nous allons suivre. Notre départ aura lieu dans une heure.

Le maréchal Blücher nous a fait déclarer par le prince de Schœnburgh et le comte de Nostitz, plus spécialement chargé de ses pouvoirs, que la France ne serait en aucune manière gênée dans le choix de son gouvernement; mais dans l'armistice qu'il proposait, il demandait, pour *sûreté* de son armée, les places de Metz, de Thionville, de Mézières, de Maubeuge, de Saint-Louis et autres Il part du principe qu'il doit être garanti contre les efforts que pourrait tenter le parti qu'il suppose à l'Empereur. Nous avons combattu par des raisons victorieuses toute cette argumentation sans parvenir à gagner du terrain. Vous sentez, monsieur le baron, qu'il nous était impossible d'accéder à de pareilles demandes.

Nous avons fait tout ce qui dépendait de nous pour obtenir l'armistice à des conditions modérées, et il nous a été impossible d'arriver à une conclusion; parce que, dit le prince, il n'est pas autorisé à en faire un et que d'immenses avantages peuvent seuls l'y décider aussi longtemps que le but principal n'est pas atteint.

Nous avons offert une suspension d'armes au moins pour cinq jours; le refus a été aussi positif et par les mêmes raisons. Le comte de Nostitz a offert, au nom du prince Blücher, de recevoir à son quartier général et à celui du duc de Wellington, des commissaires que vous leur enverriez, et qui seraient exclusivement occupés des négociations nécessaires pour arrêter la marche des armées et empêcher l'effusion du sang. Il est urgent que ces commissaires partent demain même et qu'ils prennent la route de Noyon où des ordres seront donnés par le maréchal Blücher pour les recevoir; Noyon va être son quartier général. Ils ne peuvent trop redire que l'Empereur n'a pas un grand parti en France, qu'il a profité des fautes des Bourbons plutôt que de dispositions existantes en sa faveur, et qu'il ne pourrait fixer l'attention nationale, qu'autant que les alliés manqueraient à leurs déclarations.

Nous avons l'espérance de voir prendre un cours heureux à une négociation dont nous ne nous dissimulons cependant pas les difficultés. Le seul moyen d'empêcher que des événements de la guerre ne la fassent échouer, est de parvenir absolument à une trêve de quelques jours. Le choix des négociateurs pourra y influer, et nous le répétons, il n'y a pas un moment à perdre pour les diriger sur les armées anglaise et prussienne.

Les deux aides de camp du prince Blücher ont déclaré itérativement que les alliés ne tenaient en aucune manière au rétablissement des Bourbons; mais il nous est démontré qu'ils tendent à s'approcher le plus possible de Paris, et ils pourraient alors user de prétextes pour changer de langage.

Tout cela ne doit que presser davantage les mesures pour la réorganisation de l'armée et surtout pour la défense de Paris, objet qui paraît les occuper essentiellement.

Des conversations que nous avons eues avec les deux aides de camp, il résulte en définitif, et nous avons le regret de le répéter, qu'une des grandes difficultés sera la personne de l'Empereur. Ils pensent que les puissances exigeront des garanties et des précautions, afin qu'il ne puisse jamais reparaître sur la scène du monde. Ils prétendent que leurs peuples mêmes demandent sûreté contre ses entreprises. Il est de notre devoir d'observer que nous pensons que son évasion avant l'issue des négociations serait regardée comme une mauvaise foi de notre part, et pourrait compromettre essentiellement le salut de la France. Nous avons d'ailleurs l'espérance que cette affaire pourra se terminer aussi à la satisfaction de l'Empereur, puisqu'ils ont fait peu d'objections à son séjour et à celui de ses frères en Angleterre, ce qu'ils ont paru préférer au projet de retraite en Amérique.

Il n'a été question dans aucune conversation du prince impérial; nous ne devions pas aborder cette question à laquelle ils ne se sont pas livrés.

Agréez, monsieur le baron, l'assurance de notre considération.

HORACE SÉBASTIANI, le comte DE PONTÉCOULANT,
LAFAYETTE, D'ARGENSON, le comte DE LAFOREST
et BENJAMIN CONSTANT.

V

DÉPÊCHES DU GOUVERNEMENT PROVISOIRE AUX PLÉNIPOTENTIAIRES. — RÉSULTAT DE LEUR MISSION.

Paris, 26 juin 1815.

A LL. EXC. MESSIEURS LES PLÉNIPOTENTIAIRES DE LA COMMISSION DE GOUVERNEMENT AUPRÈS DES PUISSANCES ALLIÉES.

Messieurs,

Il vous était connu au moment de votre départ que, pour ne laisser aucun doute sur la nature de son abdication, l'Empereur était prêt à quitter sans délai le territoire français. Afin de faire disparaître toute ombre d'inquiétude sur la sincérité de sa résolution, il a témoigné depuis qu'il désirait se rendre aux États-Unis d'Amérique. J'ai été chargé en conséquence de demander à la cour de Londres tous les sauf-conduits nécessaires pour la sûreté de l'Empereur, de ses frères et de sa suite. Il m'a été prescrit en même temps d'en instruire M. le duc de Wellington, afin qu'il pût en faire part aux autres puissances.

Cette nouvelle démarche du gouvernement français est une considération de plus que Vos Excellences pourront faire valoir pour démontrer aux souverains alliés qu'il n'existe, du côté du gouvernement français, aucune circonstance dans laquelle ils soient fondés à voir le moindre obstacle au rétablissement de la paix. J'ai l'honneur de vous envoyer copie des lettres que j'ai écrites sur cet objet à lord Castelreagh et au duc de Wellington.

Le baron BIGNON.

Paris, le 28 juin 1815.

A MESSIEURS LES PLÉNIPOTENTIAIRES PRÈS LES
SOUVERAINS ALLIÉS.

Messieurs,

J'ai reçu la lettre que vous m'avez fait l'honneur de m'écrire le 26 de ce mois, et je me suis empressé de la mettre sous les yeux de la commission de gouvernement.

D'après le détail des pourparlers que vous avez eus avec M. de Nostitz, quoique ces premières ouvertures aient paru peu encourageantes, la commission de gouvernement a cru devoir tenter la négociation d'un armistice et a nommé des commissaires qui sont partis cette nuit pour se rendre à Noyon. Ces commissaires sont M. le comte de Valence, M. le comte Andréossy, M. de Flauguergues, M. le comte Boissy d'Anglas, M. de la Besnardière. Il leur a été donné copie des instructions que vous avez reçues, et il y a été joint une instruction particulière dont je suis chargé de vous faire part, et qui vous devient commune en ce qu'elle renferme de relatif à l'objet général de votre mission. Vos Excellences verront que, sans changer les bases primitives de la négociation que vous devez suivre, le gouvernement regarde comme possible que le cours des événements force à éclaircir ces bases, mais il n'est pas besoin d'ajouter que ce serait en faisant les plus grands efforts pour n'admettre que les modifications qui blessent le moins le principe de notre indépendance.

Les forces qui se sont rassemblées et qui couvrent Paris ne s'élèvent pas à moins de 80,000 hommes.

Dans l'incertitude où était la commission de gouvernement le 26 de ce mois, si vous recevriez ou non des passe-ports, j'avais été chargé d'écrire directement et par d'autres voies aux ministres des affaires étrangères d'Autriche, de Russie, de Prusse et de Bavière. Au moment où votre courrier du 26 est arrivé hier matin, ces lettres allaient être expédiées par des personnes propres à cette commission. Il m'a paru alors que je ne devais pas me placer entre les ministres des puissances et vous, messieurs, et j'ai en conséquence arrêté cette expédition ; mais on a fait observer depuis que peut-être il pourrait vous convenir à vous-même de donner cours à ce genre de communication. J'ai l'honneur, en conséquence, de vous adresser ces lettres, en joignant ici une copie de chacune. Votre prudence se réglant sur les particularités de la position où vous serez, et sur les circonstances accessoires de la position des ministres des puissances entre eux, jugera s'il y a lieu à remettre une ou plusieurs de ces lettres ou à les supprimer toutes. Vos Excellences sont seules à portée de connaître ce qu'il peut y avoir à cet égard d'inopportun ou d'utile.

Cette dépêche vous parviendra par M. Renard, de la division du Nord, que M. Bourjot m'a désigné comme pouvant être utile pour le travail du secrétariat de la commission. Il vous remettra aussi un chiffre pour votre correspondance.

Comme vous n'avez plus auprès de vous qu'un seul courrier, j'en fais partir un second pour être à vos ordres.

J'ai l'honneur de vous adresser ci-joint, messieurs, une lettre de M. le duc d'Otrante, président de la commission de gouvernement, pour M. le prince de Metternich. Vos Excellences voudront bien se charger de la remettre à ce ministre.

Je vous prie, messieurs, etc.

Le baron Bignon.

Paris, 30 juin 1815.

**A MESSIEURS DE LA FOREST, ETC., PLÉNIPOTENTIAIRES,
A HEIDELBERG.**

Messieurs,

J'attends avec impatience des nouvelles de votre arrivée. La commission de gouvernement désire que provisoirement je vous donne connaissance des changements survenus dans notre situation depuis votre départ.

L'armée ennemie a continué sa marche sur Paris, elle occupe la ligne du Bourget, Louvres, Gonesse; mais elle n'a pu empêcher le maréchal Grouchy de ramener son corps sous les murs de Paris, où il a été rejoint par les autres corps et par des dépôts de différents régiments et de la garde impériale. Cette armée, de plus de 80,000 hommes, animée du meilleur esprit, est sous le commandement du ministre de la guerre.

L'approche de l'ennemi avait répandu l'alarme dans la capitale, mais la réunion de l'armée sous ses murs et le bon esprit de la garde nationale ont dissipé ces fâcheuses impressions; aujourd'hui tout est calme, et l'on attend, sinon sans impatience, au moins avec tranquillité, le résultat de vos opérations.

Des commissaires sont partis le 27 pour traiter d'un armistice. Les Anglais et les Prussiens ont montré peu d'empressement à s'y prêter. La présence de l'Empereur aux portes de Paris leur fournissait un prétexte pour différer d'entrer en discussion. Napoléon est parti hier. Je viens d'en informer nos commissaires au quartier général, et nous aimons à espérer que les généraux ennemis, rassurés sur ce point, ne mettront plus aucun obstacle à la conclusion de cet armistice.

Nous avons ainsi cherché, messieurs, à gagner du temps pour recevoir de vos nouvelles. Aucun changement politique n'a eu lieu qui puisse en apporter dans vos instructions. La Vendée se pacifie et l'on n'y voit plus un drapeau blanc; on a de bonnes nouvelles de Lyon, de Bordeaux, et le calme qui règne dans ces grandes cités contribue puissamment à maintenir celui de la capitale.

Le baron BIGNON.

Paris, 4 juillet 1815.

A MESSIEURS DE LA FOREST, ETC., PLÉNIPOTENTIAIRES,
A HEIDELBERG.

Messieurs,

Depuis la dépêche que vous m'avez adressée de Laon, en date du 26 juin, je n'ai reçu aucune lettre de Vos Excellences. Nous ignorons absolument jusqu'où vous avez poursuivi votre route, et quel accueil vous auront fait les souverains alliés.

Je vous ai informé, en date du 30 du mois dernier, de la nomination de commissaires chargés de se rendre aux quartiers généraux du prince Blücher et du duc de Wellington, pour y négocier un armistice. Le duc de Wellington a paru s'y prêter de bonne grâce; mais, témoignant toujours qu'il ne pouvait agir que concurremment avec le prince Blücher qui ne montrait pas les mêmes dispositions, il renvoyait d'un jour à l'autre l'ouverture de la négociation. Cependant les circonstances sont devenues plus graves. La force des armées anglaise et prussienne a continué à s'accroître; déjà les Bavarois sont à peu de distance; les Autrichiens et les Russes arrivent. A la vérité nos troupes sont animées du meilleur esprit; elles sont pleines du plus héroïque dévouement, mais c'est une raison de plus pour conserver ce précieux noyau de la puissance nationale et d'éviter de compromettre à la fois Paris, l'armée et la France entière. La commission de gouvernement a cru devoir prendre un parti décisif. Elle s'est déterminée à faire l'envoi de nouveaux commissaires munis de pouvoirs plus étendus. Ceux-ci se sont rendus à Saint Cloud où lord Wellington est arrivé quelque temps après. La négociation d'une suspension d'armes a été ouverte avec ces deux commandants en chef, et le résultat de la conférence a été la signature d'une suspension d'armes dont j'ai l'honneur de vous envoyer ci-joint copie. (C'est la convention du 3 juillet.)

N'ayant aucune notion sur le cours qu'a pu prendre la mission dont vous êtes chargés, la commission de gouvernement n'a point de nouvelles instructions à vous transmettre. Rien ne peut vous instruire mieux de la véritable situation du gouvernement et de la France, que la nature même des articles dont se compose la convention signée hier. Vous avez dans vos instructions précédentes, dans votre raison et dans cette connaissance exacte de notre position actuelle, toutes les données nécessaires pour diriger vos démarches dans le véritable intérêt de la patrie.

Je vous prie d'agréer l'assurance de la haute considération avec laquelle j'ai l'honneur d'être, messieurs, de Vos Excellences, le très-humble et très-obéissant serviteur.

Le baron BIGNON.

(Nous avons précédemment cité *in extenso* la note remise aux plénipotentiaires, le 1er juillet, à Haguenau, et qui fut l'unique résultat de leur mission.)

VI

DEMANDE DE SAUF-CONDUITS POUR L'EMPEREUR NAPOLÉON. — LETTRES DE MONSIEUR BIGNON A LORD CASTELREAGH, AU DUC DE WELLINGTON, ET RÉPONSE DE CELUI-CI.

25 juin 1815.

A LORD CASTELREAGH.

Milord,

Le retour de l'empereur Napoléon en France a été l'occasion du renouvellement de la guerre : en abdiquant, il a espéré y mettre un terme. Pour qu'il ne puisse exister aucun doute sur la nature de ses motifs, et pour assurer plus promptement l'effet que la nation française a droit d'attendre de son abdication, il est prêt à quitter le territoire français, sans le moindre retard : son désir est de se retirer aux États-Unis d'Amérique. La commission de gouvernement me charge en conséquence, milord, de vous demander toutes sûretés et sauf-conduits nécessaires pour lui, ses frères, sa suite et ses propriétés.

Des plénipotentiaires sont en route pour se rendre au quartier général des puissances alliées. L'objet de leur mission est de demander la conclusion immédiate d'un armistice et de traiter du rétablissement de la paix.

M. le comte Otto est parti de même hier pour se rendre à Londres, dans une intention semblable. La nouvelle démarche que je fais en ce moment auprès de Votre Excellence la convaincra encore qu'en France on n'a rien de plus à cœur que d'arriver sans délai à ce résultat si désiré et si important pour tous les peuples, mais particulièrement pour ceux qui, comme l'Angleterre et la France, ne peuvent que trouver d'immenses avantages dans leur réconciliation.

Je prie Votre Excellence d'agréer, etc.

Le baron Bignon.

Paris, le 25 juin 1815.

A S. EXC. MONSIEUR LE DUC DE WELLINGTON.

Monsieur le duc,

La nouvelle de l'abdication de l'empereur Napoléon sera parvenue à Votre Excellence. Pour ne laisser aucun doute sur la nature de cette grande démarche, l'Empereur désire lui-même se retirer sans délai aux États-Unis d'Amérique. Son départ n'est retardé que par la nécessité d'attendre les sauf-conduits nécessaires pour lui, ses frères et sa suite. Comme Votre Excellence, par sa position plus rapprochée, se trouve en communication suivie avec les autres puissances ses alliées, je crois devoir m'adresser à elle, afin qu'elle juge elle-même et qu'elle puisse faire connaître aux puissances combien le gouvernement français a vivement à cœur de faire disparaître ce qui pourrait offrir la plus légère ombre de difficulté, et mettre le moindre obstacle au prompt rétablissement de la paix.

M. le comte Otto est parti pour Londres le 24 de ce mois.

Des plénipotentiaires destinés à se rendre au quartier général des puissances alliées ont dû arriver ou sont sur le point d'arriver dans les pays occupés par les armées que commande Votre Excellence. Le gouvernement français espère que leurs efforts pour un prompt armistice ne seront pas rejetés, et les causes de guerre alléguées par les puissances n'existant plus, il aime à croire que l'armistice conduira promptement au rétablissement de la paix.

Baron BIGNON.

Au quartier général, ce 28 juin.

A SON EXC. MONSIEUR LE COMTE BIGNON.

Monsieur le comte,

J'ai eu l'honneur de recevoir la lettre de Votre Excellence du 25.

J'ai déjà écrit à MM. les commissaires nommés à traiter de la paix avec les puissances alliées, sur la proposition d'une suspension d'hostilités, une réponse que Votre Excellence aura vue, et je n'y ai rien à ajouter.

Pour ce qui regarde un passport (*sic*) et sauf-conduit pour Napoléon Buonaparte pour passer aux États-Unis d'Amérique, je dois prévenir Votre Excellence que je n'ai aucune autorité de mon gouvernement pour donner une réponse quelconque sur cette demande.

J'ai l'honneur d'être, etc.

Signé : Wellington.

VII

MISSION DE MONSIEUR OTTO.

PLEINS-POUVOIRS POUR MONSIEUR LE COMTE OTTO, PLÉNIPOTENTIAIRE ENVOYÉ PRÈS LE GOUVERNEMENT BRITANNIQUE.

23 juin 1815.

Le gouvernement français à tous ceux qui les présentes verront, salut. Les changements survenus dans la forme du gouvernement français par l'abdication de l'empereur Napoléon Bonaparte, ayant écarté les obstacles qui avaient été opposés jusqu'à ce jour à l'ouverture d'une négociation propre à prévenir les malheurs d'une guerre entre la France et les hautes puissances alliées ; vivement animés du désir de rétablir entre elles la parfaite harmonie qui résultait des stipulations du traité de paix signé à Paris le 30 mai 1814, et d'assurer le repos de l'Europe sur des fondements solides et durables, et de concert avec les susdites autres puissances ; à ces causes, prenant une confiance entière dans la capacité et la prudence de M. le comte Otto, nous l'avons nommé et constitué, et par ces présentes, dûment en forme, nous le nommons et constituons notre plénipotentiaire, et lui donnons plein et absolu pouvoir, commission et mandement spécial de se rendre auprès du gouvernement britannique, à l'effet de traiter et de se concerter avec le commissaire et plénipotentiaire nommé par son A. R. le prince régent, et muni également de pleins pouvoirs en bonne forme, d'arrêter, conclure et signer, au nom du gouvernement français, les traités, déclarations, articles, conventions et autres actes qui seront jugés nécessaires pour arriver à un but si désirable ; promettant, au nom du peuple français, d'accomplir et exécuter ponctuellement tout ce que ledit plénipotentiaire aura stipulé, promis et signé, en vertu des présents pleins-pouvoirs, sans y contrevenir pour quelque cause et sous quelque prétexte que ce soit ; comme aussi d'en donner des lettres de ratification en bonne forme, pour être échangées dans le temps dont il sera convenu.

Les présentes ont été signées, scellées et délivrées à Paris, le 22e jour du mois de juin, l'an de grâce mil huit cent quinze.

NOTES DE MONSIEUR OTTO.

La grande difficulté est d'arriver à Londres. Le ministère craindra peut-être de se faire forcer la main par la nation, s'il lui montrait un négociateur ; il prétextera qu'il ne peut rien faire sans le concours des alliés.

Le premier point à obtenir est un *armistice*, que l'agent pourra même demander par la lettre qu'il écrira de Calais pour obtenir un passe-port. Cette lettre doit être adressée à lord Castelreagh ; mais comme il connaît personnellement lord Liverpool, il sera utile de lui écrire en même temps.

Napoléon étant le seul prétexte de la guerre, on voudra peut-être déterminer le lieu de sa résidence future ; que faudra-t-il répondre ?

Si l'on admettait la succession de Napoléon II, les Anglais ne consentiraient peut-être pas à la régence de l'Impératrice, dans la crainte qu'elle ne facilite un jour le retour de Napoléon. Que pourra-t-on répondre à cette objection ? qui pourrait être régent ?

Ainsi l'armistice, Napoléon et la régence seront les points principaux de la discussion, ceux qui exigeront des instructions immédiates.

On écartera toute idée de sacrifice et de cession de territoire. On aura d'ailleurs le temps de traiter ces points dans la correspondance qui pourra être très-active.

Boulogne-Sur-Mer, le 27 juin 1815.

A MONSIEUR LE BARON BIGNON.

Monsieur le baron,

En m'adressant à lord Castelreagh pour obtenir les passe-ports qui me sont nécessaires, j'ai dû prévoir une objection principale, celle de faire croire que l'intention de notre gouvernement était de détacher la cause de l'Angleterre de celle de ses alliés. J'ai répondu d'avance à cette objection dans la lettre dont je joins ici la copie[1]. Le même motif m'a empêché d'envoyer copie de mes pleins-pouvoirs ; on y aurait vu que je suis autorisé à conclure des traités, conventions, etc ; on se serait empressé de répondre que l'Angleterre ne pouvait négocier sans le concours de ses alliés, et on se serait fait un mérite de ce refus.

Le succès de ma mission dépend entièrement de l'expédition des passe-ports. Si le ministère anglais ne veut pas la paix, il craindra d'en faire naître l'idée dans le public, en faisant paraître un négociateur français. — Il doit redouter même que le parti de l'opposition ne devienne trop fort.

Je suis donc toujours disposé à croire, monsieur le baron, qu'on éludera ma première demande ; on prétextera de ne pas connaître le gouvernement établi en France, les engagements pris envers les Bourbons dont l'ambassadeur réside toujours à Londres, la teneur même du traité du 25 mars, malgré la note explicative du gouvernement anglais, et malgré les assurances renfermées dans la dépêche de lord Clancarty, car après un grand succès toutes les raisons paraissent bonnes.

---

[1] Citée en entier au chap. V.

Je ne vois qu'une seule chance favorable, c'est l'impression qu'aura faite en Angleterre la mort d'un grand nombre d'officiers de marque, victimes des dernières affaires. — Les Anglais avouent qu'ils ont perdu onze généraux sur vingt-quatre, et plus de quatre cents officiers.

Un pareil désastre touche beaucoup de familles puissantes, et ne peut manquer d'influer sur les résolutions du cabinet.

Quoi qu'il en soit, j'attends la réponse de lord Castelreagh, et je m'empresserai de la transmettre au gouvernement.

Veuillez agréer, etc.

P. S. Si vous receviez, monsieur le baron, quelques nouvelles touchant les progrès des plénipotentiaires envoyés au quartier général des coalisés, je vous prierais de m'en faire part; elles me seraient d'une très-grande utilité.

Otto.

Boulogne-Sur-Mer, le 26 juin 1815.

A MONSIEUR LE BARON BIGNON.

Monsieur le baron,

Je suis arrivé ici hier au soir, et j'ai pris de suite les mesures nécessaires pour envoyer un parlementaire en Angleterre.

Le commandant du port est parti lui-même ce matin pour Douvres, avec une lettre que j'écris à milord Castelreagh pour lui demander des passe-ports. Quand même on les accorderait de suite, je ne pourrais les recevoir que dans deux jours. Malgré les bonnes raisons que je crois avoir données à lord Castelreagh, je doute du succès de ma demande.

Boulogne ayant des communications très-faciles avec l'Angleterre, je compte rester ici et je vous prie, monsieur le baron, de m'y adresser les ordres du gouvernement.

Tous les contes qu'on avait faits à Paris touchant des invasions de ce côté-ci sont faux. La plus profonde tranquillité règne partout; quatre royalistes ont cependant intercepté la malle pour enlever les lettres de Dunkerque, de Calais et de Boulogne.

Veuillez recevoir, monsieur le baron, etc.

CAPITULATION DE PARIS.

Boulogne-Sur-Mer, 1er juillet 1815.

A MONSIEUR LE BARON BIGNON.

Monsieur le baron,

Il nous manque aujourd'hui deux malles de Paris et trois diligences, qui ont été vraisemblablement interceptées par des partis. Je dois croire que ma dépêche du 29 a eu le même sort.

Je vous accusais, monsieur le baron, la réception de votre lettre du 28 juin, qui m'a fait le plus grand plaisir, en me faisant entrevoir le succès des plénipotentiaires envoyés au quartier général des souverains alliés. Si j'en crois les dernières gazettes anglaises, lord Castelreagh a pris la même route, ce qui motiverait la réponse qu'il m'a faite.

La levée de l'embargo me fournit de fréquentes occasions de communiquer avec l'Angleterre. Nous recevons très-exactement les journaux de Londres; mais depuis deux jours nous sommes privés de ceux de Paris et de toute espèce de renseignements. La lettre dont vous m'avez honoré le 28 est la seule que j'aie reçue.

La guerre maritime se fait sans animosité; plus de soixante bateaux pêcheurs sortent journellement de Boulogne; personne ne les inquiète; ils sont bien accueillis par les bâtiments anglais armés qui leur achètent du poisson : la mer est presque libre.

Ne connaissant pas le résultat de la lettre que vous avez écrite à lord Castelreagh pour lui demander des sauf-conduits en faveur de l'empereur Napoléon, j'en ai envoyé copie à ce ministre.

Je m'abstiens, monsieur le baron, de tout détail ultérieur, ne pouvant prévoir le sort de ma correspondance. J'espère que dans peu de jours cette difficulté sera levée.

J'ai l'honneur, etc.

Nous avons cité dans le chapitre V les autres lettres de M. Otto.

VIII

INSTRUCTIONS DES COMMISSAIRES CHARGÉS D'UNE NÉGOCIATION D'ARMISTICE.

INSTRUCTIONS POUR MESSIEURS LES COMMISSAIRES CHARGÉS DE TRAITER D'UN ARMISTICE, ETC.

Paris, 27 juin 1815.

Les premières ouvertures faites à nos plénipotentiaires sur les conditions au prix desquelles le commandant en chef de l'une des armées ennemies consentirait à un armistice, sont de nature à effrayer sur celles que pourraient aussi demander les commandants des armées des autres puissances et à rendre d'avance fort problématique la possibilité d'un arrangement. Quelque fâcheuse que soit en ce moment notre position militaire, il est des sacrifices auxquels l'intérêt national ne permet pas de souscrire.

Il est évident que le motif sur lequel le prince Blücher fonde la demande qu'il a faite de six de nos places de guerre que l'on nomme, et de quelques autres encore que l'on ne nomme pas, que ce motif, la *sûreté de son armée*, est une de ces allégations mises en avant par la force pour porter aussi loin qu'il est possible le bénéfice des succès du moment. Cette allégation est des plus faciles à réfuter, puisqu'il est pour ainsi dire dérisoire de demander des gages pour la *sûreté d'une armée* déjà maîtresse d'une assez grande étendue de notre territoire, et qui marche presque sans obstacle au cœur de la France. Il est une autre déclaration faite de la part du prince Blücher, et celle-ci est plus inquiétante, c'est que, prenant sur lui de conclure un armistice auquel il n'est point autorisé, il ne peut y être décidé que par d'immenses avantages. Il y a dans cette déclaration une franchise d'exigence qui présente beaucoup de difficultés pour un accommodement. Cependant, quoique la commission de gouvernement soit bien éloignée de vouloir faire les cessions qu'on exige, elle ne se retrancherait pas dans un refus absolu d'entrer en discussion sur un arrangement dont les conditions ne dépasseraient pas les bornes tracées par le véritable intérêt public.

Si pour arriver à un résultat, il fallait se résoudre à la cession d'une place, il est bien entendu que cette cession ne devrait avoir lieu qu'autant qu'elle garantirait un armistice qui se prolongerait jusqu'à la conclusion de la paix. On se dispense d'ajouter que la remise de cette place ne devrait s'effectuer qu'après la ratification de l'armistice par les gouvernements respectifs.

L'un des points qui réclament tout le zèle de MM. les commissaires, est la fixation de la ligne où devra s'arrêter l'occupation du territoire français par les armées ennemies.

Il serait d'une grande importance d'obtenir la ligne de la Somme, ce qui placerait les troupes étrangères à près de 30 lieues de Paris. MM. les commissaires devront fortement insister pour les tenir au moins à cette distance.

Si l'ennemi était plus exigeant encore, et qu'enfin on fût condamné à plus de condescendance, il faudrait que la ligne qui serait tracée entre la Somme et l'Oise ne le laissât point approcher de Paris à plus de 20 lieues. On pourrait prendre la ligne qui sépare le département de la Somme du département de l'Oise, en détachant de celui-ci la partie septentrionale de l'arrondissement où se trouve Noyon ; puis suivant l'Oise et la rivière de Serre, la partie septentrionale de l'Aisne, et de là une ligne droite à travers le département des Ardennes, qui irait joindre la Meuse près Mézières.

Au reste, sur cette fixation de la ligne de l'armistice, on ne peut que s'en rapporter à l'habileté de MM. les commissaires, pour tâcher d'obtenir l'arrangement le plus honorable.

Leur mission étant commune aux armées anglaise et prussienne, il n'est pas besoin de les avertir qu'il est indispensable que l'armistice soit commun aux deux armées.

Il serait bien important aussi de pouvoir faire entrer dans l'armistice, comme l'une de ses clauses, qu'il s'étendrait à toutes les autres armées ennemies, en prenant pour base le *statu quo* de la situation des armées respectives au moment où la nouvelle de l'armistice y arriverait. Si cette stipulation est rejetée sous le prétexte que les commandants des armées anglaise et prussienne n'ont pas le droit de prendre des engagements au nom des commandants des armées des autres puissances, on pourrait du moins convenir que ceux-ci seront invités à y accéder d'après la base ci-dessus énoncée.

Comme la négociation même de l'armistice, par la nature des conditions déjà mises en avant et qui doivent être le sujet de débats sérieux, entraînera inévitablement quelques lenteurs, c'est un préambule rigoureusement nécessaire d'obtenir que, pour traiter de l'armistice, tous les mouvements soient arrêtés pendant quelques jours, ou au moins pendant quarante-huit heures.

Il est une disposition de prévoyance que MM. les commissaires ne doivent pas négliger, c'est de stipuler que les armées ennemies ne lèveraient point de contributions extraordinaires.

Quoique l'objet particulier de leur mission soit la conclusion d'un armistice, comme il est difficile que, dans leurs communications avec le duc de Wellington et le prince Blücher, MM. les commissaires n'aient pas à entendre de la part de ces généraux ou des propositions, ou des insinuations, ou même de simples conjectures sur les vues que peuvent avoir déjà arrêtées, ou sur les vues que pourraient admettre les souverains alliés à l'égard de la forme du gouvernement de la France, MM. les commissaires ne manqueront pas sans doute de recueillir avec soin tout ce qui leur paraîtra pouvoir être de quelque influence sur le parti définitif à prendre par le gouvernement.

La copie qui leur est remise des instructions données à MM. les plénipotentiaires chargés de se rendre auprès des souverains alliés, leur fera connaître quelles ont été jusqu'à ce jour les bases sur lesquelles le gouvernement a désiré établir la négociation. Il est possible que le cours des événements le force à élargir ces bases ; mais MM. les plénipotentiaires jugeront que si une nécessité absolue oblige à donner les mains à des arrangements d'une autre nature, de manière que nous ne puissions sauver dans toute sa plénitude le principe de notre indépendance, c'est un devoir sacré de tâcher au moins d'échapper à la plus grande partie des inconvénients attachés au malheur seul de sa modification.

On remet aussi à MM. les commissaires copie de la lettre que MM. les plénipotentiaires ont écrite de Laon, en date d'hier 26. Les résolutions qui ont été prises aujourd'hui par le gouvernement leur fournissent des moyens de répondre à toutes les objections qu'on pourrait leur faire sur le danger de la possibilité du retour de l'empereur Napoléon.

Pour que le langage de MM. les commissaires soit parfaitement d'accord avec tout ce qui a été fait par la commission de gouvernement, on leur remet encore ci-joint copie des lettres qui ont été écrites à lord Castelreagh et au duc de Wellington, relativement au prochain départ de l'empereur Napoléon et de ses frères.

Sur la question relative à la forme du gouvernement de le France, provisoirement, MM. les commissaires se borneront à entendre les ouvertures qui leur seront faites, et ils auront soin d'en rendre compte, afin que, d'après la nature de leur rapport, le gouvernement puisse prendre la détermination que prescrirait le salut de la patrie.

IX

DÉPÊCHES DES COMMISSAIRES AU GOUVERNEMENT PROVISOIRE (MESSIEURS BOISSY-D'ANGLAS, ANDRÉOSSY, BENJAMIN CONSTANT, ETC.)

Dépêche N° 1.

Louvres, le 28 juin 1815, midi.

A MONSIEUR LE BARON BIGNON.

Monsieur le baron,

Les avant-postes placés en avant de Senlis, et qui paraissent faire partie du corps de Bulow, nous ont laissés entrer dans cette ville et en ressortir pour aller au quartier de ce général, d'où nous pourrions être autorisés à aller au quartier général du prince Blücher; bientôt après on nous a fait connaître que nous trouvant au milieu des colonnes ennemies, le général commandant l'avant-garde allait prendre les ordres du général Bulow, et la réponse à notre demande de nous rendre aux quartiers généraux du maréchal Blücher et du duc de Wellington, mais qu'il était nécessaire que nous attendissions cette réponse à Chenevières, près de Louvres, où elle nous parviendrait le plus tôt possible.

Nous sommes à Louvres, et nous allons attendre à Chenevières la réponse du général prussien et les ordres du gouvernement.

Nous avons insisté sur le grand inconvénient que pourrait avoir, pour l'intérêt de l'humanité, tout retard dans la conclusion de l'armistice ; il nous a été répondu par l'officier d'état-major (le colonel Lutzow) qui nous a été envoyé par le général de l'avant-garde, que nous ne devions pas douter du désir que les alliés avaient également de traiter avec nous et que nous aurions réponse à Chenevières, vraisemblablement dans trois heures.

Cette lettre sera remise à Votre Excellence par M. le baron Monnier qui ne nous a pas quittés, et que nous vous prions de nous renvoyer avec les ordres de la Commission du gouvernement.

On a absolument refusé de nous faire parler à aucun des généraux, sous prétexte que nous étions au milieu de leurs troupes dont nous ne devions pas voir les mouvements. On a exigé que nous rétrogradassions le plus tôt possible jusqu'au delà de leurs avant-postes.

Nous avons l'honneur, monsieur le baron, de vous réitérer les assurances de notre haute considération,

Dépêche N° 2.

Pont-Saint-Maxence, ce 30 juin 1815.

A MONSIEUR LE BARON BIGNON.

Monsieur le baron,

Nous avons attendu à Chenevières, pendant huit heures, la réponse que le général Bulow nous avait fait annoncer. Deux officiers sont venus dire qu'un négociateur allait arriver, en ajoutant des excuses pour le retard. Sur le soir, M. le comte de Nostiz a paru. Il avait, nous a-t-il dit, de pleins pouvoirs pour conclure un armistice, mais il a reproduit les conditions dont il avait parlé à MM. les plénipotentiaires qui sont en route pour Heidelberg, et a parlé d'une autre à laquelle on devait bien moins s'attendre. Ils ont été jusqu'à nous demander Paris, proposition qui a été rejetée de la manière qu'elle devait l'être. Au reste, la rapidité des mouvements de l'ennemi paraissant rendre la poursuite d'un armistice inutile, si l'on ne parvenait point à obtenir que ces mouvements fussent arrêtés par une convention préliminaire qui les suspendît, nous nous sommes attachés aux moyens d'obtenir celle-ci.

M. de Nostiz a paru la regarder comme entièrement dépendante d'arrangements qui seraient pris relativement à Napoléon, par rapport auquel les alliés voulaient avoir, disait-il, des sécurités ; mais il ignorait ce qui pourrait à cet égard satisfaire les alliés et être accepté par eux et particulièrement par lord Wellington, à l'opinion duquel celle du maréchal Blücher serait sur ce point tout à fait subordonnée.

Il nous a proposé de retourner avec lui à Senlis, dans l'espérance d'y rejoindre le maréchal Blücher qui y a couché ce soir, mais qui a décliné de nous voir.

Par les conseils du même M. le comte de Nostiz et d'après les instructions qui nous ont été données, nous nous sommes déterminés à venir à Pont-Saint-Maxence où lord Wellington devait être. Nous voici à Pont-Saint-Maxence. Lord Wellington y a été, nous dit-on, annoncé pour aujourd'hui; il se trouve encore à Gournay où nous allons nous rendre, mais avec une espérance fort affaiblie par le temps qu'on nous fait perdre.

Nous prions Votre Excellence de recevoir l'assurance de notre haute considération.

Dépêche N° 3.

Gonesse, ce 30 juin, à 1 heure 1/2 du matin.

A MONSIEUR LE BARON BIGNON.

Monsieur le baron,

Au moment d'arriver à Gonesse où Son Excellence le duc de Wellington nous avait donné rendez-vous, après avoir eu avec nous, à Itray-Saint-Denyre, une conversation de plus d'une heure dont nous aurons l'honneur de rendre ultérieurement compte, nous avons reçu la lettre dont nous joignons ici une copie. Nous n'en avons pas moins poursuivi notre chemin dans l'espérance de voir encore le duc de Wellington, et c'est de la maison qu'il habite que nous écrivons cette lettre après l'avoir vu et nous être assurés qu'il nous est permis d'attendre à une lieue d'ici, à Vaux-d'Herland, les ordres que la commission du gouvernement jugera convenable de nous faire parvenir. Pour plus de célérité et de sûreté, nous chargeons de cette dépêche M. le colonel de Latour-Maubourg, qui nous rapportera votre réponse.

Nous vous prions, monsieur le baron, d'agréer l'assurance de notre haute considération.

Au quartier général du maréchal prince Blücher,
ce 29 juin 1815, 11 h. 1/2 de la nuit.

A MESSIEURS LES COMMISSAIRES.

Messieurs,

J'ai l'honneur de vous faire savoir qu'ayant consulté le maréchal prince Blücher sur votre proposition pour un armistice, Son Altesse est convenue avec moi que dans les circonstances actuelles aucun armistice ne peut se faire tant que Napoléon Buonaparte est à Paris et en liberté, et que les opérations sont en cet état qu'il ne peut les arrêter.

J'ai l'honneur, etc.

Signé : WELLINGTON.

Dépêche N° 4.

Louvres, le 1er juillet 1815.

A MONSIEUR LE BARON BIGNON.

Monsieur le baron,

Les dépêches nos 1, 2 et 3 que nous avons eu l'honneur de vous adresser sont restées sans réponse. Nous sommes absolument privés de connaître ce qui se passe à Paris et dans le reste de la France. A quelque cause que ce manque de communication puisse être attribué, il rend notre situation pénible ; il nuit à l'activité de nos démarches ; il peut les rendre inutiles ; nous vous prions d'y remédier le plus promptement possible. Jusqu'à présent nous sommes autorisés à penser qu'aussitôt que vous aurez fait connaître que Napoléon Buonaparte aura été éloigné, il pourra être signé une suspension d'armes de trois jours pour régler un armistice pendant lequel on pourra traiter de la paix.

Chargés, par les instructions qui nous ont été données, d'entendre ce qui pourra nous être dit et de vous en donner connaissance, nous devons vous informer que le duc de Wellington nous a répété à plusieurs reprises que dès que nous aurons un chef de gouvernement, la paix sera promptement conclue.

En parlant, dit-il, seulement comme un individu, mais croyant cependant que son opinion pourra être prise en considération, il fait plus que des objections contre le gouvernement de Napoléon II. Il dit que sous un tel règne l'Europe ne pourrait jouir d'aucune sécurité et la France d'aucun calme.

On dit qu'on ne prétend point s'opposer au choix d'aucun autre chef du gouvernement; l'on répète à chaque occasion que les puissances de l'Europe ne prétendent point intervenir dans ce choix; mais l'on ajoute que si le prince choisi était dans le cas, par la nature même de sa situation, d'alarmer la tranquillité de l'Europe, en mettant en problème celle de la France, il serait nécessaire aux puissances alliées d'avoir des garanties; et nous sommes fondés à croire que ces garanties demandées seraient des cessions de territoire.

Un seul, Louis XVIII, leur semble réunir toutes les conditions qui empêcheraient l'Europe de demander des garanties pour sa sécurité.

Déjà, disent-ils, il réside à Cambray; le Quesnoy lui a ouvert ses portes, ces places et d'autres villes sont en sa puissance, soit qu'elles se soient données ou qu'elles lui aient été remises par les alliés.

Le duc de Wellington reconnaît et énumère une partie considérable des fautes de Louis XVIII pendant son gouvernement de quelques mois : il place au premier rang d'avoir donné entrée dans son conseil aux princes de sa famille; d'avoir eu un ministère sans unité et non responsable; d'avoir créé une maison militaire choisie autrement que dans les soldats de l'armée, de ne s'être pas entouré de personnes qui eussent un véritable intérêt au maintien de la Charte.

Il lui semble qu'en faisant connaître les griefs, et sans faire de conditions, il pourrait être pris des engagements publics qui rassureraient pour l'avenir, en donnant à la France les garanties qu'elle peut désirer.

Si l'on discute des conditions, d'autres que les autorités actuelles pourront délibérer, répète le duc.

Si l'on perd du temps, des généraux d'autres armées pourront se mêler des négociations, elles se compliqueront d'autres intérêts.

Nous joignons des proclamations :

Une de Louis XVIII, contresignée par le duc de Feltre;

Une autre du même, contresignée par le prince de Talleyrand;

Une du prince de Schwartzenberg;

Et un ordre du jour de l'empereur Alexandre.

On annonce que le prince de Wrede, avec 60,000 Bavarois, sera le 4 juillet à Châlons.

Nous vous conjurons de prendre les mesures nécessaires pour qu'on ne tire plus sur les parlementaires et les porteurs de dépêches que nous envoyons.

Recevez, monsieur le baron, etc.

P. S. M. de Latour-Maubourg nous a remis ce matin, à neuf heures, vos dépêches n°s 1 et 2, et une heure après, le paquet qui renfermait vos dépêches n°s 3, 4 et 5. Nous avons communiqué de suite à lord Wellington la dépêche n° 3, qui donnait la nouvelle certaine du départ de Napoléon, et nous avons réclamé d'après cela, puisque sa présence était un obstacle à un arrangement, de convenir de suite d'une suspension d'armes pour conclure un armistice. Lord Wellington nous a répondu qu'il était nécessaire qu'il en conférât avec le prince Blücher et nous a promis qu'il nous rendrait réponse dans la journée. On nous a donné communication d'une lettre très-dure datée de Mannheim, signée Metternich et Nesselrode, sur l'état actuel des choses en France et les résultats qu'on espère obtenir.

Nous comptions vous envoyer les proclamations n°s 1 et 2, mais il nous a été impossible de nous les procurer.

ORDRE DU JOUR

Français! l'Europe, réunie au Congrès de Vienne, vous a éclairés sur vos véritables intérêts par les actes du 13 mars et du 12 mai. Elle vient en armes vous prouver qu'elle n'a point parlé en vain. Elle veut la paix; elle en a besoin. Elle doit l'affermir par ses relations amicales avec vous. Elle ne peut en avoir, elle n'en aura jamais avec l'homme qui prétend vous gouverner.

Un funeste égarement peut avoir fait un moment oublier aux soldats français les lois de l'honneur et leur avoir arraché un parjure. Une force éphémère, soutenue par toutes sortes de prestiges, peut avoir entraîné quelques magistrats dans la voie de l'erreur. Mais cette force succombe; elle va entièrement disparaître. L'armée combinée du Nord vous en a convaincus dans la journée du 18 de juin. Nos armées marchent pour vous en convaincre à leur tour.

Français! il en est encore temps. Rejetez l'homme qui, enchaînant de nouveau à son char toutes vos libertés, menace l'ordre social et attire sur le sol de votre patrie toutes les nations en armes. Soyez rendus à vous-mêmes, et l'Europe vous salue en amis et vous offre la paix.

Elle fait plus, elle considère maintenant tous les Français qui ne sont point rangés sous les enseignes de Bonaparte, et qui n'adhèrent point à sa cause, comme amis.

« Nous avons conséquemment l'ordre de les protéger, de leur laisser
» la libre jouissance de ce qu'ils possèdent, d'appuyer les louables
» efforts qu'ils feront pour replacer la France dans les rapports que le
» traité de Paris avait rétablis entre elle et toutes les nations euro-
» péennes. »

Dieu, la justice, les vœux de tous les peuples vous secondent. Français, venez au-devant de nous, votre cause est la nôtre; votre bonheur, votre gloire, votre puissance, sont encore nécessaires au bonheur, à la gloire et à la puissance des nations qui vont combattre pour vous.

Schwartzenberg.

Dépêche N° 5.

Louvres, ce 1er juillet 1815, 8 heures 1/2 du soir.

A MONSIEUR LE BARON BIGNON.

Monsieur le baron,

Après avoir reçu les lettres nos 2 et 3, que Votre Excellence nous a fait l'honneur de nous écrire, et qui nous ont été apportées par M. le colonel de Latour-Maubourg, nous avons suspendu le départ de notre dépêche n° 4, qui, comme vous le verrez à son contenu et à son postscriptum, était écrite quand M. de Latour-Maubourg est arrivé.

Nous nous sommes rendus chez lord Wellington.

Il nous a remis vos paquets contenant les dépêches nos 1, 4 et 5, auxquelles nous avons trouvé jointes plusieurs gazettes.

Il nous a donné connaissance d'une lettre de Mannheim, écrite aux noms des empereurs de Russie et d'Autriche par MM. de Nesselrode et de Metternich. Cette lettre presse vivement la poursuite des opérations et déclare que, s'il était adopté quelque armistice par les généraux qui dans ce moment sont près de Paris, Leurs Majestés ne le regarderaient point comme devant arrêter leur marche, et qu'elles ordonneraient à leurs troupes de s'approcher de Paris.

M. le comte d'Artois venait d'arriver au quartier général du duc de Wellington qui nous a reçus seuls dans son salon. Nous n'avons pas aperçu le prince; il était dans un appartement séparé.

Nous avons insisté pour l'exécution de la promesse qui nous avait été faite. Le duc de Wellington nous a répondu qu'il nous avait toujours annoncé qu'il ne pourrait prendre d'engagement définitif avant qu'il ne se fût entendu avec le maréchal prince Blücher ; qu'il allait le joindre pour le porter à s'unir à lui pour convenir d'un armistice.

Il a ajouté qu'il ne nous dissimulait pas que ce feld-maréchal avait un extrême éloignement pour tout ce qui arrêterait ses opérations qui s'étendaient déjà sur la rive gauche de la Seine, et qu'il ne pouvait cesser d'appuyer ses mouvements s'il ne pouvait l'amener à partager son opinion.

Il nous a communiqué une proposition d'armistice faite par le prince d'Eckmühl, qu'il venait de recevoir. Il nous a assuré qu'aussitôt qu'il aurait vu le prince Blücher, il reviendrait nous joindre à Louvres, ou nous enverrait prier de nous rendre à Gonesse.

En causant des conditions possibles d'armistice, il a insinué qu'il demanderait que l'armée sortît de Paris, ce que nous avons décliné, en opposant qu'il était au contraire convenable que ce fût l'armée des alliés qui prît des positions éloignées, pour qu'il fût possible de délibérer avec liberté sur les grands intérêts de la patrie, dont il paraissait reconnaître l'influence sur ceux de l'Europe.

La conférence s'est ainsi terminée. Nous avons quelques raisons de croire que lord Wellington fera connaître à M. le comte d'Artois qu'il doit se placer à une distance beaucoup plus considérable de Paris.

Nous joignons à la dépêche que nous avons l'honneur d'adresser à Votre Excellence, celle n° 2, qui ne vous est pas parvenue, et que M. de Tromelin, qui s'en était chargé, nous a dit avoir déchirée, ne pouvant la faire arriver et craignant qu'elle ne fût interceptée.

Aussitôt que nous aurons revu le duc de Wellington, nous aurons l'honneur de vous instruire de ce qui aura été dit et convenu.

Recevez, monsieur le baron, etc.

P. S. M. Renard, qui nous avait rejoints à Pont-Saint-Maxence, est parti avant-hier pour Heidelberg, avec un passe-port de la main de lord Wellington.

Le courrier Christophe arrive à l'instant; nous recevons à l'instant aussi une lettre du duc de Wellington dont nous joignons ici une copie.

Après notre conférence, nous aurons l'honneur de vous expédier le courrier Christophe.

Nous prions Votre Excellence de vouloir bien nous envoyer des officiers et quelques courriers. Nous sommes obligés de vous expédier cette lettre par un postillon.

Gonesse, 1er juillet 1815, 7 heures du soir.

A MESSIEURS LES COMMISSAIRES.

Messieurs,

Je suis fâché de faire savoir à Vos Excellences que je n'ai pas encore reçu la réponse du maréchal Blücher à la lettre que je lui avais envoyée ce matin sur l'armistice.

Au moment où je recevrai la réponse, je ne manquerai pas d'avertir Vos Excellences.

J'ai l'honneur d'être, etc.

Signé : **Wellington.**

Dépêche N° 6.

Louvres, ce 2 juillet 1815, 5 heures du soir.

A MONSIEUR LE BARON BIGNON.

Monsieur le baron,

Nous n'avons pas encore pu obtenir une réponse définitive de lord Wellington. Il nous avait promis une conférence après s'être concerté avec M. le maréchal Blücher (et il paraît qu'il ne l'a pas vu); pour faire connaître à Votre Excellence la situation des négociations qui nous concernent, nous avons l'honneur de lui transmettre la copie d'une lettre que nous venons de recevoir de lord Wellington et de la réponse que nous avons cru devoir faire.

M. le comte d'Artois est toujours au château de Louvres.

Agréez, etc.

Au quartier général, ce 2 juillet 1815, 7 heures du matin.

A MESSIEURS LES COMMISSAIRES.

Messieurs,

Je regrette d'annoncer à Vos Excellences que je n'ai pas encore reçu la réponse du maréchal Blücher à ma lettre d'hier. Le fait est que l'armée du maréchal a été en marche depuis hier; et les routes étant pleines de troupes et de voitures, le passage en est difficile. J'aurai l'honneur d'écrire à Vos Excellences aussitôt que j'aurai des nouvelles du maréchal.

J'ai l'honneur, etc.

Signé : Wellington.

Dépêche N° 7.

Louvres, ce 2 juillet 1815, 6 heures 3/4 du soir.

A MONSIEUR LE BARON BIGNON.

Monsieur le baron,

Nous avions prévenu l'intention de la commission de gouvernement que vous nous faites l'honneur de nous transmettre par votre dépêche portée par M. Rouen.

La dépêche n° 6, qui partait à l'instant où celle de Votre Excellence arrive, vous en sera la preuve.

Nous allons écrire à lord Wellington d'abord après que M. Rouen sera parti ; ce soir, nous aurons l'honneur de vous transmettre la copie de notre lettre et de sa réponse, si elle a lieu tout de suite.

Nous vous prions, monsieur le baron, de nous envoyer les gazettes chaque jour aussitôt qu'il vous sera possible de les avoir.

Nous demandons encore à Votre Excellence de nous faire connaître toutes les nouvelles militaires. Il nous importe beaucoup d'être au courant de ce qui se passe.

Agréez, monsieur le baron, etc.

Dépêche N° 8.

Louvres, 2 juillet 1815, 10 heures du soir.

A MONSIEUR LE BARON BIGNON.

Monsieur le baron,

Nous avons reçu la lettre de Votre Excellence que M. Rouen nous a apportée.

Nous avons remis à cet officier la lettre n° 6 que nous allions vous expédier au moment de son arrivée, lettre à laquelle était jointe la copie d'une lettre de lord Wellington, de ce matin à sept heures, et une copie de la réponse que nous avons faite à cette lettre.

Nous lui avons remis aussi, monsieur le baron, une lettre n° 7, qui contient entre autres choses l'accusé de réception du paquet dont il était porteur.

Son Exc. M. le duc de Wellington nous a répondu sur-le-champ une lettre dont nous avons l'honneur de vous adresser la copie.

Nous lui écrivons dès ce soir; la copie de notre lettre se trouve sous ce pli. Nous croyons que la commission de gouvernement, en la lisant, approuvera que nous n'ayons pas insisté de manière à produire une rupture.

Nous ferons valoir comme nous le devons, dans la conférence que nous espérons avoir demain, tout ce que votre dépêche contient de motifs puissants et plausibles.

Les lettres que ce feld-maréchal nous adresse sont toujours de sa main et transmises avec les formes les plus polies.

Votre Excellence paraît ne pas se souvenir que nous n'avons jamais pu communiquer directement avec Son Excellence le maréchal prince Blücher. Il n'est pas vraisemblable que nous puissions établir une conférence avec lui autrement que par l'intermédiaire du duc de Wellington ou du général Müfling, chargé de ses pouvoirs, qui réside au quartier général anglais.

(Nous avons reproduit intégralement, ch. VIII ci-dessus, la lettre des commissaires au duc de Wellington.)

Gonesse, le 2 juillet 1815, à 4 heures 1/2 du soir.

A MESSIEURS LES COMMISSAIRES.

Messieurs,

Il est de mon devoir de prévenir Vos Excellences que je viens de recevoir une lettre du maréchal prince Blücher qui me témoigne la plus grande répugnance à conclure un armistice, qui est fondée principalement sur ce qui se passe journellement à Paris.

Je lui ai écrit une seconde fois, ayant le plus grand désir de sauver cette capitale du danger qui la menace, et j'attends sa réponse dans la nuit. Vos Excellences jugeront si elles veulent attendre jusqu'à demain matin; mais je dois les prévenir du vrai état des choses et leur dire que si elles insistent sur une réponse ce soir, il faut qu'elle soit *dans la négative*.

J'ai l'honneur d'être, etc.

Signé : WELLINGTON.

Dépêche N° 9.

Vaux-d'Herland, le 3 juillet 1815, 7 heures du matin.

A MONSIEUR LE BARON BIGNON.

Monsieur le baron,

Le courrier Simiane, porteur de votre dépêche du 2, n° 9, et des trois projets d'armistice que vous nous avez fait l'honneur de nous envoyer, nous a trouvés ici, nous rendant à Gonesse.

M. le comte d'Artois étant au château de Louvres et ayant mis en réquisition tous les chevaux de poste pour le service du Roi, avec injonction de n'en donner à personne sans son ordre, nous avions senti la nécessité de quitter Louvres immédiatement, pour ne pas être privés de moyens de transport et même de communication, soit avec les quartiers généraux ennemis, soit avec Votre Excellence.

Nous allions partir quand nous avons reçu la lettre du duc de Wellington, dont la copie est ci-jointe. Elle répond, comme nous le désirions, à la demande faite précédemment de nous rapprocher de son quartier général.

Si la réponse tant attendue du prince Blücher est telle que la négociation reste ouverte, nous ferons usage des projets que vous nous avez envoyés, dans l'ordre et avec la mesure que la nature de la chose exige et que vous nous recommandez.

Nous n'avons pas trouvé jointe à la dépêche la copie de la lettre de M. le duc d'Otrante que vous annoncez. Le général Tromelin n'est pas encore arrivé.

Agréez, monsieur le baron, etc.

Gonesse, 2 juillet 1815, 9 heures 1/2 du soir.

A MESSIEURS LES COMMMISSAIRES.

Messieurs,

J'ai eu l'honneur de recevoir la lettre de Vos Excellences, datée à cinq heures. Je vous avais écrit à quatre heures et demie pour vous faire savoir l'état des choses, et je m'attends à recevoir ce soir la réponse du maréchal prince Blücher et je ne manquerai pas de vous en avertir au moment.

Si Vos Excellences restent ici demain, je ferai faire des arrangements pour que vous soyez logés au quartier général.

J'ai l'honneur, etc.

Signé : WELLINGTON.

Dépêche N° 10.

A Gonesse, le 3 juillet 1815, 1 heure 1/4.

A MONSIEUR LE BARON BIGNON.

Monsieur le baron,

M. le duc de Wellington, que nous avons trouvé chez lui au moment de son retour, nous apprenait que le feu avait cessé sur toute la ligne, et il commençait à conférer avec nous, quand il a reçu une lettre de M. le maréchal prince Blücher, qui lui annonçait que l'on avait demandé, après l'évacuation du village d'Issy, à traiter d'une capitulation, et qu'il était attendu à Saint-Cloud pour en discuter les conditions.

Il s'est aussitôt disposé à partir. Il nous a priés d'attendre ici son retour ou les nouvelles qu'il nous transmettrait.

Nous n'avons point reçu le paquet que Votre Excellence nous annonce devoir nous être remis par M. le général Tromelin. Celui qui nous a été porté par le courrier Simiane ne contenait point la copie annoncée de la lettre de M. le duc d'Otrante à M. le duc de Wellington, et ce dernier n'a pas reçu l'original.

Nous attendons des ordres ultérieurs.

Agréez, etc.

A Gonesse, ce 3 juillet 1815, 8 heures du matin.

A MESSIEURS LES COMMISSAIRES.

Messieurs,

J'ai eu l'honneur de recevoir dans la nuit la lettre de Vos Excellences d'hier soir à dix heures. Je vais sortir à présent, mais j'espère être de retour à midi, et je serai bien aise de recevoir vos Excellences.

J'ai donné des ordres pour qu'on prépare pour Vos Excellences des quartiers ici, si vos Excellences préfèrent y rester.

J'ai l'honneur d'être, etc.

Signé : Wellington.

Dépêche N° 11.

Gonesse, ce 4 juillet 1815.

A MONSIEUR LE BARON BIGNON.

Monsieur le baron,

L'échange des ratifications pour la convention militaire que nous étions chargés de négocier, et qui a été conclue hier soir, à onze heures, à Saint-Cloud, étant parvenue au lord Wellington, notre mission nous paraît terminée. Un plus long séjour ici serait tout au moins embarrassant, et nous croyons devoir demander l'autorisation de retourner de suite à Paris. Le comte d'Artois est à Gonesse ; le prince Talleyrand y est attendu ce soir.

Nous avons l'honneur, etc.

X

DÉPÊCHES DU GOUVERNEMENT PROVISOIRE AUX COMMISSAIRES.

Dépêche N° 1.

Paris, 28 juin, 5 heures du soir.

A MESSIEURS LES COMMISSAIRES CHARGÉS DE LA CONCLUSION D'UN ARMISTICE.

Messieurs,

La commission de gouvernement n'a point d'instructions nouvelles à vous donner; elle espère que vous pourrez aujourd'hui même entrer en pourparlers sur l'objet de votre mission, et elle se repose sans réserve sur votre zèle et sur vos lumières, pour tout ce qui peut contribuer à en assurer le succès.

Je prie Vos Excellences, etc.

Dépêche N° 2.

Paris, 30 juin 1815.

A MESSIEURS LES COMMISSAIRES.

Messieurs,

La commission de gouvernement voit avec peine les difficultés que rencontre la proposition dont vous êtes chargés : elle se flattait que vous trouveriez chez MM. les commandants en chef des armées anglaise et prussienne des dispositions conformes aux siennes et favorables à l'objet de votre mission.

On se trompe peut-être sur l'esprit de Paris et de la France ; 80,000 braves sont réunis en ce moment sous les murs de Paris et déterminés à la plus vigoureuse résistance ; les sentiments de la garde nationale sont parfaitement d'accord avec ceux du gouvernement et de l'armée.

Dans l'intérieur tout est calme : Lyon et Bordeaux sont tranquilles, la Vendée même se pacifie et on n'y voit plus de drapeau blanc : il ne se montre aujourd'hui que derrière les armées étrangères. La commission de gouvernement se persuade que MM. le duc de Wellington et le prince Blücher ne peuvent manquer de reconnaître combien il importe à l'intérêt commun de mettre promptement un terme à des hostilités qui maintenant sont, pour ainsi dire, sans objet comme sans utilité pour leurs gouvernements, et qui n'ont d'autre résultat que de faire répandre, sans fruit, un sang précieux de part et d'autre ; vous ne négligez sans doute, messieurs, aucun moyen pour vaincre les obstacles qu'on vous oppose, mais si tous vos efforts sont inutiles, si vous ne voyez absolument point de jour à ce que la négociation s'ouvre et puisse conduire au résultat désiré, c'est un devoir pour vous de revenir auprès du gouvernement ; on aime à espérer cependant que vous ne serez pas réduits à cette extrémité.

Dépêche N° 3.

Paris, 30 juin 1815.

A MESSIEURS LES COMMISSAIRES.

Messieurs,

M. le colonel Latour-Maubourg m'a remis la lettre que vous m'avez fait l'honneur de m'écrire aujourd'hui, et je me suis empressé de la placer sous les yeux de la commission de gouvernement.

Vous connaissez, messieurs, les démarches qui ont été faites à l'effet d'obtenir pour Napoléon des passe-ports et sauf-conduits nécessaires; vous verrez par la réponse ci-jointe du duc de Wellington que ce général ne s'est pas cru autorisé à les accorder; les circonstances étant devenues plus délicates et plus graves à raison de l'approche des armées ennemies et de la réunion des troupes françaises sous les murs de Paris, le départ de Napoléon a eu lieu hier, et des mesures sont prises pour assurer sa sortie du territoire français.

Les faits répondent ainsi, messieurs, à l'objection qui vous a été faite; et le motif allégué par MM. les commandants en chef de l'armée anglaise et prussienne, pour différer d'accueillir la proposition d'un armistice, n'a plus de fondement. MM. le duc de Wellington et le prince Blücher doivent reconnaître maintenant que du côté de la nation française il n'existe aucune circonstance qu'ils puissent regarder comme un obstacle au rétablissement de la paix, et c'est une raison de plus pour Vos Excellences d'insister plus vivement auprès d'eux pour la conclusion d'un armistice, qui ne peut manquer de conduire à ce salutaire résultat.

La lettre que j'ai reçue par M. de Latour-Maubourg porte le n° 3, le n° 2 ne m'est point parvenu.

———

La *dépêche n°* 4, qui fait suite à celle-ci, n'est qu'une simple communication de la réponse négative de Wellington relativement à la demande des passe-ports.

———

Dépêche N° 5.

Paris, 1ᵉʳ juillet, 1 heure du matin.

A MESSIEURS LES COMMISSAIRES.

Messieurs,

Comme il est important que vous n'ignoriez rien de ce qui se passe, et qu'il se peut que la nature des événements qui ont lieu d'un côté ait quelque influence sur la direction qu'ils peuvent prendre ailleurs, j'ai l'honneur d'adresser ci-joint à Vos Excellences copie d'une dépêche télégraphique de M. le duc d'Albuféra ; vous verrez, messieurs, qu'après un avantage obtenu par les troupes autrichiennes, ce maréchal a proposé un armistice de quelques jours qui a été accepté. C'est une circonstance dont vous pourrez tirer parti auprès de MM. les commandants en chef des armées anglaise et prussienne.

Je prie Vos Excellences, etc.

Dépêche N° 6.

Paris, 1er juillet 1815.

A MESSIEURS LES COMMISSAIRES.

Messieurs,

Je viens de recevoir la dépêche sous le n° 4 que vous m'avez fait l'honneur de m'écrire en date de ce jour. Je vous ai prévenus que votre lettre n° 2 ne m'est point parvenue. Je vous prie de me faire connaître par quelle voie vous l'avez expédiée, ou de la réclamer vous-mêmes, et, dans tous les cas, de vouloir bien m'en envoyer une copie.

Vous annoncez, messieurs, que vous êtes autorisés à croire que Napoléon Bonaparte éloigné, il pourrait être signé une suspension d'armes de trois jours pour régler un armistice pendant lequel on traiterait de la paix. La condition voulue étant remplie, il n'y a plus en ce moment aucun motif qui puisse s'opposer à une suspension d'armes et à un armistice. Il est vivement à désirer que la suspension d'armes, au lieu d'être de trois jours seulement, soit au moins de cinq jours. Nous ne pensons pas que les Anglais et les Prussiens seuls prétendent forcer nos lignes. Ce serait vouloir faire gratuitement des pertes inutiles. D'après eux-mêmes, ils ne doivent être rejoints par les Bavarois que dans la première quinzaine de ce mois; il peut leur convenir ainsi d'attendre ce renfort, et c'est une raison de plus pour ne pas se refuser à un armistice qui aura pour eux autant et plus d'avantage que pour nous.

Enfin si les alliés ne veulent pas tout à fait oublier leurs déclarations solennelles, que prétendent-ils maintenant? Le seul obstacle qui, selon eux, s'opposait à la conclusion de la paix est irrévocablement écarté : rien ne s'oppose plus ainsi à ce rétablissement, et pour arriver à la paix, rien de plus pressant qu'un armistice.

La commission de gouvernement a eu sous les yeux tous les détails que vous avez transmis du langage que vous tient le duc de Wellington; elle désire, messieurs, que vous vous attachiez à distinguer la question politique de la forme du gouvernement de la France, et la question actuelle de la conclusion d'un armistice. Sans repousser aucune des ouvertures qui vous sont faites, il est facile de faire comprendre au duc de Wellington que si, dans l'état actuel des choses, la question politique du gouvernement de la France doit inévitablement devenir le sujet d'une sorte de transaction entre la France et les puissances alliées, l'intérêt général et de la France et des puissances elles-mêmes est de ne rien précipiter et de ne s'arrêter à un parti définitif qu'après avoir mûrement pesé ce qui offrira des garanties véritables pour l'avenir. Il est possible que les puissances elles-mêmes, mieux éclairées sur les sentiments de la nation française, ne persévèrent pas dans des résolutions qu'elles peuvent avoir prises d'après d'autres données. Napoléon n'est plus à Paris : depuis huit jours sa carrière est finie. S'il existait en faveur des Bourbons une disposition nationale, cette disposition se serait manifestée avec éclat et leur rappel serait déjà consommé. Il est donc évident que ce n'est pas le rétablissement de cette famille que veut la nation française; il restera aux souverains alliés à examiner si, en voulant l'imposer à la nation malgré elle, ils n'agiraient pas eux-mêmes contre leurs propres intentions, puisqu'au lieu d'assurer la paix intérieure de la France, ils y sèmeraient de nouveaux germes de discorde.

Vous n'avez pas pu vous procurer, messieurs, les proclamations de Louis XVIII. On les connaît ici, et déjà la nature de ces proclamations détruit toutes les espérances que pourrait donner le langage du duc de Wellington. On peut juger par l'esprit qui respire dans ces actes récemment publiés, que le ministère royal actuel n'a pas voulu, ou n'a pas pu empêcher, ce que la nation française pourrait attendre de ce gouvernement.

Au reste, messieurs, vous devez vous borner à tout entendre, vous devez établir que la France elle-même ne désire que ce qui peut être le plus utile dans l'intérêt général, et que, si elle veut tout autre système que le rétablissement des Bourbons, c'est qu'il n'en est point qui présente autant d'inconvénients et si peu d'avantages.

Vous devez, messieurs, bien répéter au duc de Wellington et au prince Blücher, que si le gouvernement français insiste avec chaleur sur un armistice, c'est qu'il y voit la possibilité de s'entendre sur les points à l'égard desquels les opinions paraissent le plus divisées; c'est que les communications et les rapports qui s'établiront entre leurs quartiers généraux et nous, les mettront en état de bien apprécier le véritable esprit de la France. Nous pensons particulièrement que le noble caractère du duc de Wellington et la sagesse des souverains alliés ne pourront les porter à vouloir forcer la nation française à se soumettre à un gouvernement, que repousse le vœu bien réel de la grande majorité de sa population.

Dépêche N° 7.

Paris, 2 juillet, 3 heures du matin.

A MESSIEURS LES COMMISSAIRES.

Messieurs,

Je viens de recevoir la lettre que vous m'avez fait l'honneur de m'écrire hier à huit heures et demie du soir.

Cette lettre était accompagnée :

1° De la copie de votre dépêche n° 2 qui nous manquait jusqu'à présent;

2° D'une proclamation du Roi, contresignée par M. le prince de Talleyrand;

3° D'une autre proclamation du Roi, contresignée par le duc de Feltre;

4° De la copie de la lettre que vous a adressée hier, à sept heures du soir le duc de Wellington.

Comme au moment où Vos Excellences m'ont écrit, elles ne venaient que de recevoir la lettre que leur a portée le courrier Christophe, et que ce n'est qu'après le compte qu'elles rendront de leur première conférence avec le duc de Wellington, que la commission de gouvernement pourra avoir à me donner des ordres ou des instructions nouvelles à leur transmettre, je me borne pour le moment, messieurs, à vous accuser réception de votre dernière dépêche et, en vous réexpédiant le postillon que vous m'avez envoyé, à vous adresser un courrier de plus pour être à votre disposition.

Je demanderai ce matin qu'il vous soit donné, comme vous le désirez, quelques officiers pour votre correspondance.

Je vous prie, etc.

Dépêche N° 8.

Paris, 2 juillet 1815.

A MESSIEURS LES COMMISSAIRES.

Messieurs,

J'ai mis sous les yeux du gouvernement la lettre que vous m'avez fait l'honneur de m'écrire en date d'hier soir. La commission espère que votre conférence de ce matin avec lord Wellington aura enfin amené une suspension d'armes; s'il n'en était pas ainsi, il est de votre devoir, messieurs, de faire sur-le-champ de nouvelles démarches à cet effet auprès de Leurs Excellences le duc de Wellington et le prince Blücher. Je vous ai écrit hier et je suis chargé de vous répéter encore, afin que vous puissiez vous-même le redire à ces deux commandants en chef, que le gouvernement français n'a au fond qu'un seul et unique désir, celui de s'entendre avec les souverains alliés sur ce qui peut véritablement, à l'égard du gouvernement, atteindre le grand but qu'ils paraissent avoir en vue, celui de l'établissement d'un ordre stable tant en France qu'en Europe. La commission de gouvernement a lu avec attention les proclamations de Louis XVIII que vous m'avez envoyées; elle vous engage à vous en entretenir avec le prince Blücher et le duc de Wellington et d'invoquer leur honneur, leur bonne foi et leur raison sur la nature de ces actes. Vous leur demanderez s'ils peuvent admettre comme possible un accord entre une nation et un prince qui, avant son retour, signale déjà la grande partie de cette nation comme destinée aux persécutions et aux vengeances. Insistez vivement et sans relâche sur une prompte suspension d'armes, cette suspension d'armes ne fût-elle que de quatre à cinq jours. Les explications qui auraient lieu de part et d'autre dans cet intervalle conduiraient peut-être à des moyens de conciliation.

J'attends avec impatience votre réponse sur les nouvelles tentatives que vous allez faire, et j'ai l'honneur, etc.

Dépêche N° 9.

Paris, 2 juillet 1815.

A MESSIEURS LES COMMISSAIRES.

Messieurs,

Pour vous mettre en état d'entrer franchement en matière sur la conclusion d'un armistice, la commission de gouvernement me charge de vous adresser trois projets, dont le moins désavantageux est naturellement celui qui devra vous occuper le premier. Vous ne passeriez au second que dans le cas où le premier n'aurait pu être admis, et vous n'arriveriez de même au troisième, qu'après l'impossibilité reconnue de faire adopter le second. Je n'ai pas besoin de vous faire remarquer que les articles dont ces projets se composent ne doivent être énoncés par vous que sous forme de conversations, dans lesquelles vous ne manqueriez pas de saisir tout ce qui pourrait s'offrir de favorable à nos intérêts.

Le premier de ces projets laisserait Paris neutre, et placerait, d'une part, l'armée française, de l'autre, les armées anglaise et prussienne à quinze ou dix lieues de distance.

Le deuxième n'établirait pour séparation, entre les armées respectives, que dans le cours de la Seine, mais avec un rayon de trois lieues autour de Paris, en stipulant aussi la neutralité de cette capitale.

Enfin, le troisième admettrait la possibilité de l'entrée des troupes étrangères à Paris ; mais il serait convenu qu'elles ne pourraient y entrer qu'après la décision des souverains alliés, auxquels il serait envoyé un plénipotentiaire pour connaître leur résolution définitive à cet égard. Pour le cas où ce dernier projet serait mis en discussion, je joins ici une énumération des points principaux qu'il serait important de faire entrer dans la convention à conclure. Vous jugez sans peine, messieurs, qu'en vous envoyant des articles rédigés on n'entend en aucune manière que vous deviez vous astreindre à telle ou telle forme de rédaction, on n'a voulu, par ces spécifications particulières, que vous indiquer différents articles qui ne doivent pas être omis ; il en est peut-être d'autres qui auront échappé ici et que votre prudence pourra vous suggérer.

La commission de gouvernement ne doute pas que vous ne fassiez un usage discret et mesuré des moyens qu'elle vous donne pour faire avancer rapidement la négociation. Il serait superflu de vous recommander de ménager le terrain pied à pied et de ne rien négliger pour ménager tous nos avantages.

Il est bien entendu que, quel que soit le projet qui sera adopté, la question politique reste entière pour être discutée ultérieurement entre la France et les souverains alliés.

Vous comprenez de vous-mêmes, messieurs, que la première de vos demandes doit être celle d'une suspension d'armes de cinq jours, pour pouvoir régler dans cet intervalle les conditions définitives de l'armistice.

J'ai l'honneur de vous adresser ci-joint copie d'une lettre écrite par M. le duc d'Otrante à LL. EExc. le duc de Wellington et le prince Blücher.

J'ai l'honneur, etc.

Dépêche N° 10.

Paris, 4 juillet 1815.

A MESSIEURS LES COMMISSAIRES.

Messieurs,

Ce matin, à mon retour de la mission qui m'a été donnée dans la nuit du 2 au 3, j'ai eu soin de consulter le gouvernement pour savoir si je ne devais pas vous prévenir de suite que la vôtre était terminée.

Il m'a été répondu que c'était chose faite et même que, d'après votre demande, on avait envoyé à Louvres, pour votre usage, le nombre de chevaux de poste dont vous aviez annoncé avoir besoin. D'après cette réponse j'ai dû vous croire en route et regarder comme superflu de vous envoyer une autorisation que vous deviez avoir déjà; puisque vous désirez, messieurs, une lettre spéciale de moi à cet égard, je m'empresse de vous avertir que la question qui vous occupait ayant été brusquement portée et terminée ailleurs, rien ne s'oppose à votre retour à Paris.

Je regrette que Vos Excellences aient pu être retardées un seul instant de plus que ne l'exigeait le service public; mais vous voyez, messieurs, que c'est une faute qui m'est tout à fait étrangère. Au reste, je me félicite des relations que j'ai eu l'honneur d'avoir avec vous et de l'obligeance que vous avez bien voulu y porter envers moi.

Je vous prie d'en agréer mes remerciements avec l'hommage de ma haute considération.

XI

FRAGMENTS DE LA CORRESPONDANCE DU MINISTRE DES PAYS-BAS, RELATIVEMENT AUX RESTITUTIONS DE TABLEAUX, ETC.

Cédant aux instances réitérées de M. de Gagern et de Canova, lord Castelreagh consentit à se faire l'organe des réclamations relatives à la restitution des tableaux et objets d'art. Le ministre anglais savait mieux que personne quel avait été le sens véritable de la discussion qui avait eu lieu à ce sujet, lors de la convention du 3 juillet. Aussi se donna-t-il la peine d'énoncer cette réclamation avec des ménagements infinis, et alors fort exceptionnels de la part des négociateurs de la coalition ; preuve manifeste d'un certain embarras de conscience.

Dans cette note, lord Castlereagh disait, entre autres choses : « Le roi de France pourrait-il croire sa considération augmentée, parce qu'il serait entouré de monuments qui ne rappelleraient pas moins les malheurs de son auguste maison que les calamités des autres nations ? Si le peuple français veut sincèrement revenir à des sentiments de justice, peut-il désirer conserver cette source de haine entre lui et toutes les autres nations ? Et s'il n'était pas assez corrigé pour éprouver ce sentiment, ne serait-il pas imprudent de flatter sa vanité, et de nourrir les espérances que la vue de ces trophées excite ? L'armée peut-elle raisonnablement le désirer ? Le souvenir de ses campagnes *n'est-il pas d'ailleurs impérissable*, etc. »

M. de Talleyrand répondit immédiatement à cette note. Après avoir reproduit l'argument tiré de la distinction radicale qui, selon lui, aurait dû être admise entre la situation politique de la France en 1815 et celle de 1814 (argument déjà vainement présenté, comme on l'a vu ci-dessus, par les négociateurs de l'interrègne), il s'attachait à réfuter spécialement la demande relative aux objets d'art.

« Son Excellence lord Castelreagh a, d'un autre côté, posé en fait que les objets d'art ne peuvent pas s'acquérir par la conquête ; le ministère du Roi est bien loin de vouloir faire ici l'apologie d'aucune sorte de conquête. Plût à Dieu que le nom et la chose n'eussent jamais existé ! Mais enfin, puisque c'est pour les nations une manière d'acquérir admise par le droit des gens, le ministère du Roi n'hésite pas à dire avec conviction que la conquête d'objets inanimés, dont le seul avantage est de se procurer des jouissances physiques ou, si l'on veut, intellectuelles, est bien moins odieuse que celle par laquelle des peuples sont séparés de la société dont ils sont membres. Il y a à faire, relativement aux objets qui ont été successivement apportés en France, une distinction que l'on paraît n'avoir pas faite. Parmi les pays auxquels la France avait renoncé en 1814, plusieurs appartenaient bien légitimement à elle ou au chef qu'elle avait, et parce qu'ils lui avaient été cédés. Elle a donc pu disposer des objets d'art qui s'y trouvaient lorsqu'elle a renoncé à ces pays ; elle les a restitués tels qu'ils étaient au moment de la restitution, et l'on ne voit point d'après quel droit les puissances voudraient aujourd'hui réclamer des choses qui n'ont pas été comprises dans l'abandon que la France en a fait. Enfin, d'autres objets d'art appartiennent encore à la France, en vertu de la cession qui lui en a été faite par des traités solennels[1]. Quant aux considérations morales développées dans la note de lord Castelreagh, le ministère a toute raison de croire que le Roi s'empresserait d'y accéder, s'il pouvait ne suivre que son penchant ; mais Son Excellence se trompe s'il pense que le Roi soit aujourd'hui, plus qu'en 1814, en position de le faire, et le ministère ne craint pas d'affirmer que, si, comme il n'en doute pas, toute cession de l'ancien territoire, dans le cas où le Roi y consentirait, lui serait

---

[1] Notamment celui de Tolentino (1797), qui avait été, à cette époque, un acte de haute sagesse et aussi de magnanimité du général Bonaparte vis-à-vis du gouvernement pontifical.

imputée à crime, celle des objets d'art ne le serait pas moins et serait peut-être plus vivement ressentie, comme blessant plus vivement l'orgueil national. »

Ce fut à la suite de cette réponse que lord Wellington intervint à son tour, et que la discussion définitive sur cet objet commença entre les représentants des grandes puissances.

Paris, 15 août 1815.

... .. Pour achever ma ronde, je me suis transporté au grand bureau des alliés. J'y ai vu lord Castelreagh. Je venais de lui adresser cette note ci-jointe sur les tableaux, rédigée par M. Fabricius, qui sera suivie d'une seconde sur les estampes et livres. Je l'ai interpellé tout doucement : « Aurons-nous bientôt nos tableaux, etc. — C'est une affaire que nous discutons. — Cependant, si je suis bien informé, les Prussiens se sont déjà mis en possession de ce qui leur revient. — *Les Prussiens n'ont pas plus de droit que vous.* Mais croyez-vous que la chose est pressée, ne vaudrait-il pas mieux la faire dépendre de l'arrangement général? etc. « Du reste, il convenait, avec affabilité, que tout cela était *volé*.

Protocole n° 36, du 17 août. Il a été lu une note du ministre du roi des Pays-Bas... Cette demande tient à la revendication d'objets d'art. Cette question sera examinée incessamment dans son ensemble, *et dans les différentes distinctions qu'elle exige.* Il a donc été arrêté que cette réclamation ne pourrait pas être décidée isolément...

5 septembre.

...... Lord Castelreagh a parlé pour nos intérêts et ceux de nos églises avec art et éloquence. Il n'y a donc encore que le comte de Nesselrode, c'est-à-dire *le cher empereur Alexandre*, qui est notre adversaire ! J'ai engagé M. Robert Fagel d'employer des paroles de persuasion et d'amitié auprès de ce comte.

---

7 septembre.

Sir Charles m'apprend, au sujet des tableaux, que les Russes veulent seulement ne pas se départir de leurs principes, et qu'ils se bornent à leur protestation. Ils n'empêchent pas les autres de passer outre. Forts de cette notion, nous allons prendre de vive force...

Paris, ce 18 septembre 1815.

Monsieur le baron,

Dans l'affaire des tableaux chacun a poussé à la roue. Aux heures du départ de ces messieurs, ils n'ont pas trouvé le duc de Wellington, que j'ai rencontré deux fois le même jour chez lord Castelreagh. Son Altesse d'abord m'a prévenu que si l'affaire se décidait dans la journée, après le départ de M. R. Fagel, elle me préviendrait. Le soir, chez lady Castelreagh, elle n'en a plus fait mention, et par discrétion je ne l'ai pas obsédée.

Ce n'est qu'aujourd'hui, d'assez grand matin, qu'il m'a envoyé le lieutenant-colonel Percy, son aide de camp, qui cependant ne m'a plus trouvé. Alors il m'a écrit la lettre ci-jointe. Sur-le-champ on a réuni les principaux *acteurs* chez M. de Reede, et à l'heure indiquée, un peu *in fiocchi*, nous nous sommes rendus chez le duc, auquel j'ai présenté MM. Bruggeman, Aposto, Oudeware et Stiers[1].

Le duc nous a fait entrer dans son cabinet, M. de Reede et moi, et s'est mis à écrire une lettre à M. de Müffling, gouverneur de Paris, avec lequel il disait avoir concerté *l'opération*. Munis de cette lettre, et accompagnés de M. Campbell, aide de camp du duc, ces messieurs se sont transportés chez M. de Müffling et de là au Muséum, qu'ils ont trouvé fermé. Je suis instruit que M. le comte de Reede donnera de plus amples détails sur ce qui s'est passé ensuite, et je m'y réfère. Après que lord Wellington a dit : A, rien ne pourra probablement l'empêcher de dire le : B. J'y comprends le cabinet d'histoire naturelle, qui est un peu en retard.

C'est une mauvaise manière en politique de faire marcher de pair les grandes choses et les petites. On embrouille, on embarrasse et on se perd. Je serais très-consolé si nous avions quelques rhinocéros, singes et colibris de moins.

---

[1] Commissaires hollandais spécialement délégués pour ces diverses reprises de tableaux, d'estampes, d'objets d'art et d'histoire naturelle.

Paris, 21 septembre 1815.

L'enlèvement des tableaux royaux et autres est en pleine activité et pourra être terminé demain. Il a commencé avant-hier matin.

Nos députés avaient cru entendre que M. Denon y assisterait, et avaient donné l'heure de six du matin. Comme il ne paraissait pas, j'ai tâché d'avoir un officier prussien, servant de témoin, et comme on a décliné, j'ai fait appeler un notaire, à l'aide de M. le consul général Thuret, *pour régulariser cette reprise.*

Réunis au Louvre, j'ai dit à ces messieurs à peu près ces paroles :

« *Nous nous trouvons au milieu des souvenirs et trophées de l'injustice et de la rapine.* J'avais désiré et proposé que S. M. T. C. veuille de son propre mouvement rendre à chacun ce qui lui appartient. Comme elle n'a pu s'y résoudre, il ne nous restait que d'employer des moyens plus violents. Nous nous saisirons de la propriété du Roi et de l'État (Hollandais), et je suis disposé à y porter la première main.

De suite on s'est mis à l'œuvre, en commençant par un Rubens. Le Louvre était encore fermé à d'autres personnes ; vers midi on a ouvert. Dans l'exécution nous avons cependant rencontré bien des embarras. On nous a refusé les ouvriers accoutumés de l'établissement, les grandes échelles étaient enlevées ; même les tapissiers témoignèrent de la répugnance de porter secours. Il fallait détacher et abandonner les cadres ; les grandes pièces sont très pesantes. Mais enfin on a vaincu tous les obstacles, et, dès le premier jour, une cinquantaine de tableaux petits et moyens a été transférée à l'hôtel du cardinal Fesch, qu'habitaient les princes, fils du Roi.

Comme on m'a annoncé le soir que le Potter[1] avait excité des murmures et des paroles menaçantes ; *qu'on aurait dû plutôt détruire!*

---

[1] Il s'agit du fameux taureau de Paul Potter, l'un des chefs-d'œuvre de l'école hollandaise.

j'en ai prévenu le duc de Wellington et M. de Müffling, et depuis hier la galerie est occupée par un fort détachement de troupes anglaises.

Quand j'ai sollicité le duc de Wellington de faire la même opération pour les estampes, livres et le cabinet d'histoire naturelle, il m'a conseillé de lui écrire, en se servant de mots très-expressifs : « *Tout ce qui appartient au Roi, il doit l'avoir...* » Nous poursuivrons donc les bonnes dispositions, quoique l'affaire soit bien moins simple que celle des tableaux.

Les murmures sont grands à Paris, et surtout dirigés contre le duc de Wellington. Lord Castelreagh me disait en riant : « *Nous sommes plus en horreur que les Prussiens !* » Heureusement, *le premier mot lâché, on ne se rétracte plus.*

22 septembre.

Ce soir notre enlèvement de tableaux sera achevé. De suite nous en viendrons à la Bibliothèque, où les ordres sont déjà donnés[1]. Les Parisiens, et surtout les Parisiennes, continuent de jurer et de pester contre le duc de Wellington.

---

[1] Voyez à ce sujet la note à la fin du ch. xi ci-dessus. Voir aussi, dans le n° du 5 mars 1859 de la *Correspondance littéraire*, le récit curieux et triste d'un véritable vol, à main armée, de cartes et de plans, commis en juillet 1815 à la bibliothèque de l'Arsenal, par des officiers prussiens qui, pour accomplir ce méfait, enfoncèrent des portes, et mirent le sabre à la main contre des employés désarmés.

XII

LE SECRET DE MONSIEUR BIGNON.

PROCÈS DU MARÉCHAL NEY. — LETTRE DE MONSIEUR BIGNON A MONSIEUR DAMBRAY, ET RÉPONSE DE CELUI-CI. — LETTRE DE MONSIEUR BIGNON A MONSIEUR BERRYER, ET RÉPONSE. — INTERPELLATIONS ET CONJECTURES DIVERSES AU SUJET DU SECRET DE MONSIEUR BIGNON. — DÉCLARATION DE MONSIEUR BIGNON.

Pour compléter les documents relatifs à la violation de l'article 12 de la convention du 3 juillet et au secret de M. Bignon, nous croyons devoir reproduire *in extenso* la partie des débats du procès du maréchal Ney relative à cette convention.

PROCÈS DU MARÉCHAL NEY

Séance du 5 décembre. (Journal des Débats du 6.)

M. le maréchal Davoust, prince d'Eckmühl, est introduit.

M. Berryer : Je demande à la Chambre la permission de faire quelques observations. Ce n'est pas sur le contenu de l'acte d'accusation que nous avons espéré que M. le prince d'Eckmühl daignerait s'expliquer, mais bien sur un acte auquel il a donné son intervention : c'est la convention militaire pour la reddition de Paris.

M. Bellart : Il pourrait suffire aux commissaires du Roi d'apprendre par la bouche du défenseur que les quatre témoins que l'on veut faire entendre n'ont point été appelés par M. le maréchal pour déposer des faits inhérents à l'accusation pour que le ministère public s'opposât à l'audition de ces témoins; cependant, pour prouver avec quelle générosité procèdent les accusateurs, les commissaires du Roi ne s'opposent point à ce que ces témoins soient entendus.

M. Berryer : Nous désirons savoir de quels pouvoirs ont été nantis les trois commissaires que le gouvernement provisoire a chargés de traiter pour la capitulation de Paris.

M. le maréchal Davoust : Dans la nuit du 3 au 4 juillet, au moment où on se préparait pour donner une bataille, la commission de gouvernement a envoyé MM. Bignon, Guilleminot et le comte de Bondi, avec l'ordre de demander aux généraux ennemis un pourparler pour l'évacuation de Paris. J'ai fait ajouter aux instructions de M. Bignon tout ce que j'ai cru convenable. J'ai dit nominativement aux commissaires de rompre les négociations si les articles qui étaient en faveur des habitants de Paris, des autorités civiles et militaires, étaient rejetés. J'avais réuni sous mes ordres une belle armée, et j'avais pour moi toutes les espérances qu'un général en chef doit avoir lorsqu'il donne une bataille.

M. Dupin, avocat : Quel était, dans la pensée du prince, le sens de l'art. 12 de la capitulation ?

M. Bellart : Les commissaires du Roi s'opposent formellement à ce que cette demande soit faite au témoin. De deux choses l'une, ou ce que diront le prince d'Eckmühl et les autres témoins est dans l'acte, ou ce serait hors de l'acte. Si c'est hors de l'acte, ce serait une sorte de piège tendu avec intention, que de donner à croire qu'un acte peut être modifié par des déclarations postérieures même de ceux qui y ont coopéré.

CAPITULATION DE PARIS.

Le maréchal Ney : La capitulation était tellement protectrice pour tous les Français, que j'y comptais particulièrement. Ne doit-on pas croire que j'aurais préféré de perdre la vie le sabre à la main plutôt que d'être assis, quinze ou vingt jours après, sur le banc des criminels? Je sais qu'il y a une ordonnance du 24 juillet qui n'est pas dans le sens de l'art. 12 de la capitulation, mais le Roi a chassé les ministres qui ont contre-signé cette ordonnance. La capitulation est d'autant plus sacrée, que je suis resté tranquille en France, comptant sur la bienveillante protection de Sa Majesté et sur sa clémence, comme tous les Français.

M. le président : S'il existe quelques moyens à tirer en faveur de M. le maréchal Ney, de la capitulation du 3 juillet, c'est dans les termes mêmes de la capitulation qu'il faut les chercher. La pensée particulière de ceux qui ont concouru à cette convention n'est d'aucune influence.

M. le comte de Bondi, préfet de la Seine à l'époque de la reddition de Paris, est appelé, et dit que les principales bases du traité ont été le maintien de la tranquillité publique, la conservation entière de la capitale et la garantie des personnes. C'est dans cet esprit qu'a été rédigé le traité que l'on proposa au duc de Wellington. L'art. 12 n'a souffert aucune difficulté : il a été accepté sans restriction par lord Wellington et le prince Blücher.

M. le duc de Fitz-James, pair de France : Je vous prie de demander au maréchal Davoust et à M. de Bondi si, sur leur honneur, ils pensent qu'en vertu de la capitulation les portes devaient être immédiatement ouvertes à Louis XVIII. Comme il est de notoriété publique que, malgré l'occupation de la ville par les alliés, le Roi n'y est entré que quatre jours après, il est étrange de supposer que le Roi fût lié par des stipulations qui n'engageaient pas également les parties contractantes.

M. le président : Cette observation paraît tenir au fond même de la cause.

M. de Lally-Tolendal : Ces questions ne sont pas de nature à être discutées dans cette assemblée; elles devraient être réservées à un autre lieu et à un autre instant.

M. le lieutenant général comte Guilleminot dépose ensuite à peu près en ces termes :

Comme chef d'état-major de l'armée, j'ai été chargé de la partie militaire des négociations. L'art. 12 passa sans obstacle. Il nous était spécialement recommandé de rompre les conférences si l'on n'admettait point cet article et plusieurs autres qui regardaient les propriétés publiques et particulières.

M. Dupin : La convention a été qualifiée de convention purement militaire : je désirerais qu'il fût demandé à M. le comte Guilleminot pourquoi il n'a pas été seul chargé de la négociation, pourquoi on lui a adjoint M. Bignon et M. de Bondi qui n'étaient pas militaires ?

M. Guilleminot : Ces messieurs ont stipulé les intérêts des individus non militaires, comme j'ai stipulé les intérêts de tout ce qui tenait à l'armée.

M. Bignon, qui fut chargé par la commission, dite gouvernement provisoire, du portefeuille des affaires étrangères, avait été aussi assigné comme témoin. Il ne s'est pas présenté.

Séance du 6 décembre. (Journal des Débats du 7.)

M. Bellart, procureur général, demande la parole. Un profond silence règne dans la salle.

Je crois devoir, dit ce magistrat, épargner au défenseur la mission de donner un scandale de plus dans une affaire qui n'en présente que trop. Nous sommes Français : M. le maréchal Ney est traduit devant la justice française; nous avons nos lois françaises qui sont les seules que nous puissions reconnaître.

Déjà les commissaires du Roi avaient pressenti qu'on se proposait de présenter un moyen absolument étranger à la cause; ils espéraient que les défenseurs, mieux instruits, y renonceraient. C'est pour cela que nous ne nous sommes point opposés à l'audition des derniers témoins appelés.

On veut invoquer devant vous une convention militaire faite sous les murs de Paris. Cette convention n'est point commune au Roi, elle ne peut figurer dans le procès. D'ailleurs ce serait *un moyen préju-diciel*, et le délai accordé par la Chambre au maréchal pour présenter cumulativement ses exceptions préjudicielles est depuis longtemps écoulé. Voici le réquisitoire que je vais avoir l'honneur de vous présenter.

« Les commissaires du Roi requièrent qu'il plaise à M. le chancelier, président, leur donner acte de ce que :

1º Par respect pour la dignité nationale, qui ne permet pas qu'on invoque devant le premier tribunal de la nation, contre l'autorité et le service du Roi, une convention faite par des agents d'un parti en révolte directe contre le roi légitime, avec les armées étrangères qui assiégeaient Paris;

2º Par respect pour les arrêts de la Chambre, dont celui du 24 novembre dernier a ordonné à l'accusé d'exposer tous ses moyens préjudiciels à la fois, ce qui a été fait;

3º Par respect pour les règles les plus essentielles de l'instruction criminelle, dont la plus impérieuse est que le fond de l'affaire ne peut être mélangé de discussions de droit, qu'il n'est plus temps d'établir quand on est arrivé au moment où la conscience des jurés ne peut s'occuper que du point de fait;

Attendu que la discussion élevée par le défenseur du maréchal Ney, sur l'exécution de la convention militaire du 3 juillet, ne touche en rien au fond de l'affaire,

Ils s'opposent formellement, tant à la lecture de ladite convention militaire qu'à toute discussion qu'on pourrait vouloir en faire; et qu'il plaise à M. le chancelier ordonner que M. le maréchal Ney et ses défenseurs se renfermeront dans la discussion des faits qui composent l'accusation. »

M. le président : J'aurais pu prendre sur moi, en vertu du pouvoir discrétionnaire, de m'opposer au développement d'un moyen qui aurait dû être présenté au commencement du procès; mais j'ai cru devoir consulter la Chambre elle-même, pour m'étayer de son opinion. La Chambre des pairs, *à la très grande majorité*, a trouvé comme moi qu'il y avait inconvenance à invoquer, surtout dans cette enceinte, une convention purement militaire, plus qu'étrangère au Roi, qui ne l'a jamais ratifiée ni approuvée, par laquelle Sa Majesté s'est trouvée si peu liée, qu'elle a rendu, vingt-trois jours après, l'ordonnance du 24 juillet, par laquelle elle ordonne la tradition aux tribunaux de plusieurs de ceux qui auraient pu profiter de cette convention. Cette ordonnance a été rendue pendant que toutes les puissances de l'Europe et tous leurs ambassadeurs occupaient encore la capitale. Cette ordonnance a été contre-signée par le ministre du Roi qui s'était trouvé le président de ce qu'on appelait le gouvernement provisoire à l'époque du 3 juillet.

En conséquence, fort de l'opinion de MM. les pairs et du sentiment de mon propre devoir, j'interdis au défenseur de l'accusé de faire usage de ce moyen, tiré de la prétendue convention du 3 juillet.

A MONSIEUR DAMBRAY, CHANCELIER, PRÉSIDENT DE LA
COUR DES PAIRS.

7 décembre, 1 heure du matin.

Monseigneur,

Cité comme témoin dans le procès de M. le maréchal Ney, et n'ayant reçu que lundi au soir 4, l'assignation qui m'a été envoyée dans le département de l'Eure où je réside, j'ai eu l'honneur d'adresser le 5, à Votre Excellence, une déclaration qui lui sera parvenue hier 6.

Depuis cet envoi il s'est présenté à mon esprit un fait particulier, dont moi seul des témoins cités peut-être puis avoir connaissance, fait qui m'a paru d'une importance capitale, en sorte que, quoique indisposé, je me suis mis en route sur-le-champ pour venir le déclarer à la Cour des pairs.

Arrivé cette nuit, quoiqu'on me dise que les débats sont clos, je regarde comme un devoir de conscience pour moi de prier Votre Excellence de vouloir bien, en cas que le jugement ne soit pas prononcé encore, me faire connaître si, dans une affaire aussi grave, la Cour des pairs ne peut pas ordonner, même à présent, que je sois entendu, et m'admettre à déposer du fait essentiel que j'ai à joindre à ma déclaration.

Daignez, etc.

Le baron BIGNON.

Paris, 7 décembre 1815.

A MONSIEUR LE BARON BIGNON

Le jugement, monsieur, est prononcé d'hier au soir dans l'affaire du maréchal Ney. Vous avez au reste peu de regrets à éprouver que votre déclaration n'ait pas pu être donnée avant le jugement, car elle ne pouvait porter que sur la convention de Paris que la Chambre des pairs n'a pas jugé convenable de laisser lire.

Recevez, monsieur, etc.

Signé : DAMBRAY.

Paris, le 24 avril 1825.

A MONSIEUR BERRYER PÈRE.

Monsieur,

Je sais qu'il est difficile de se rappeler, après dix ans, les détails d'une conversation d'un moment, mais il est des circonstances d'une telle nature, que tout ce qui s'y rapporte se grave profondément dans l'esprit. Tel a été sans doute pour vous, monsieur, le procès du maréchal Ney.

Vous savez que j'étais dans ce procès l'un des témoins à décharge. L'assignation qui me concernait ne me parvint à la campagne où j'étais alors, à vingt-deux lieues de Paris, que le jour même où j'aurais dû comparaître. Je me trouvais en outre dans un état de santé qui ne me permettait pas de partir sur-le-champ. A tout événement je priai le juge de paix de mon canton de se transporter chez moi, et je fis devant lui une déclaration que j'adressai à un de mes amis, pour la remettre à madame la maréchale Ney. Toutefois, la nuit suivante, l'esprit toujours occupé de cette affaire, il me revint à l'esprit un fait qui me parut d'une grande importance, et que j'avais oublié de relater dans ma déclaration. Cette idée m'agita au point que, malgré mon état de souffrance, je me mis en route pour Paris, où j'arrivai vers huit ou neuf heures du soir. J'envoyai chez vous aussitôt, vous étiez à la Cour des pairs. Quelques heures après je me rendis chez vous et vous trouvai au moment où vous veniez de vous mettre au lit, fatigué de la pénible séance dans laquelle le maréchal avait fini par interrompre lui-même sa défense. Quoique à vos yeux tout fût déjà décidé, il me semblait que le fait grave que je venais révéler pourrait être encore d'un grand poids et je me hâtai de vous en faire part. Je vous racontai :

Que, le jour où les Prussiens voulaient faire sauter le pont d'Iéna, M. de Talleyrand était arrivé au ministère des affaires étrangères où je me trouvais encore, et m'avait dit que le Roi étant au désespoir de la conduite des Prussiens, avait demandé si la convention que nous avions conclue ne renfermait pas quelque clause que l'on pût invoquer pour empêcher ces actes de destruction ;

Que, sur ma réponse et la citation de l'article de la convention qui garantissait la conservation des monuments publics, M. de Talleyrand m'avait chargé de lui rédiger bien vite une note par laquelle il réclamerait auprès des ministres des puissances alliées l'exécution de cet article ;

Que j'avais, à l'instant même, rédigé une note conçue dans cet esprit et fondée sur ce motif, que je l'avais présentée à M. de Talleyrand qui, après une légère correction, me l'avait fait remettre au net, et l'avait adressée aux ministres des puissances alliées.

C'était là le fait que je voulais articuler devant la Chambre des pairs; vous me dîtes alors, monsieur, qu'il était trop tard et que sans doute, dans le moment même où je vous parlais, on prononçait le jugement du maréchal.

Si, comme je me le persuade, monsieur, votre mémoire n'est pas infidèle, je désirerais que vous voulussiez bien me donner votre témoignage sur ce qu'elle a retenu de l'entretien que je viens de rappeler. Mon intention n'est pas du tout de faire de ce témoignage un usage prochain, mais vous concevez qu'il peut venir un moment où je devrai y mettre un grand prix. Dans tous les cas, je m'engage volontiers envers vous à n'en jamais faire usage sans votre consentement préalable et formel. Vous demander, monsieur, de rendre hommage à la vérité, ne peut être auprès de vous une demande indiscrète, surtout lorsque j'en subordonne complétement à votre volonté la publication éventuelle.

J'ai l'honneur, etc.

Le baron Bignon.

A MONSIEUR LE BARON BIGNON.

Monsieur,

Je me fais un devoir de répondre à la lettre que vous m'avez fait l'honneur de m'adresser le 24 avril dernier, pour interroger mes souvenirs sur certains détails du procès du maréchal Ney qui vous ont concerné, comme chargé alors du portefeuille des affaires étrangères.

Je me rappelle parfaitement, monsieur, qu'ayant fondé la principale défense du maréchal sur l'art. 12 de la capitulation de Paris du 3 juillet 1815, j'obtins de la Cour des pairs la permission de faire appeler en témoignage tous les délégués de l'armée française et des autorités civiles qui avaient concouru à la rédaction de cet article, que vous fûtes du nombre des témoins assignés, que vous fîtes proposer à la Cour votre excuse motivée sur l'état de maladie qui, au jour de l'audition, vous retenait à une assez grande distance de Paris.

Je n'ai pas oublié non plus la démarche que vous fîtes chez moi vers les neuf heures de la même soirée où les débats avaient été clos, et où la Cour était entrée en délibération pour le jugement.

Vous me parlâtes en cet instant d'une circonstance particulière que vous regrettiez de n'avoir pu faire connaître à la Cour, et que vous jugiez propre à éclairer sa religion au sujet précisément de l'exécution donnée à cet article 12. Il s'agissait du pont d'Iéna que les Prussiens avaient voulu faire sauter et dont la conservation, désirée par le Roi, avait donné lieu à une note à vous demandée par M. de Talleyrand. Vous aviez rédigé à la hâte, d'après l'article 12, cette note, à laquelle M. de Talleyrand avait fait une légère correction, et qu'il avait ensuite adressée aux ministres des puissances alliées.

Vous attachiez, monsieur, une très-grande importance à la révélation de cette particularité : moi-même j'en fus frappé, et vous dis qu'en l'état de l'instruction, il ne restait d'autre ressource que de la transmettre par écrit à la Cour des pairs qui délibérait encore.

Quel que soit aujourd'hui pour vous, monsieur, l'intérêt de constater ces faits, comme ils sont conformes à la plus exacte vérité, je n'ai pas dû hésiter à la certifier, persuadé d'ailleurs qu'un homme de votre caractère ne peut faire de ma déclaration qu'un usage légitime et nécessaire.

J'ai l'honneur, etc.

Signé : **Berryer** père.

Nous joignons à ces documents quelques détails sur les conjectures et les incidents parlementaires auxquels donna lieu l'allusion faite en 1819 par M. Bignon.

Le *Moniteur* du 2 juin 1819 rapporte un article du *Journal de Paris*, sur l'opinion imprimée de M. Bignon relative aux bannis; après avoir cité le passage de l'opinion imprimée, le *Moniteur* ajoute: « Quel est donc ce mystère que la liberté de la presse, qui dit tant de choses, a laissé ignorer jusqu'à ce jour? quel est cet argument terrible mis en réserve, et ce dernier trait qu'on ne veut pas lancer [1] ?

Calomnier par le silence, paraître supprimer une grande révélation, parler seulement pour dire que l'on veut se taire, serait une tactique assez redoutable si elle n'était pas ridicule; mais heureusement elle l'est beaucoup et, sous ce rapport, M. Bignon n'a rien de mieux à faire que de dire son secret le plus tôt possible. »

(*Moniteur* du 14 juin 1819.)

ARTICLE DU *Times* (CORRESPONDANCE DE M. DECAZES).

Parmi les conjectures multipliées sur ce prétendu mystère, voici ce qu'on considère comme le plus probable.

Pendant le gouvernement éphémère qui, après la seconde abdication de Bonaparte, précéda la seconde rentrée du Roi, M. Bignon fut chargé

---

[1] C'est ce mot que M. Bignon aurait pu dire au Roi et aux ministres du Roi: « Vous avez reconnu, invoqué et par conséquent ratifié la convention du 3 juillet, et vous avez fait condamner à mort le maréchal Ney, vous avez exilé un grand nombre de Français au mépris de cette convention. » (Note de M. Bignon.)

par intérim du portefeuille des affaires étrangères. Il fut un de ceux qui signèrent la convention avec les commissaires des alliés pour Paris. Il avait eu à ce sujet quelques conversations avec le duc de Wellington et avec M. Fouché, qui avait d'excellentes raisons pour ne point oublier les régicides. M. Bignon pourrait avoir entendu exprimer ou même reçu en confidence quelque promesse à leur égard, ou bien quelque explication à leur avantage des articles de la capitulation. Il s'attend sans doute à causer beaucoup d'alarmes ou de grands malheurs en menaçant aujourd'hui de faire connaître les engagements de cette nature, comme s'il n'était pas notoire, dans toute l'Europe, que le Roi et les ministres ont fait, *dans le mois de janvier* 1816, tout ce qu'on pouvait raisonnablement attendre pour couvrir ces coupables de l'égide de l'article 11 de la Charte contre la proposition de la Chambre introuvable.

Ces ressouvenirs n'ont rien en eux-mêmes d'alarmant et de dangereux, car on en trouve l'antidote dans les pages du *Moniteur* de ce jour (2 juin, article de Paris) ; mais un inconvénient sérieux, pour ne pas dire plus, résulterait nécessairement *de la violation d'un secret* que M. Bignon aurait appris par sa situation accidentelle, et qui n'aurait pas été depuis sa propriété.

CHAMBRE DES DÉPUTÉS.

Séance du 19 juin. (Moniteur du 21.)

M. Decazes, après avoir dit que le ministère ne sera jamais embarrassé pour répondre aux accusations dirigées contre lui, ajoute : « Et ici je me trouve naturellement amené à parler de celle qui, dans un discours imprimé, n'a pas craint de menacer le gouvernement d'une révélation terrible, d'une arme dangereuse et funeste dont il daignait faire grâce au gouvernement, dans l'espérance que nous saurions apprécier son silence et que nous ne le forcerions pas à le rompre. Eh bien, au nom du ministère présent, comme du ministère qui l'a précédé, au nom de ce gouvernement du Roi dont je m'honore d'*avoir partagé les travaux*, depuis qu'une seconde restauration a rappelé le Roi sur le trône de ses pères, je provoque ses révélations ; je lui déclare que son silence devient une calomnie, que cette calomnie ne peut plus peser sur le gouvernement, qu'elle tombe tout entière sur lui-même, que son honneur comme son devoir lui commandent de parler, et que son silence, s'il se prolongeait, serait désormais expliqué dans un intérêt qui ne serait pas le sien !

M. Bignon se lève de l'extrême gauche et descend pour se rendre à la tribune.

M. Casimir Perrier : Ne répondez pas.

M. Dupont de l'Eure : Votre secret ne vous appartient pas. (Vive agitation.)

M. Bignon d'une voix forte, mais émue : Je commence par déclarer que je ne me crois pas obligé de répondre à l'interpellation qui vient de m'être faite par un des ministres de Sa Majesté. Cette interpellation m'est faite au sujet d'une opinion que j'ai fait imprimer, mais que je n'ai point prononcée à cette tribune, et sur laquelle par conséquent je n'ai point à répondre dans cette enceinte. J'ai annoncé dans cette opinion en faveur des bannis, qu'indépendamment des arguments connus, il en était un, fondé sur un fait particulier dont j'avais connaissance et dont je me réservais de faire usage dans les intérêts de ceux que je voulais défendre, quand le moment en serait venu. Je déclare aujourd'hui que, d'après ma conviction, ce moment n'est pas venu. (La droite et le centre éclatent en murmures.)

Je ferais la révélation que l'on demande aujourd'hui, qu'elle ne servirait en rien à la cause pour laquelle je me propose de la faire valoir. Quand nous pourrons, dans cette Chambre, proposer une adresse au Roi pour en obtenir le rappel des bannis; quand nous pourrons demander la révocation spéciale des art. 2, 3 et 7 de la loi du 12 janvier 1816, comme je pourrai présenter avec succès l'argument que je tiens en réserve, je le ferai connaître. Jusque-là, je crois devoir me taire; *je déclare même que je ne crois pas cette révélation utile au gouvernement.* Jusque-là, dis-je, cette réserve que je m'impose est un devoir dans les intérêts de ceux que je veux défendre, et ce devoir, il n'y a aucune considération, aucune sommation, quelle qu'elle soit, qui puisse me le faire méconnaître!!

M. de Serres renouvelle les sommations.... Jusque-là, je suis fâché d'être obligé de le dire, mais l'évidence et le devoir m'y contraignent, jusque-là M. Bignon est, de droit, placé sous une juste présomption de calomnie, et il n'en peut être autrement, messieurs : on ne saurait avoir contre le gouvernement un droit qu'on n'a contre personne, le droit de diffamer par réticence. . . . .

. . . . . M. Bignon ajoute qu'il rompra le silence le jour où il trouvera la Chambre disposée à demander au Roi la révocation de l'article 7 de la loi du 12 janvier 1816. Ce jour, nous l'espérons, messieurs, *n'arrivera jamais* [1].....

..... Je suis convaincu que ces pétitions semblables et simultanées pour le rappel des bannis, *sans distinction, étaient une attaque concertée contre le gouvernement du Roi.*

Plus loin, M. de Serres qualifie de complot les vingt-cinq pétitions présentées en faveur des bannis.

---

[1] Il a fallu la chute de la dynastie pour qu'il arrivât. (*Note de M. Bignon.*)

AUTRE DISCOURS DE MONSIEUR DECAZES DANS LA MÊME SÉANCE.

..... Quant à ce qui touche M. Bignon, il ne saurait sortir du dilemne où l'a placé M. le garde-des-sceaux : ou il devait se taire lorsqu'il a parlé, ou il doit parler aujourd'hui Que dirait-il si, à cette tribune, je venais affirmer que j'ai dans les mains une pièce, un acte qui attaque, qui flétrit son honneur, et que je me réserve de produire quand il me plaira de le faire. Il me dirait que je le calomnie et il aurait raison. Eh bien, monsieur Bignon, vous nous avez calomniés, vous nous calomniez encore par votre silence. Votre devoir est de parler, vous n'êtes plus le maître de choisir le moment de le faire. Le moment n'est pas venu, dites-vous; le moment est toujours venu de dire la vérité. Il l'est toujours pour un bon et loyal député qui en fait son premier devoir. Vous êtes juge de vos devoirs ! Non, vous ne l'êtes pas quand ces devoirs sont la réparation d'une offense, quand c'est envers d'autres que vous-même que vous avez à les remplir.

Vous n'ignorez pas que les plus étranges suppositions, que les plus odieuses calomnies ont été propagées par vous, involontairement sans doute, car vous n'avez voulu dire que la vérité. Mais cette vérité, cette révélation, que vous annoncez si grave, si terrible, quand il faut la produire au grand jour, vous reculez devant elle, vous êtes effrayé de sa futilité, vous tremblez de la faire connaître et de faire juger de la légèreté de vos paroles. Voilà quelle sera ma pensée, quelle sera, n'en doutez pas, celle de tous ceux qui ont entendu le défi que nous vous avons porté, que nous vous portons encore.

Réponse de Manuel. — Autre discours de M. de Serres qui finit par ces mots : « Si M. Bignon avait donné les explications qui ont été provoquées, nous étions prêts à y répondre. Il s'est obstiné à se taire, nous devons être également satisfaits de son silence, nous en laissons sur lui le poids. »

M. Bignon : Je l'accepte ; je ne crois pas que l'opinion d'un ministre doive être une loi pour moi.

DÉCLARATION DE MONSIEUR BIGNON.

Moniteur du 12 Juillet 1819.

Au moment où la session des Chambres arrive à son terme, où je ne dois plus craindre de fournir à l'imprudence des passions un prétexte pour exciter de nouveaux orages, je dois au département qui m'a honoré de son choix, je dois à la France, sur le passage si odieusement interprété de mon opinion imprimée au sujet des pétitions pour le rappel bes bannis, non une explication qui ne me paraît ni convenable ni utile de donner encore, mais une indication de la gravité des motifs qui m'ont empêché de répondre aux interpellations que m'ont adressées les ministres dans la Chambre des députés. Quoique le langage impérieux et offensant dans lequel étaient exprimées ces sommations, eût pu seul m'empêcher d'y satisfaire, ce n'est point cette considération qui m'a arrêté. C'est surtout dans l'intérêt du gouvernement que j'ai cru devoir garder le silence, et il n'y a là, quoi qu'en disent les ministres, ni calomnie ni présomption de calomnie. Le ministère actuel, en admettant qu'il soit infaillible, peut-il couvrir de cette infaillibilité tous les actes des ministres précédents ? Comment ne pas comprendre, ou plutôt comment affecter de ne pas comprendre que, dans le cours des temps, dans le mouvement naturel des choses et, à plus forte raison, dans la succession violente et forcée d'événements extraordinaires, il est des questions, des époques, des circonstances, qu'une politique éclairée commande de ne toucher qu'avec une extrême retenue? Et c'est sur des questions, sur des époques, des circonstances de cette nature que le ministre est venu, en pleine séance, me sommer d'entrer dans des détails qui devaient nécessairement réveiller des souvenirs délicats et amener de dangereuses discussions. Si le ministère ne voyait pas cet inconvénient, il était bien aveugle, s'il le voyait et n'en tenait pas compte, il était bien imprudent ou il me donnait une haute preuve d'estime en comptant sur la persévérance de mes refus. En vain par ses défis, il a témoigné qu'il me dispensait de toute réserve; l'indiscrétion d'une telle dispense, que ne m'eussent pas accordée de véritables hommes d'État, n'a pas dû m'affranchir de ce que ma conscience me présentait comme un devoir.

Un reproche s'est élevé contre moi. On objecte que j'aurais dû m'abstenir d'annoncer une déclaration que je ne croyais pas pouvoir faire à l'instant même; mais lorsque, contre toute attente, *par un brusque changement, changement dont la nature est inexplicable, nous avons entendu la malédiction sortir de la même bouche d'où devaient couler des paroles d'espérance,* n'est-il pas naturel que j'aie cédé au besoin de faire connaître que tous les arguments en faveur des bannis n'étaient pas épuisés, et qu'il en existe d'autres encore dont il pourra ultérieurement être fait usage? N'est-il pas naturel que j'aie cédé au besoin de dire à la colère aveugle qui prononçait une proscription nouvelle, que ses arrêts ne sont pas irrévocables, de dire à l'infortune une seconde fois proscrite, que ses souffrances auront un terme? Le bruit qui a eu lieu à cette occasion, ce sont les ministres qui l'ont fait, ce sont eux qui ont voulu le faire. Si les ministres n'eussent eu en vue que les véritables intérêts de l'État, est-ce en séance publique, au risque de faire naître d'orageux débats, qu'ils devaient me demander des explications? Sans leurs sommations inconvenantes, sommations tardives, qui, jetées à l'improviste au milieu d'une question à laquelle elles n'avaient aucun rapport, semblent n'avoir eu pour but que de détourner l'attention de la Chambre des abus compris dans l'emploi du domaine extraordinaire, sans cette sortie déplacée des ministres et sans les violentes invectives des journaux à leurs ordres, qu'eussent signifié les absurdes et ridicules commentaires des journaux d'un autre parti? Tout l'éclat qu'a eu cette affaire, tout le scandale, s'il y a eu du scandale, est l'ouvrage des ministres; le tort n'en doit retomber que sur eux. La France, en comparant leur conduite et la mienne, jugera de quel côté a été la sagesse ou l'irréflexion. Elle jugera qui a le mieux servi son pays, qui a eu un plus juste sentiment des devoirs de sa position, ou du ministère exposant un député à nuire aux intérêts du gouvernement pour sauver son amour-propre personnel, ou du député sacrifiant son amour-propre personnel pour sauver un intérêt du gouvernement. *Lorsque je parlerai, je veux le faire avec une telle forme et avec une telle mesure que, loin d'être réputé ni l'ennemi du gouvernement ni son calomniateur, on reconnaisse surtout en moi le patriote qui craint de lui porter le moindre préjudice.* Les injures, même ministérielles, sont bien peu puissantes, puisqu'elles ne sauraient ôter à un honnête homme la faculté d'empreindre dans tous ses actes son caractère de bon citoyen.

Parmi les méprisables insultes que me prodiguent certains journaux et certaines correspondances, il est une insinuation d'une profonde perfidie à laquelle dès à présent je ne puis rester insensible. On a cherché à faire entendre que, si j'avais eu en effet quelques raisons d'un grand poids à faire valoir en faveur des hommes frappés par les mesures de proscription, je serais coupable de ne pas les avoir fait connaître dans un temps où leur révélation eût pu sauver mes amis. En annonçant, dans mon opinion imprimée, qu'il existe un argument puissant qui n'a pas été employé encore, j'ajoute *qu'une déplorable fatalité m'a seule empêché de le produire en une grande conjoncture.* Ce moment était le seul où je pusse parler. Des preuves irrécusables, des pièces authentiques constateront que j'ai, *dans cette grande conjoncture,* fait tous les efforts possibles pour être entendu. Je borne là les explications préliminaires que je crois pouvoir donner aujourd'hui.

J'ai accepté la responsabilité de mon silence. J'en porte le poids avec une résignation dont je suis fier. Déjà j'ai subi deux mois d'injures sans me plaindre. Je ne plains que ceux qui les commandent ou qui les payent. Le vain succès que l'on croit obtenir par de semblables moyens n'est qu'un triomphe peu honorable et de courte durée. La vie des hommes qui ont part aux affaires, dans un gouvernement représentatif, ne se compose pas d'une heure, d'un jour, d'un mois. La France m'a vu et elle me verra constamment demander l'observation de la Charte, réclamer les lois de l'humanité, invoquer les droits de l'éternelle justice. On m'a menacé du jugement de la France ; c'est ce jugement que j'appelle ; c'est là que je place mon espoir ; c'est là que j'attends ma récompense.

Signé : BIGNON, *député de l'Eure.*

APPENDICE

DERNIÈRES NÉGOCIATIONS DE 1815

TRAITÉ DU 20 NOVEMBRE

APPENDICE

DERNIÈRES NÉGOCIATIONS DE 1815

TRAITÉ DE PARIS DU 20 NOVEMBRE

Nous avons pensé qu'un précis des dernières négociations de 1815, entre les alliés et le gouvernement de Louis XVIII, était le corollaire indispensable de notre mémoire historique sur la convention du 3 juillet, et présenterait le même intérêt d'actualité. Nous joignons à ce précis, que nous avons tâché de faire aussi calme et aussi complet que possible, le texte même du traité et quelques pièces peu connues, qui constatent d'une façon authentique et irréfragable la malveillance obstinée et impitoyable de l'Autriche, et les dispositions plus généreuses de la Russie. Il y a, dans l'ensemble de ces faits, rapprochés de ceux qui s'accomplissent au moment même où nous écrivons ces lignes, de graves et salutaires enseignements pour tout le monde.

I

L'irritation des vaincus, l'exaltation triomphale et persévéramment hostile des vainqueurs, survivaient à la conclusion de l'armistice et au rétablissement de Louis XVIII. Dans cet état de fièvre, la paix était difficile à négocier, ou plutôt nul des souverains alliés n'était assez fort ou assez calme pour déclarer, comme l'entendait M. de Talleyrand, que la guerre était finie par l'abdication de Napoléon et la rentrée de Louis XVIII. Le pillage de la France, comme pays occupé en vertu d'un armistice, les menaces même de la démembrer comme pays conquis, favorisaient les cupidités particulières et les désirs de vengeance. En même temps, la prolongation de cette attitude hostile assurait à la coalition les moyens d'entretenir les masses de troupes qui envahissaient et dévastaient la France désarmée. De toutes parts se produisaient des réclamations avides, menaçantes ; il n'était si petit État allemand qui ne se portât créancier dans cette liquidation immense. Parmi les plus exigeants, on remarquait les Pays-Bas, la Bavière, aussi malveillante et aussi ingrate qu'aujourd'hui, la Prusse, qui du moins avait cruellement souffert et vaillamment combattu ; enfin et surtout le cabinet autrichien, qui, fidèle à sa politique de tous les temps, prétendait s'arroger la meilleure part des bénéfices d'un succès auquel ses armées n'avaient pas contribué.

Les alliés se partagèrent d'abord les deux tiers de la

France pour y cantonner leurs troupes. Ils pressèrent en même temps le siége des places fortes dont les commandants tenaient encore, tout en arborant ou offrant d'arborer le drapeau blanc. Quelques exemples admirables de courage consolèrent un instant la France en deuil ; parmi ceux-là, nous pouvons citer avec un juste orgueil la défense de la tête du pont d'Huningue. Les plus brillantes entrées de nos armées dans les capitales conquises font peut-être moins d'honneur à la France que l'héroïsme de ce bataillon sacré, soutenant douze jours de bombardement et de tranchée ouverte parmi des ruines embrasées ; que le défilé triomphal de ces cinquante braves en présence de deux archiducs autrichiens, du plus habile des généraux russes [1], d'une armée entière, accourue pour les réduire et contrainte de les admirer. Ah! la nation capable de si grandes choses dans ses plus mauvais jours, n'avait pas à désespérer de l'avenir ; il lui devait cette revanche si longtemps attendue!!

Les alliés demandaient, préalablement à tout arrangement, la punition de quelques *coupables*, la remise des places fortes, le licenciement de l'armée de la Loire, inquiétante pour eux et même pour le pouvoir royal, dont les intérêts n'étaient, sous ce rapport, que trop identiques avec les leurs. Sur le premier point, l'ordonnance du 24 juillet, violation flagrante de la capitulation de Paris, leur donna une satisfaction qui n'aurait dû être ni demandée, ni concédée. Quant au licenciement et à la remise des places, M. de Talleyrand s'efforça de faire comprendre que le gouvernement français ne pouvait s'y prêter tant qu'il ne serait pas du moins assuré de la paix, qu'il ne

---

[1] Barclay de Tolly.

pouvait pas l'être tant qu'une partie des alliés prétendrait avoir conquis la France, tant que des cosaques et des landwehrs indisciplinées la traiteraient effectivement en pays ennemi, tandis que d'autres accomplissaient leurs dévastations avec une apparence ironique d'ordre et de régularité, en levant arbitrairement des contributions de guerre et maltraitant les fonctionnaires publics qui avaient le courage de s'y opposer [1].

Enfin, une note des ministres des grandes puissances, *datée du lendemain même de la fameuse ordonnance de proscription*, promit de promptes mesures pour la régularisation des services militaires dans les départements envahis [2].

En retour, le gouvernement royal procéda au licenciement de l'armée, mesure profondément humiliante, qui consterna même de zélés royalistes.

Dès l'arrivée des ministres des grandes puissances, le *grand bureau* des alliés fut installé place Vendôme. C'était là que se tenaient assez irrégulièrement des conférences sur la teneur desquelles les autres États ne pouvaient se procurer que des renseignements subreptices et nécessairement incomplets. La France surtout n'obtenait, au mois de juillet, que des notions vagues et confuses sur les intentions définitives de la dictature européenne. On savait seulement que les projets les plus hostiles étaient mis en avant et discutés.

Le baron de Gagern, qui devait bientôt déployer un

---

[1] On sait que dans le courant de juillet, trois préfets, parents de trois ministres du roi de France, avaient été enlevés et conduits en Prusse. On ferait un volume des vexations innombrables souffertes par d'autres fonctionnaires et par les populations.

[2] 25 juillet.

si grand zèle dans l'affaire du Musée, demandait modestement la Flandre et l'Artois, et toute la ligne des forteresses du nord de la France, pour former une frontière au nouveau royaume de la Belgique, *désormais indissolublement* uni à la *Hollande*. Le spirituel diplomate, qui croyait de si bonne foi à l'éternité des arrangements politiques concertés en haine de la France, ne prévoyait guère alors que cette union de la Belgique, dont il était si fier, durerait à peine quinze ans, moins que n'avait duré l'œuvre de la conquête française. M. de Gagern fit, sans sortir de Paris, une rude campagne en faveur de son système de places fortes [1], et bien qu'il n'ait réussi qu'à moitié, il nous fit beaucoup de mal. Il retarda et compliqua l'établissement des bases de la paix, en réveillant cette question de la nécessité, pour les Pays-Bas, d'une frontière fortifiée contre la France. Cette nécessité, que naguère l'empereur Joseph II n'avait pas sentie, puisqu'il avait fait démolir ces places, fut vivement appuyée par l'Angleterre et par la Prusse, qui y virent le double avantage d'une continuité de remparts contre la France, et d'une influence mieux assurée sur le nouveau royaume des Pays-Bas. La France dut donner 60 millions pour ces armements disproportionnés, et même dangereux pour la puissance qui les réclamait.

Les exigences de la Prusse, si intolérables qu'elles fussent, s'expliquaient du moins par sa situation politique, par ses ressentiments et par les services rendus à la cause commune. Il lui fallait également une frontière et des forteresses pour couvrir le grand-duché du Rhin. Dans

---

[1] On peut en voir le détail dans ses Mémoires déjà cités *sur la seconde paix de Paris*.

ce but, elle ne demandait rien moins que les places de la Meuse, de la Moselle et de la Loire, et Thionville et Metz.

Enfin l'Autriche, moins généreuse encore et plus avide, s'efforçait de nous ravir le reste de la Lorraine et l'Alsace entière. Ces provinces avaient naguère appartenu à l'Allemagne, elles étaient encore allemandes de langage et de mœurs; enfin, elles pouvaient merveilleusement servir aux projets d'agrandissement et d'échanges de l'Autriche et de la Bavière. M. de Metternich épuisait toutes les finesses de cet esprit qui lui avait servi jadis à flatter Napoléon tout-puissant, pour obtenir la reprise de ces deux provinces de l'ancienne monarchie française; il demandait de plus que toutes les autres forteresses de nos frontières fussent démantelées. Il voulait enfin, non-seulement que la France payât tous les frais de la guerre, mais qu'elle fût soumise à un régime de police et d'administration exceptionnel, et qu'elle fût occupée pendant sept ans par une armée de cent cinquante mille hommes.

Les ministres anglais écoutaient, accueillaient même toutes ces prétentions. Tout ce qui pouvait être nuisible à la France leur paraissait, sinon réalisable, au moins digne d'intérêt et d'un sérieux examen, pour en laisser subsister le plus possible.

Le mois de juillet s'était écoulé sans qu'aucune communication officielle relative aux conditions de la paix eût eu lieu vis-à-vis des ministres français, et cela, en dépit des avances faites pour satisfaire les ressentiments et les vœux de la coalition. Ni l'ordonnance de proscription du 24 juillet, ni les mesures promises pour l'abolition de la traite des noirs (mesure d'un intérêt particulièrement anglais), ni l'assentiment donné à l'œuvre humiliante et pénible du licenciement, n'avaient rompu ce silence menaçant. Mais M. de Talleyrand et ses collègues avaient acquis la certitude par des conversations intimes, par des indiscrétions commises soit à Paris, soit par des correspondances allemandes, qu'il se formait, au sein de la coalition même, une ligne plus particulièrement hostile ; que dans les conférences mystérieuses qui se tenaient au *grand bureau* des alliés, les ministres d'Autriche et de Prusse soutenaient énergiquement la nécessité d'exiger des cessions territoriales, des garanties pécuniaires exorbitantes, une occupation militaire indéfinie.

Contre ces projets menaçants, M. de Talleyrand n'osait invoquer l'appui de la Russie, sachant l'empereur Alexandre personnellement mal disposé pour lui[1]. Il recourut d'abord à lord Wellington, celui des deux plénipotentiaires anglais sur lequel il croyait pouvoir le plus compter. Lord Wellington remit en effet une note dans laquelle il faisait, *comme simple particulier*, quelques objections, quoique assez mollement, contre les inconvénients militaires et politiques des morcellements projetés. Mais le caractère tout personnel de cette communication en affaiblissait singulièrement la portée. L'autre plénipotentiaire anglais, lord Castelreagh, en rapport journalier avec les ministres de Prusse et d'Autriche, en butte aux obsessions constantes des ministres allemands et surtout de l'infatigable Gagern, était beaucoup plus près de s'entendre avec eux. Le danger grossissait à vue d'œil, quand M. de Talleyrand, ayant enfin pu se procurer, par le duc de Dalberg, son collègue, une preuve matérielle, positive, des projets formés contre la France, mit sous les yeux du Roi

---

[1] Ce ressentiment tenait principalement à l'attitude prise par M. de Talleyrand au congrès de Vienne.

la carte sur laquelle étaient figurés les retranchements proposés, carte dans laquelle l'Alsace, la Lorraine, une partie de la Champagne figuraient comme déjà séparées de la France.

Cette communication foudroyante réveilla Louis XVIII de l'état d'accablement moral et physique dans lequel les difficultés et les angoisses de sa position l'avaient retenu jusque-là. Contre cette malveillance persistante, cet abus inique d'une victoire qu'on prétendait tourner contre lui-même, la sagacité de ses ministres se trouvait en défaut. Un effort personnel, désespéré du monarque pouvait seul conjurer l'opprobre et la ruine de la France. Le Roi eut un moment la pensée de faire un appel énergique au sentiment national, de s'échapper de Paris, de se transporter à l'armée de la Loire. Plus jeune, il eût sans doute couru cette chance suprême, comme avait failli le faire, cent ans plus tôt, le grand roi son bisaïeul, dans le péril presque aussi grave dont la journée de Denain sauva la France. Mais la France de 1712 connaissait mieux Louis XIV que celle de 1815 ne connaissait Louis XVIII; le péril était plus imminent, les chances d'une telle démarche plus incertaines. Louis XVIII le comprit, et jugea que sa ressource la plus assurée, la seule peut-être, était dans le caractère personnel de l'empereur Alexandre. Il lui fit demander une entrevue, à laquelle fut appelé aussi le généralissime anglais, et alors Louis XVIII, dont la parole et l'attitude furent cette fois vraiment royales, déclara qu'il ne pouvait accepter son rétablissement par les armes des alliés qu'à la condition de régner sur le royaume tel que ses ancêtres l'avaient possédé; que si l'on persistait à reprendre à la France autre chose que ses conquêtes révolutionnaires, il préférerait un nouvel exil à un trône avili, et qu'il réclamait de nouveau l'hospitalité de l'Angleterre.

Il y avait dans ce langage de l'habileté et de la grandeur. C'était plus qu'un rappel énergique à la modération et à l'équité; c'était une menace, la seule que le roi pût se permettre. Son départ laissait le champ libre aux efforts suprêmes du désespoir de la nation et de l'armée française, et pouvait changer le triomphe de la coalition en un immense désastre.

Cette démarche doit faire pardonner bien des fautes à son royal auteur. Elle réussit, elle émut notre ennemi le plus généreux; elle épouvanta les autres. L'empereur Alexandre donna au roi l'assurance formelle qu'il ne souffrirait pas que la France fût ainsi démembrée, et dès le lendemain (28 juillet) le *memorandum* du plénipotentiaire russe, M. Capodistrias, fut communiqué aux ministres des autres grandes puissances. Ce document important fixait l'ouverture de la paix définitive et en déterminait d'avance les bases. Ce fut donc à la Russie, nous ne devons jamais l'oublier, que la France dut de sortir d'une incertitude pire que tous les maux.

Le mémoire de M. Capodistrias est le document le plus habile et en même temps le plus modéré que la diplomatie de la coalition de 1815 ait produit. Sans doute, il ne faut pas y chercher même l'ombre d'un sentiment de justice ou de ménagement à l'égard de Napoléon, mais au moins le négociateur russe osait signaler aux autres puissances le danger d'abuser de la victoire; il osait reconnaître loyalement que, Napoléon une fois écarté, les puissances alliées s'étaient d'avance ôté le droit, par leurs proclamations solennelles, de traiter la France en pays ennemi, d'exercer sur elle le droit de conquête; que si, d'après l'attitude prise par la majorité de la nation lors des derniers événements, il était loisible et prudent de lui demander des garanties, il importait à l'honneur de la coalition, à la sécurité même de l'avenir européen, de mettre une certaine réserve dans le choix de ces garanties.

M. Capodistrias, fidèle interprète des généreux sentiments de son souverain, se prononçait nettement contre toute proposition de démembrement ou de cession de territoire, de démolition de places fortes ou d'anéantissement du matériel militaire français. Il penchait pour une combinaison de garanties mixtes, à la fois *morales et réelles.*

Dans ce but il proposait : 1° de renouveler les stipulations du traité du 25 mars, excluant à perpétuité Napoléon et sa famille; 2° de concerter avec le gouvernement actuel de la France un système d'occupation militaire temporaire, dont la durée plus ou moins longue serait réglée sur le degré de stabilité du nouveau gouvernement français; 3° de demander à la France une contribution destinée à subvenir aux frais de la guerre et aux dépenses d'armement de places fortes dans les États limitrophes. Enfin, il insistait énergiquement sur la nécessité de mettre fin à cet état d'incertitude, qui devenait pour la France une souffrance intolérable, et pour l'Europe entière un danger. Il demandait donc, pour conclure, que les autres puissances s'expliquassent sans délai et catégoriquement sur leurs prétentions: qu'on entamât à ce sujet, avec le gouvernement de Louis XVIII, une négociation formelle, qui deviendrait l'objet d'un traité général et définitif.

Tout n'était pas parfait, assurément, dans ces combinaisons, tout n'était pas infaillible dans les raisonnements du diplomate russe, et l'avenir réservait un énergique démenti à cette politique qui n'admettait de stabilité en France qu'avec les Bourbons, et faisait figurer au premier rang l'exclusion à perpétuité de la dynastie napoléonienne parmi les conditions de l'équilibre européen. Néanmoins, en tenant compte des circonstances et des passions de ce temps-là, il est juste de reconnaître que l'empereur Alexandre, en engageant la négociation dans ces termes, se montrait aussi équitable, aussi modéré qu'il lui était alors permis de l'être *à lui-même*, et les conditions indiquées dans le mémoire que nous venons d'analyser étaient moins rigoureuses que les conditions définitives de la paix de Paris, conditions que la France dut subir, grâce aux efforts d'ennemis moins généreux que les Russes.

II

L'attitude de la Russie désappointa fort les ministres des petits États allemands, qui en étaient déjà à se quereller pour le partage de nos départements de l'Est. « Décidément, *le cher empereur Alexandre* est contre nous, » écrivait M. de Gagern à sa cour. La conduite de ce souverain fut l'objet d'interprétations plus que hasardeuses et de critiques acerbes. Nous citerons à ce sujet une lettre curieuse de l'un des plénipotentiaires prussiens, savant illustre dont le nom est devenu aussi populaire en France que dans son propre pays, bien qu'il l'ait trop bien servi peut-être à nos dépens en 1815.

Vers la fin d'août, M. de Humboldt, qui n'avait guère alors le loisir de songer aux excursions scientifiques et au *cosmos*, écrivait ceci au prince régent d'Angleterre : « La générosité de la Russie s'explique par des vues politiques ; elle cajole la France pour l'éloigner de l'Autriche, et loin de prouver, par le fait, l'intérêt qu'elle affecte de prendre au bien-être de l'Allemagne, il paraît, au contraire, qu'elle ne serait pas fâchée de la voir dans un état de faiblesse qui l'empêchât d'être d'aucun poids dans la balance politique de l'Europe. Un des négociateurs russes, vivement attaqué ces jours-ci, sur la nécessité de garantir l'Allemagne contre les invasions françaises, en privant la France de moyens d'agression, et interpellé de s'employer auprès de l'Empereur son maître, pour le porter à appuyer les cours qui demandent encore à la France la cession des places fortes qui menacent ses voisins, ou de donner à ceux-ci plus de moyens de résistance, répondit ingénuement, qu'il n'était pas de la politique de la Russie de donner à l'Allemagne des frontières assurées contre la France, en cas d'invasion. »

Cette lettre fait comprendre, mieux que tout ce que nous pourrions dire, la résistance énergique qu'opposèrent les ministres prussiens aux vues plus modérées de la Russie. C'était toujours l'intérêt de l'Allemagne et son indépendance qu'ils affectaient de défendre. Mais, en réalité, ils agissaient plutôt dans l'intérêt exclusif de la Prusse; c'était son territoire si découpé, si décousu, qu'ils auraient voulu régulariser et accroître à nos dépens. Volontiers ils auraient porté les frontières de l'Allemagne sur les revers de la forêt d'Argonne et sur la Marne. Mais, après tout, l'on ne saurait trop le répéter, la Prusse était, de toutes les puissances, la plus excusable, et dans sa rancune même, et dans ses désirs d'indemnité.

Nous avons déjà signalé l'activité, si hostile à la France, du baron de Gagern. Il défendit avec une certaine habileté la cause des cessions territoriales, dans une longue note en forme d'*Observations*, que nous avons citée *in extenso* à la suite de ce précis, avec les mémoires russe et autrichien. M. de Gagern s'attachait d'abord à établir que Napoléon avait réellement été, même en 1815, l'homme de la nation française, ou du moins de sa très-grande majorité; puis, partant de ce principe, il concluait qu'on ne pouvait trop sévèrement nous punir d'un si grand crime; qu'au surplus le caractère de la nation française était tel, que ses voisins auraient toujours maille à partir tôt ou tard avec elle; qu'ainsi le droit et le devoir des ministres allemands étaient de profiter de l'occasion pour affaiblir le plus possible cet ennemi irréconciliable, etc. Ces observations furent le manifeste et l'effort suprême du parti le plus violent. Mais, malgré les efforts de M. de Gagern, la question de la Lorraine et de l'Alsace était déjà résolue en faveur de la France.

Dans le courant du mois d'août, M. de Metternich présenta également son *memorandum*, l'une des pièces capitales de la négociation. La modération qu'on remarque tout d'abord dans la forme de ce document n'était qu'un piége, et la haine franche du diplomate hollandais, s'emportant à des récriminations outrées, à des demandes extravagantes, était moins à craindre pour nous que la haine cauteleuse du diplomate autrichien, attentif à ne pas se compromettre par des prétentions exagérées, à n'affaiblir et n'humilier la France que dans les limites du possible.

Il semblait donc tout d'abord enchérir encore sur les dispositions récemment manifestées par la Russie, protestant contre toute idée d'envahissement, de conquête, comme attentatoire aux traités, contraire aux déclarations antérieures, etc. Après ce préambule trop rassurant, M. de Metternich travaillait à regagner le plus possible du terrain perdu. Abordant la question des garanties nouvelles que l'Europe était désormais en droit d'exiger, il faisait figurer parmi ces garanties, indépendamment des indemnités et de l'occupation militaire, *l'abandon des points offensifs que le traité du 31 mai 1815 avait laissés à la France,* ce qui impliquait à la fois et la perte de quelques fractions de territoire avancées, et la cession ou la démolition de toute la première ligne de nos places fortifiées sur les frontières du Nord et de l'Est. M. de

Metternich ne faisait pas même grâce à Strasbourg!

Ces insinuations malveillantes exercèrent une grande influence sur les arrangements définitifs. M. de Metternich réussit à convaincre la Russie qu'il était nécessaire de donner au moins une satisfaction partielle aux rancunes de l'Allemagne. Les bases de la paix furent ainsi réglées par une sorte de compromis, dans lequel l'Autriche et la Prusse firent valoir, comme un grand sacrifice et un témoignage irréfragable de modération, l'abandon des droits sur l'Alsace et la Lorraine.

Enfin, le 16 septembre, les ministres français reçurent la première communication officielle des bases d'arrangement proposées. En voici l'énoncé textuel[1] :

1° Confirmation du traité de paix dans celles de ses dispositions qui ne seront pas modifiées par le nouveau traité.

2° On redemandait à la France, à titre de *rectifications de frontières,* les territoires de Condé, Philippeville, Marienbourg, Givet, Charlemont, Sarrelouis et Landau, la Savoie, les forts de Joux et de l'Écluse.

3° Démolition des fortifications d'Huningue, avec l'engagement de ne jamais les rétablir.

4° Une contribution de 600 millions, à titre d'indemnité pour les frais de la guerre.

5° Le payement d'une autre somme de 200 millions pour couvrir une partie des dépenses consacrées à la construction de nouvelles places fortes dans les pays limitrophes de la France.

6° L'occupation pendant *sept ans* d'une ligne militaire le long des frontières du Nord et de l'Est (dix-huit places

---

[1] D'après une copie prise aux archives des affaires étrangères.

fortes désignées), par une armée de cent cinquante mille hommes, laquelle sera entretenue aux frais de la France.

Ces bases d'arrangement étaient plus rigoureuses qu'on n'aurait pu le prévoir, d'après les indications sommaires du mémoire russe, qui, loin d'admettre même éventuellement la cession ni la démolition d'aucune place, ne mettait en avant l'exigence d'une contribution considérable, que « comme moyen de concilier *la conservation de l'intégrité territoriale* de la France avec ce qu'elle devait à la sûreté et à la tranquillité générales. » Sur cette indication, les ministres de Louis XVIII avaient dû penser qu'on en serait quitte pour une indemnité et une occupation temporaire ; et on leur demandait, non pas seulement l'indemnité plus coûteuse, l'occupation plus longue, plus lourde, qu'ils n'avaient prévu, mais des cessions de places et de cantons entiers, dont plusieurs appartenaient à l'ancien royaume de France! Enfin, et comme si l'on eût voulu combler la mesure, on communiquait à la fois aux ministres français et ces conditions si rigoureuses, et les réclamations de tableaux et d'objets d'art, manœuvre insidieuse qui semblait calculée pour mettre en défaut le gouvernement français, et l'amener à céder sur la question des tableaux, dans l'espoir d'obtenir quelque adoucissement aux conditions de la paix [1].

Ce fut donc pour le Roi et ses ministres une double et amère déconvenue d'avoir à subir tout à la fois et la spoliation des musées, et des exigences territoriales moins effrayantes sans doute que les premières, mais cette fois

---

[1] Ce calcul, s'il a existé, était du moins parfaitement étranger à la Russie qui, comme on l'a vu plus haut, protesta contre les exigences spoliatrices de ses alliés.

concertées, élaborées d'un commun accord entre les vainqueurs, et qui semblaient irrévocables. Cependant M. de Talleyrand et ses collègues ne perdirent pas courage; ils répondirent à la communication alarmante qui venait de leur être faite, par une longue note due à la plume habile de M. de la Besnardière. Dans cette note, on s'attachait à établir que des demandes de cession de territoires, faites en conséquence de la dernière guerre, au souverain légitime de la France, à celui que les alliés n'avaient cessé de considérer et de traiter comme tel, n'avaient aucune raison d'être, car elles n'auraient pu dériver que du droit de conquête. Or, « il ne peut y avoir de conquête hors l'état de guerre, et comme on ne peut prendre à qui n'a rien, on ne peut conquérir que sur qui possède; d'où il suit que, pour qu'il puisse y avoir conquête, il faut qu'il y ait guerre de l'occupant au possesseur, *c'est-à-dire au souverain,* droit de possession et souveraineté sur un pays étant choses inséparables ou plutôt identiques. » Les alliés, d'après ce raisonnement, n'avaient pas fait la guerre à la France, mais contre un certain nombre de Français; « l'objet et l'effet d'une pareille guerre était, non de *conquérir,* mais de *recouvrer* pour celui que les alliés considéraient comme le possesseur légitime. » Le Roi, d'ailleurs, avait coopéré au triomphe des alliés; les royalistes de l'Est et du Midi, et même les prétendues autorités qui s'étaient prononcées contre l'usurpateur après Waterloo, *avaient été pour la coalition des auxiliaires très-sérieux et très-utiles.*

La note française faisait ressortir les graves inconvénients de toute exigence territoriale, comme contraire à l'équilibre européen, aux déclarations formelles et réitérées des alliés, comme nuisible à l'autorité même et à l'action salutaire et réparatrice du gouvernement royal. Néanmoins, s'il fallait absolument se résigner à quelques sacrifices de ce genre, le Roi n'en voulait admettre *que sur ce qui n'était pas l'ancienne France*. Il consentait au payement d'une indemnité raisonnable, à une occupation provisoire par un nombre de troupes, et pour un temps à déterminer, mais en rejetant bien loin l'idée de la prolonger pendant sept ans.

« Si ces bases n'étaient pas adoptées, les soussignés n'étaient pas autorisés à en entendre et à en proposer d'autres. »

Ce langage était habile, et fit quelque impression sur les plénipotentiaires anglais et russes. Néanmoins, l'insistance de ceux d'Autriche et de Prusse, les sollicitations incessantes des ministres des États secondaires, neutralisèrent l'effet de la note française. On décida de maintenir la légitimité des exigences territoriales, *qu'elles portassent ou non sur ce qui avait fait partie du territoire de l'ancienne France*. La persistance à repousser cette distinction s'expliquait surtout par l'influence autrichienne. Parmi les villes convoitées figuraient au premier rang celles de Sarrelouis et de Landau. C'était surtout l'Autriche qui avait un impérieux besoin de ces villes et des territoires adjacents, non pour s'en emparer elle-même, mais pour les faire attribuer à la Bavière à titre de compensation, pour le Tyrol que l'Autriche voulait reprendre. On sait que le Tyrol, ancienne possession autrichienne, avait été annexé par l'empereur Napoléon au royaume de Bavière, *qu'il avait créé!* On sait aussi, et il n'est peut-être pas inutile de le rappeler à ceux qui l'ont oublié, que le cabinet de Munich, dont la défection en 1813 fut une des grandes causes du désastre de Leipzig, avait obtenu, pour prix de cette défection, la garantie de l'intégralité de ses États par la coalition. Ainsi la Bavière conservait, en vertu de sa trahison, une province qu'elle devait à la munificence de celui-là même qu'elle avait trahi, ou du moins ne pouvait en être dépossédée que moyennant indemnité. L'assiette de cette indemnité avait donné lieu à de vives et interminables discussions au congrès de Vienne. Au mois d'août 1815, M. de Metternich trouvait enfin, grâce à la victoire des Prussiens et des Anglais, la solution de ce difficile problème, et complétait l'indemnité bavaroise par un lambeau de l'ancien territoire du royaume de France!

Dans leur réponse à la note française, les plénipotentiaires alliés s'attachaient à décliner la qualification de conquête pour les cessions qu'ils persistaient à réclamer. Ils affirmaient que le rétablissement de l'ordre et l'affermissement de l'autorité royale en France n'avaient jamais cessé d'être le but principal de la coalition; affirmation difficile à soutenir en présence de ce qui se passait en France depuis le rétablissement du Roi. Nous préférons à ces assurances mensongères, et qui ne pouvaient plus abuser personne, la franche hostilité de M. de Gagern. Celui-là ne cessait de répéter que la majorité de la nation française s'étant ralliée à Napoléon, le but principal de la coalition devait être de la châtier de ce *crime*, de la mettre le plus longtemps possible hors d'état de nuire, et que les intérêts du gouvernement royal n'étaient plus pour l'Europe qu'un objet secondaire.

Les plénipotentiaires alliés établissaient ensuite que dans la situation présente, l'Europe, armée et victorieuse, avait droit d'exiger de la France : 1° une satisfaction pour les pertes et sacrifices passés; 2° *une garantie suffi-*

sante pour la sûreté des pays voisins. C'était à titre, non de conquête, mais de *supplément* de cette garantie, supplément auquel la France ne pouvait se refuser après ce qui s'était passé en 1815, qu'ils persistaient à demander quelques cessions de points enclavés, ou faisant considérablement saillie sur les États limitrophes.

Le but de cette demande était uniquement d'assurer la sécurité future de ces États.

Enfin ils se prononçaient énergiquement contre la distinction que la note française avait tenté de maintenir entre les territoires ayant fait ou non partie de l'ancien royaume. Dans toute cette conclusion on reconnaissait l'inspiration énergiquement malveillante de l'Autriche. « Il est impossible, disait-on, de supposer que MM. les plénipotentiaires français voudraient reproduire, dans les transactions actuelles, la doctrine de la prétendue inviolabilité du territoire français [1]. Ils savent trop bien que cette doctrine, mise en avant par les chefs et par les apôtres du système révolutionnaire, formait un des chapitres les plus choquants du code arbitraire qu'ils voulaient imposer à l'Europe. Ce serait complétement détruire toute idée d'égalité et de réciprocité entre les puissances, que d'ériger en principe que la France a pu sans difficulté étendre ses dimensions, acquérir des provinces, les réunir à son territoire par des conquêtes ou par des traités, tandis qu'elle jouirait seule du privilége de ne jamais rien perdre de ses anciennes possessions, ni par les malheurs de la guerre, ni par les arrangements politiques qui en résulteraient. »

---

[1] Ce principe avait été soutenu énergiquement à Châtillon en 1814, par le négociateur français. (Caulaincourt.)

Pour se rendre un compte exact de la situation des choses à cette époque (22 septembre 1815), il ne faut pas oublier que la demande de 800 millions, pour la contribution de guerre, n'était présentée alors que comme applicable aux frais de la dernière campagne; que toutes les autres puissances, *sauf la Russie*, prétendaient en outre être indemnisées des dommages causés par les invasions et occupations françaises depuis 1792, et que le chiffre de ces réclamations complémentaires dépassait déjà 700 millions. L'Autriche, à elle seule, figurait dans ce total pour 189 millions. Le tout, sans préjudice de la liquidation des créances de particuliers étrangers, déjà arrêtée en principe dès 1814, et qu'on allait sans doute poursuivre avec une rigueur plus grande.

Tout ceci était une paraphrase du *vœ victis!* On n'avait eu garde de manifester de telles exigences ni après Waterloo, ni après l'abdication, ni même immédiatement après la capitulation de Paris. On avait attendu, pour parler enfin à cœur ouvert, le débordement d'un million de soldats sur notre territoire, le licenciement et la dispersion de nos derniers défenseurs; on avait attendu surtout la captivité et l'éloignement de Napoléon !

III

Trois jours après la remise de cette note des alliés, M. de Talleyrand et ses collègues donnèrent leur démission, qui fut acceptée par le roi. Les causes de cette retraite de M. de Talleyrand étaient complexes; elles tenaient à la fois, et aux vives répugnances manifestées par les royalistes *ultrà* contre les antécédents révolutionnaires de l'ex-évêque d'Autun, et à l'espérance d'obtenir, par l'entremise d'un négociateur personnellement agréable à la Russie, quelque adoucissement aux conditions rigoureuses dont on était menacé. On a quelque raison de croire que M. de Talleyrand se vit, sans trop de déplaisir, dispensé de continuer cette pénible discussion, et surtout de concourir à la sanction d'un arrangement à la fois désastreux et humiliant pour la France. Cette abstention, plus ou moins volontaire, lui réservait la possibilité d'un nouveau rôle politique, dans l'éventualité d'un changement de dynastie.

Le choix de son successeur était, à bien des égards, le meilleur que Louis XVIII pût faire. Complétement étranger au passé révolutionnaire, au système impérial, ayant toujours conservé dans l'exil des sentiments français, porteur d'un de ces noms si glorieux dans notre histoire, que la France nouvelle était bien forcée de les connaître, M. le duc de Richelieu était de plus personnellement agréable à l'empereur Alexandre, qu'il avait utilement servi dans des circonstances difficiles. Les instances du nouveau ministre ranimèrent l'intérêt quelque peu refroidi de l'empereur Alexandre pour le roi de France, et obtinrent successivement ainsi divers allégements aux énormes sacrifices qui nous étaient imposés.

Une conférence eut lieu le 2 octobre. Voici quel était, à l'issue de cette conférence, l'état de la négociation, d'après un *aperçu* de la main de M. de Richelieu lui-même, que nous transcrivons littéralement :

« Les alliés exigeaient *d'abord* la cession de Condé, Givet et Charlemont, Philippeville et Marienbourg, Sarrelouis, Landau, la démolition d'Huningue, la cession du fort de Joux et de celui de l'Écluse à la Suisse ; — douze places de sûreté ; — l'occupation de la frontière française pendant sept ans : — une contribution de 600 millions ; — plus, 200 millions pour construction de places de guerre.

» *Voici l'état actuel.*

» Ils ont renoncé à leurs prétentions sur Condé, Givet, Charlemont, le fort de Joux et celui de l'Écluse. Ils exigent Landau et Sarrelouis comme cession absolue ; Philippeville et Marienbourg comme rectification de frontières ou *désenclavement de territoire*, nouvelle expression commode pour éviter de prononcer le mot de conquête.

» Le temps de l'occupation est limité *à cinq ans*, comme maximum, pouvant se réduire à trois.

» On est tombé d'accord sur ce qui précède.

» D'après une évaluation sommaire jointe à cet aperçu,

les derniers événements allaient coûter encore à la France une somme de 1,736 millions, ainsi répartie, d'après les explications des alliés :

» *Somme accordée pour frais d'équipement de leurs armées.* . . . . 136 [1]

» *Somme convenue pour faire rentrer le Roi en possession du gouvernement dans les pays occupés par ces armées.* 50

» Contribution de guerre (y compris la construction des places). 800

» *Frais des armées alliées à raison de 100 millions par mois, pour quatre mois.* . . . 400

Entretien de l'armée alliée pendant trois ans (occupation). 350

» Total. . . . 1,736 »

Telles étaient les prétentions, *déjà adoucies*, qu'on faisait figurer, pour ainsi dire, en premier plan, comme choses urgentes et indiscutables. En seconde ligne venaient les réclamations des puissances continentales pour

---

[1] Cet article, et les deux autres en italique, ont été changés dans l'arrangement définitif.

les dommages à elles causés par la France de 1792 à 1815, réclamations s'élevant, en demande, à 737 millions; puis enfin les indemnités réclamées, pendant la même période, par les sujets des différents gouvernements qui avaient été en guerre avec la France. Les principes de cette dernière liquidation avaient été convenus, des commissions mixtes nommées dès 1814 ; mais les événements avaient forcément ajourné ce travail, et au moment des négociations de la seconde paix de Paris, rien n'avait encore été payé, le chiffre total des demandes n'était même pas arrêté. Mais on en connaissait déjà pour *plus d'un milliard*, et il était à penser que les événements de 1815 allaient encore en faire surgir d'autres!

En présence d'une telle situation, plus d'une fois le courage manqua à M. de Richelieu ; les instances suppliantes du Roi purent seules le déterminer à demeurer sur la brèche. Là encore, nous devons le dire, l'intervention amiable de la Russie ne nous fit pas défaut. Peut-être aussi craignit-on encore une fois de réduire la France au désespoir. La Russie, qui n'avait réclamé aucune indemnité pour les guerres antérieures à la coalition, décida les autres puissances à suivre son exemple.

On fit aussi disparaître la réclamation vraiment dérisoire d'une indemnité de 400 millions pour le séjour des armées alliées en France depuis l'invasion. En présence des rapports impartiaux et authentiques qui arrivaient de toutes parts, les ministres de la coalition durent reconnaître que les déprédations et les violences de tout genre commises par ces troupes sur notre territoire ôtaient tout droit, tout prétexte à une nouvelle réclamation d'indemnité. Enfin, les sommes demandées d'abord en particulier pour les frais d'équipement et la remise des places et territoires envahis (voir l'état ci-dessus), se confondirent avec la contribution de guerre, qui finalement fut elle-même diminuée de 100 millions. Le mérite de ces adoucissements appartient surtout à l'influence russe, souvent et efficacement invoquée par le duc de Richelieu, et aussi à une absence plus ou moins volontaire de M. de Metternich, qui craignait encore de paraître trop favorable à la France !

Pendant les mois d'octobre et de novembre, les bases de la pacification furent enfin définitivement posées et arrêtées dans diverses conférences. La France dut consentir à la cession de Marienbourg, de Philippeville, de Landau, de Sarrelouis et de la partie du département du Mont-Blanc qui lui avait été laissée en 1814. La population totale du territoire retranché n'excédait pas beaucoup 500,000 âmes. C'était matériellement peu de chose en comparaison de l'Alsace et de la Lorraine, si gravement menacées dans les deux mois précédents ; moralement, c'était trop encore, surtout quand on pense qu'une partie importante de ces cessions devait profiter à un État comblé des bienfaits de la France impériale, et dont la défection avait été l'une des grandes causes de nos malheurs ! Le sacrifice le plus pénible, à tous les points de vue, était celui de Sarrelouis, ville fondée par Louis XIV, ville si éminemment française, qui depuis moins d'un siècle avait doté la France de deux généraux de premier ordre (Ney et Grenier) et d'une foule d'officiers et d'administrateurs distingués. Ce fut aussi une clause bien dure, que la démolition de ces fortifications d'Huningue, dont l'héroïque défense avait jeté un si vif reflet de gloire sur nos malheurs !

Le 13 octobre, on minuta des bases d'arrangements pécuniaires, qui ont été modifiées depuis. Il fut aussi question de la liquidation des créances privées, qui devait faire le sujet d'une convention spéciale. On résolut enfin, sur la demande pressante du plénipotentiaire français, d'accélérer autant que possible l'évacuation du territoire par toutes les troupes étrangères qui ne devaient pas faire partie du corps d'observation temporaire.

L'organisation définitive de ce corps d'occupation fut réglée dans la conférence du 22 octobre. Toutes les indications en sont relatées dans le traité dont nous avons cité intégralement le texte à la fin de ce volume. Nous pouvons donc nous épargner des répétitions pénibles. Cette occupation, concédée pour cinq ans, pouvait être réduite à trois, si l'état de la France était jugé suffisamment rassurant. Dès la seconde année, en effet, l'armée d'occupation fut diminuée de trente à trente-cinq mille hommes; à la fin de la troisième année, la France en fut complétement débarrassée. Les charges de cette occupation, évaluées définitivement à 150 *millions de francs par an* (tant en nature qu'en numéraire), se trouvèrent ainsi allégées proportionnellement. Cette occupation avait plutôt aigri que calmé les esprits; ce fut un acte de sage politique de l'abréger, ne pas l'exiger eût été plus sage encore.

Le protocole de la conférence du 3 novembre régla le partage des cessions territoriales consenties par la France, entre les Pays-Bas, la Prusse, la Bavière, la Suisse, et enfin la Sardaigne (pour la Savoie française). Plusieurs de ces assignations de territoire furent remaniées, par suite de rétrocessions ou d'échanges ultérieurs. L'arrangement de la Bavière et de l'Autriche fut de tous le plus difficile à conclure; cette puissance ne trouvait pas, dans le territoire qu'on lui proposait ou qu'on lui imposait sur la frontière française, en échange du Tyrol, cette contiguité de possessions qui lui avait été garantie en 1813 par le traité de Ried, pour l'engager à se déclarer contre la France. Il s'ensuivit de nombreuses difficultés, qui ne furent terminées qu'en 1816.

Le 6 novembre, on arrêta la répartition de la contribution de guerre, décidément fixée à 700 millions. Elle fut divisée en deux grandes masses, l'une destinée à la construction des forteresses sur la frontière de Flandre, du Rhin et des Alpes, l'autre exigée à titre d'indemnité. Comme on devait s'y attendre, les quatre grandes puissances se firent la part du lion dans cette indemnité, dont le chiffre s'élevait encore à 562 millions et demi; sur ce total, chacune s'attribua d'abord 100 millions; il fut alloué en sus 25 millions à l'Angleterre et autant à la Prusse, à raison de ce que leurs armées avaient supporté le principal poids de la guerre, et pris Paris. L'Espagne et le Portugal, qui avaient souffert assurément autant et plus que toute autre puissance, n'obtinrent ensemble qu'une maigre indemnité de 7 millions ; la Suisse, 3; le Danemark, 2 et demi. Enfin, l'excédant de l'indemnité, formant juste 100 millions, fut réparti entre tous les autres États qui avaient accédé à la coalition, dans la proportion de leurs contingents, ce qui donnait un total d'environ 425 francs par tête. La répartition se fit sur cette base entre tous ces États, grands et petits, depuis la Bavière, qui avait fourni 60,000 hommes, et qui reçut 25 millions et demi, jusqu'à la principauté de Lichtenstein, qui avait fourni 100 hommes et reçut 42,500 francs. Il est bien à remarquer que la Sardaigne figurait *nominalement* dans cette répartition pour un peu plus de 6 millions, et les Pays-Bas pour un peu plus de 21 millions. Mais ces deux puissances étaient censées trouver, l'une dans l'acquisition de la Savoie, l'autre dans celle des différents districts détachés de la France à son profit, une compensation suffisante à leurs efforts, et on les obligea de renoncer à leur part d'indemnité au profit de *l'Autriche* et de la Prusse. L'Autriche, qui avait à peine combattu dans cette dernière guerre, eut ainsi à elle seule une part de près de *cent huit millions* dans la rançon de la France. Mais aussi l'Autriche était tacitement investie d'une mission de haute confiance; elle avait sa part de responsabilité dans l'exécution de cette clause de haine et de terreur que nous retrouvons à chaque page des traités de 1815, l'exclusion à perpétuité de Napoléon et de sa famille. Certes, l'Autriche a consciencieusement rempli sa tâche, et les geôliers de Schœnbrunn n'ont rien à envier à ceux de Sainte-Hélène! Toutes ces œuvres de ténèbres, à quoi ont-elles servi?...

Il fallait en finir! Après de longues et cruelles discussions, dont la dernière dura presque un jour et une nuit sans désemparer, après avoir offert encore plus d'une fois sa démission à Louis XVIII, le duc de Richelieu signa, le 21 novembre, à deux heures du matin, le traité de paix que nous donnons plus bas *in extenso*, et quatre conventions accessoires qui exposaient en détail les stipulations principales que le traité n'avait pu qu'indiquer sommairement. La première réglait le mode de payement de l'indemnité; la seconde l'occupation militaire; la troisième était relative à la liquidation des créances particulières autres que celles des Anglais; la quatrième, conclue avec l'Angleterre seule, à cette liquidation exceptionnellement onéreuse des créances anglaises, dont le gouvernement britannique maintenait l'intégralité, nonobstant les décrets de réduction qui, pendant la Révolution, avaient frappé les valeurs dont les Anglais étaient porteurs [1].

Le même jour (20 novembre) les quatre puissances coalisées signèrent un nouveau traité d'alliance confirmatif des précédents, et ayant pour but d'assurer l'exécution des traités de 1814 et de 1815 avec la France, et des actes du congrès de Vienne. Ce dernier traité fut immédiatement communiqué à la France par une note officielle, dont la forme modérée contrastait étrangement avec la plupart des stipulations auxquelles elle se réfère. Les plénipotentiaires de la coalition semblaient y mettre les arrangements politiques de 1815 et la paix du monde sous le patronage des institutions constitutionnelles de la France, comme si la jouissance de ces institutions, dont la nation française n'était d'ailleurs aucunement redevable aux alliés, eût été un palliatif suffisant pour toutes les

---

[1] Cette double liquidation fut terminée en 1818 par deux nouvelles conventions, signées de même par le duc de Richelieu, l'une avec les ministres des grandes puissances signataires de la paix de Paris, l'autre avec l'Angleterre seule. D'après les conventions du 20 novembre 1815, la France avait dû s'obliger à inscrire immédiatement sur le grand-livre de sa dette publique deux inscriptions de rentes 5 pour 100 de 3 millions et demi chacune : l'une pour garantie de la dette continentale ; l'autre pour garantie de la dette anglaise. Ces rentes furent ensuite employées en déduction, et la France acheva de liquider sa dette continentale par l'inscription d'une nouvelle rente de 12 millions 40,000 francs, et sa dette anglaise par l'inscription d'une rente complémentaire de 3 millions. Ainsi cette liquidation nous a coûté en tout *dix-neuf millions quarante mille francs de rente* (au capital total de plus de 506 millions, d'après les cours aux deux époques). Il est vrai que la seule commission continentale avait eu à examiner des réclamations qui s'élevaient à près de 1,300 millions !

souffrances et les humiliations dont elle avait été abreuvée [1].

Il nous sera toujours bien difficile à nous, Français, d'apprécier de sang-froid la politique des alliés en 1815. Toutefois nous croyons, en notre âme et conscience, qu'abstraction faite de tout préjugé national ou dynastique, un examen calme et impartial de cette politique doit aboutir à un blâme sévère. Ligués contre un seul peuple, les dictateurs de la coalition n'osent encore se fier pleinement à l'énorme supériorité de leurs forces militaires ; ils recourent sans scrupule à des protestations, à des promesses fallacieuses, pour détacher la nation française de son chef si redouté. Pas de franchise dans la lutte, pas de modération dans la victoire, pas même d'égards pour leurs propres alliés ; que sera-ce donc pour les vaincus ? S'ils mettent enfin un terme à leurs exigences impitoyables, ce n'est pas par un retour tardif d'équité, c'est qu'ils n'osent pas aller plus loin ; c'est qu'ils craignent, de la part de la France, un suprême élan de désespoir qui remettrait tout en question.

Toutefois, nous devons rappeler ici une distinction déjà précédemment indiquée. Parmi les grandes puissances, la Russie, dont les griefs n'étaient pas les moindres, fit preuve de quelque retenue et de quelque dignité. L'Autriche se montra, par-dessus toutes les autres, égoïste, avide et impitoyable.

---

[1] Nous avons également cité, à la fin de ce volume, ce dernier traité de 1815 et la note des plénipotentiaires au duc de Richelieu. La stipulation la plus curieuse de ce dernier pacte de coalition est l'article 5, par lequel les puissances contractantes s'engageaient à maintenir perpétuellement, et, au besoin, *avec toutes leurs forces*, l'exclusion de Napoléon et de sa famille du pouvoir suprême en France.

En énumérant les conventions diplomatiques de 1815, nous avons omis celle du 2 août, qui réglait le sort de l'Empereur, et réitérait, pour la centième fois, la sentence d'exclusion à perpétuité de Bonaparte, de ses enfants et de sa famille, etc. L'avenir réservait de cruels démentis à la fausse sagesse des oracles politiques de 1815. Pour la consolation de la France outragée, Dieu a prolongé la vie de quelques-uns des grands auteurs de nos maux. Le duc de Wellington, signataire de la capitulation de Paris, de la convention du 2 août, du traité du 20 novembre, a vu la restauration de cette dynastie napoléonienne, à tout jamais proscrite. A Vienne, la déception a été plus profonde encore, le châtiment mieux mérité et aussi plus sévère. M. de Metternich semble avoir attendu, pour mourir, l'écroulement de son œuvre politique, l'anéantissement de sa prétendue gloire. Les nouvelles de nos premières victoires en Italie, de l'entrée de Napoléon III à Milan, ont été autant de supplices infligés aux derniers moments de cet irréconciliable ennemi [1].

---

[1] Ces dernières lignes ont été imprimées peu de jours avant le dénouement de cette courte et mémorable campagne. L'héroïsme de nos soldats, les talents et l'habile magnanimité de leur illustre chef ont justifié et dépassé toutes nos prévisions. Grâce à Napoléon III, notre revanche est désormais complète, plus que complète, du moins au point de vue le plus essentiel, celui de l'honneur national !

Juillet 1859.

DOCUMENTS

I

ÉTAT DES NÉGOCIATIONS ACTUELLES ENTRE LES PUISSANCES ALLIÉES ET LA FRANCE, LE 16-28 JUILLET 1815, PAR M. CAPO-DISTRIAS, MINISTRE DE RUSSIE.

L'alliance européenne et la guerre qui vient d'être heureusement terminée par la bataille du 18 juin, avaient pour but :

1º De délivrer la France de Bonaparte et du système révolutionnaire qui l'avait reporté sur le trône ;

2º De placer cet État dans la situation intérieure et dans les rapports extérieurs rétablis par le traité de Paris ;

3º De garantir à la France et à l'Europe le maintien inviolable des transactions fondées sur le traité de Paris, et complétées par les actes du congrès de Vienne.

Bonaparte et les siens sont au pouvoir des alliés. Son armée va être licenciée. Louis XVIII est à Paris. La nation reconnaît ce monarque comme l'intermédiaire de sa pacification avec l'Europe.

Les armées alliées occupent la France ; elles sont entretenues par elle.

Le premier et le plus essentiel objet de l'alliance et de la guerre est donc atteint.

Il s'agit maintenant de remplir le second, savoir : de garantir, par des mesures grandes et efficaces, le repos de la France, et conséquemment celui de l'Europe.

Ce repos ne peut consister en France que dans un ordre de choses qui rende à jamais impossible le retour des révolutions.

Il ne peut se consolider en Europe qu'autant que la France, comme corps politique, sera mise dans l'impossibilité d'y porter atteinte.

C'est de ce principe, de l'état actuel de l'esprit public en France, enfin du traité du 25 mars, que dérivent en raison composée toutes les questions relatives aux garanties que les alliés ont le droit d'exiger de la nation française, à l'effet d'assurer d'une manière immanquable et permanente le résultat des grands sacrifices qu'ils ont faits au bien général. Ces garanties sont morales et réelles. Les unes ne peuvent reposer sur l'opinion; les autres se fondent sur la force. Une constitution qui affermira le pouvoir du gouvernement du Roi sur celui d'une représentation nationale, et qui identifiera les intérêts créés par vingt-cinq ans de révolutions à ceux de la royauté, peut seule présenter l'ensemble des garanties morales.

Il importe d'examiner les garanties de l'une et de l'autre classe pour décider :

1º Si c'est dans l'une ou dans l'autre, ou enfin dans toutes les deux espèces de garanties, que les puissances alliées peuvent légitimement trouver celles qu'elles sont en droit de demander à la France.

2º Après avoir déterminé avec précision la nature de ces garanties, il est également important d'examiner quelles sont les formes moyennant lesquelles les puissances alliées peuvent les obtenir régulièrement et d'une manière analogue aux principes sur lesquels se fonde leur alliance.

GARANTIES RÉELLES

On commence par l'examen des garanties de ce genre. Elles pourraient consister dans les suivantes :

A. Resserrer les limites assignées à la France par le traité de Paris.

CAPITULATION DE PARIS. 325

B. Lui enlever la ligne de défense qui garantit ses frontières, ou en détruire les fortifications.

C. La priver de tout le matériel de son état militaire et en détruire les sources.

D. Frapper la nation d'une forte contribution pécuniaire, qui la mette pour longtemps dans l'impossibilité de se relever de la crise actuelle.

Les puissances alliées, en prenant les armes contre Bonaparte et ses adhérents, n'ont point considéré la France comme un pays ennemi.

Maintenant qu'elles occupent le royaume de la France, elles ne peuvent donc y exercer le droit de conquête.

Le motif de la guerre a été le maintien du traité de Paris, comme base des stipulations du congrès de Vienne. La fin de la guerre ne saurait donc exiger la modification du traité de Paris, et celles qui s'ensuivront nécessairement pour toutes les transactions subséquentes.

Conséquemment, si les puissances alliées devaient, dans les circonstances, exercer en France le droit de conquête, il faudrait nécessairement qu'un nouveau traité déterminât au préalable les motifs de ce changement de système et en fixât les principes; mais ces motifs et ces principes seraient en contradiction avec ceux qui ont été consacrés par le traité de Paris et par toutes les stipulations de Vienne.

Ces stipulations, en effet, ont eu pour but de reconstruire les États respectifs sur une échelle propre à rétablir un juste équilibre en Europe.

En portant atteinte à l'intégrité de la France, il faudrait revenir sur toutes les stipulations de Vienne; procéder à de nouvelles stipulations territoriales; combiner un nouveau système d'équilibre. Cette opération difficile et peu analogue aux principes libéraux qui caractérisent la politique des grandes puissances, provoquerait une divergence dans la conduite uniforme qu'elles ont suivie jusqu'ici, et de laquelle seule les peuples attendent leur repos.

Les alliés ont reconnu le roi de France durant l'usurpation de Bonaparte. Il vient d'être replacé sur le trône par la force de leurs armées. Il est donc de leur justice autant que de leur intérêt d'affermir l'autorité de ce monarque, et de l'aider du concours de toute leur puissance à fonder sur un intérêt général et national la force morale de son gouvernement.

Ce serait détruire dès son principe la restauration de cette monarchie, que d'obliger le Roi à consentir à des concessions qui donneraient au peuple français la mesure de la méfiance avec laquelle les puissances alliées envisagent la stabilité de leur propre ouvrage.

Affaiblir directement les forces de la nation française pour l'obliger à respecter le gouvernement que l'Europe veut reconnaître comme légitime, c'est dire à la France qu'un gouvernement légitime est pour elle une calamité; c'est justifier, peut-être, aux yeux de la postérité, toutes les horreurs de la révolution; c'est faire croire à la France que la guerre n'est pas encore terminée; c'est engager les puissances à se tenir en mesure de la faire avec succès.

Ces considérations et celles qu'on pourrait aisément en déduire donnent la juste valeur politique de toutes les garanties qui appartenaient exclusivement à cette classe.

GARANTIES MORALES

Un système de gouvernement quelconque ne peut offrir à lui seul la garantie absolue de sa stabilité.

Il est inutile de développer cette observation, comme il serait déplacé d'examiner ici quelle serait, dans la situation actuelle de la France, la réforme constitutionnelle la plus propre à raffermir solidement le pouvoir souverain et à éteindre entièrement dans ce pays tout foyer de révolution.

Ce dont toutefois l'on peut convenir, c'est qu'en préservant à jamais la France du retour de la dynastie de Bonaparte et son influence pernicieuse, le Roi peut et doit rétablir son autorité constitutionnelle de manière à ce que la partie saine et la majorité de la nation se rallient fortement à son trône.

Les puissances alliées ne sauraient néanmoins faire consister les résultats de tous leurs sacrifices dans cet état de choses hypothétique, qui n'aurait pour toute garantie que des opinions abstraites et des combinaisons conjecturales.

Il paraît conséquemment juste d'affirmer que, dans la classe exclusive des garanties morales, les puissances alliées ne peuvent trouver celles qu'elles sont tenues de présenter à l'Europe comme le gage de son repos. Cela étant, il faut nécessairement chercher ces garanties dans les deux classes réunies, en partant du principe que les garanties réelles ne sauraient être fondées sur le droit conquête.

GARANTIES MORALES ET RÉELLES

Supposons que le roi de France, par un accord entre ses opinions et celles des puissances alliées, parvienne à réformer la monarchie française de manière à ce que tous les intérêts de tous les partis se confondent en un seul, savoir : celui du gouvernement et de la représentation nationale.

Cette garantie morale de la fin de toute révolution en France, deviendrait réelle du moment que l'ordre et le repos qui doit en résulter ne pourront être troublés par une réaction intérieure quelconque, semblable à celle qui a rapporté Bonaparte sur le trône, sans que la France attire encore sur son territoire des armées étrangères.

Faire sentir par le fait au peuple français cette grande vérité, en convaincre tous les partis, c'est le forcer indirectement à ne rechercher son salut que dans le maintien de la constitution que la France aura adoptée pour sortir de l'état d'humiliation et d'anéantissement auquel ses égarements l'ont réduite.

Les puissances alliées peuvent remplir de deux manières cette tâche importante :

1º En renouvelant entre elles des stipulations conformes à celles du traité du 25 mars, à l'effet d'*exclure, en vertu d'une loi générale sanctionnée par toute l'Europe, Napoléon Bonaparte et toute sa famille du pouvoir suprême en France;* de mettre en vigueur, pour un temps déterminé, la partie défensive du traité de Chaumont, contre toute atteinte que la France à l'avenir pourrait porter à la sûreté des autres États européens.

2° En prenant, du consentement du gouvernement actuel, une position militaire en France, et en la conservant tout le temps qui serait jugé nécessaire pour obtenir la certitude de la stabilité du gouvernement adopté et qu'on trouvera propre à mettre un terme à toutes les révolutions, pour donner aux États limitrophes de la France le temps et les moyens de renforcer leur ligne de défense militaire.

Sur la première mesure, les puissances alliées conserveraient une égalité parfaite dans leurs rapports avec la France, et cet État serait tenu de payer une contribution pécuniaire destinée à subvenir aux frais de la guerre actuelle, et à mettre en même temps les États limitrophes en mesure de pouvoir garantir par de nouvelles fortifications leur propre sécurité, et conséquemment celle de l'Europe, contre l'immense et menaçante ligne de places fortes que la France présente le long de ses frontières, du côté de la Belgique et du Rhin.

C'est à ce titre qu'une contribution considérable pourrait être légitimement fournie par la France aux puissances alliées, comme moyen de concilier la conservation de son intégrité territoriale avec ce qu'elle doit à la sûreté et à la tranquillité générales si longtemps sacrifiées à ses tentations et à son ambition.

En percevant cette contribution, les puissances ne violeraient aucun principe de justice; en s'y soumettant, la France y trouverait son salut, sans voir son existence politique compromise par la nature et la force du remède. Mais comme il est de toute impossibilité de retirer à la fois ou en peu de temps toute la somme de cette contribution, il s'ensuit que les alliés auraient à ce titre le droit d'occuper une ligne militaire dans le territoire français jusqu'à l'époque où cette contribution serait acquittée.

Par cette mesure, fondée sur un droit incontestable, les alliés obtiendraient indirectement l'autre avantage, celui de mettre à l'épreuve du temps et de l'expérience la garantie morale qui consisterait dans la réforme constitutionnelle de la monarchie française.

En effectuant cependant cette mesure, les alliés ne sauraient maintenir l'égalité de leurs rapports actuels avec la France.

On a déjà démontré que ce n'est que du consentement du gouvernement que les alliés pouvaient garder en France une position militaire. Or, s'il y a moyen d'obtenir ce consentement libre, ce n'est qu'en offrant au gouvernement français des garanties qui le mettent en état de persuader à la nation que cette attitude militaire des alliés sur le territoire français cessera aux conditions et dans les temps déterminés par un traité formel.

Il suit de cette considération que parmi les puissances alliées, celles dont les troupes pourraient le plus convenablement occuper une position militaire en France ne sauraient à la fois être considérées comme propres à offrir cette garantie. Elle serait conséquemment réservée aux puissances dont les troupes évacueraient immédiatement le territoire français. Ces deux systèmes de garanties positives présentent un nombre de combinaisons faciles à saisir, et sur lesquelles il semble prématuré d'entrer dans des développements ultérieurs.

Il s'agirait de réunir les opinions des cabinets sur le système qu'on jugerait le plus adapté aux circonstances et le plus conforme aux principes comme au but que l'alliance s'est proposés.

Mais quel que soit le système de garantie qu'adopteront les puissances, les formes à suivre pour le réaliser ne peuvent être que celles d'une négociation amicale avec le gouvernement français.

L'Europe a été et se trouve l'alliée de ce gouvernement. L'ayant replacé à la tête de la nation française, elle est en paix avec la France. Si le gouvernement ne s'ouvre pas encore avec une pleine et entière confiance aux alliés ; si toute la France, ou pour mieux dire le parti le plus immédiatement intéressé à la révolution, ne se rallie pas encore de bonne foi au gouvernement, c'est que les alliés n'ont point déclaré dans quelles intentions ils occupent la France et se proposent de s'y maintenir.

Le traité du 25 mars et les déclarations des alliés sont sous les yeux de la nation française. Bonaparte, l'objet principal de l'un et des autres, est en leur pouvoir. Le Roi est censé gouverner légitimement la France. Néanmoins les armées alliées vont prendre des cantonnements. On travaille à un système d'administration destiné à pourvoir à leurs subsistances pendant un long espace de temps. Des divergences momentanées, provoquées par l'ascendance du pouvoir militaire, font croire que quelques-unes des armées alliées se considèrent en pays ennemi.

Le silence des cabinets glace les esprits, autorise les méfiances, alarme une nation ivre d'orgueil et d'amour-propre, et capable encore d'une grande énergie, double ses souffrances, peut exciter en elle le désespoir.

Il est donc urgent que les cabinets s'expliquent catégoriquement avec le gouvernement français sur les garanties qu'il se propose de lui donner.

A cet effet, il paraît nécessaire :

1° De se concerter sans délai sur ces garanties et de les déterminer de commun accord ;

2° D'entamer une négociation formelle avec le gouvernement français, afin de les lui faire adopter ;

3° De consigner le résultat de cette nouvelle négociation dans un traité qui serait stipulé avec les puissances alliées et la France, et de donner en conséquence de ce traité une déclaration par laquelle, en annonçant la fin de la guerre, on déterminerait les rapports de la France avec les puissances signataires du traité du 25 mars.

On pourrait objecter ici qu'il serait imprudent d'aborder ces questions avec le gouvernement français, tant que plusieurs forteresses sont encore au pouvoir de leurs garnisons, et tant que l'armée n'est pas licenciée et dissoute. Cette objection porte essentiellement sur la crainte d'une réaction de la part de l'armée, du gouvernement et de la nation.

L'armée et la nation se prêteront aux vues des alliés, si ces vues se bornent à procurer à la France une constitution solidement établie et propre à rallier tous les partis ; dans ce cas, le gouvernement ne peut que seconder les intentions des alliés. Cette réaction ne saurait donc avoir lieu toutes les fois que les prétentions des alliés seront conformes aux principes et aux conditions sur lesquels repose leur alliance.

D'ailleurs, peut-on supposer que le gouvernement concoure à mettre les alliés en possession des forteresses tant qu'il ignore leur système politique à l'égard de la France? Dissoudra-t-il l'armée pour se placer dans un état de nullité absolue, et pour souscrire à toutes les lois que la force voudrait lui imposer?

L'ensemble de ces considérations démontre qu'en gardant un silence qui provoque et autorise toute espèce d'appréhensions, les alliés n'obtiendront pas ce qu'ils semblent désirer, c'est-à-dire la faculté de tout pouvoir et de tout obtenir sans compromettre la sûreté de leurs armées et la liberté de leurs communications.

De plus grands détails sur le mode de combiner les garanties morales et réelles, et d'en déterminer les proportions, ne sauraient trouver place dans ce mémoire.

CAPODISTRIAS.

II

MÉMORANDUM PAR LE PRINCE DE METTERNICH

(AOUT 1815)

A. La guerre de 1815 n'est pas une guerre de conquête. Elle n'a été entreprise que dans le double but d'abattre l'usurpation de Napoléon Bonaparte, et d'asseoir un gouvernement en France sur des bases assez solides, pour qu'il puisse offrir des garanties de tranquillité à la France et à l'Europe.

Cette guerre ne doit pas dégénérer en guerre de conquête, parce que les déclarations des puissances et les termes des traités seraient en opposition à un pareil but. Une saine politique ne doit pas moins retenir les puissances de la laisser dégénérer en guerre de conquête, parce qu'une altération notable dans l'état de possession, tel qu'il se trouve établi par le congrès de Vienne, entraînerait un revirement général, dans lequel le but de la guerre, *l'urgente nécessité de mettre un frein aux principes subversifs de l'ordre social, sur lesquels Bonaparte a fondé son usurpation, quelque courte qu'elle ait été, a donné le plus dangereux développement*, se perdrait incessamment dans la foule de nouveaux intérêts qui résulteraient de pareils revirements.

Il est temps enfin de donner un nom au mal que nous combattons en France; le *jacobinisme armé* pourrait seul espérer de tirer un avantage réel d'un bouleversement nouveau dans les relations politiques des puissances, relations toujours liées à leurs rapports géographiques et statistiques.

J'exclus en conséquence de nos calculs tout arrangement entre les alliés qui entraînerait des revirements territoriaux.

B. Plus je suis convaincu que tel doit être le principe qui devra guider la marche des puissances, plus il me paraît d'un autre côté qu'elles ne doivent pas se faire illusion sur la nécessité d'exiger des garanties de la part de la France, et ne pas borner ces garanties à celles qu'elles ne pourraient vouloir chercher que dans les *institutions politiques* et dans une occupation militaire *momentanée*.

La France de longtemps ne sera pas dans le cas d'asseoir le système de son gouvernement de manière à offrir à l'Europe dans ses seules institutions, des gages de sûreté.

L'occupation militaire, si elle devait avoir lieu *sur une échelle étendue*, heurterait autant et plus le sentiment national de la France, que des cessions auxquelles elle s'attend.

Nous risquerions sans doute non moins de manquer notre but *si cette occupation était restreinte*, et si elle n'était appuyée sur aucune autre garantie.

Il est donc certain que les efforts immenses que vient de faire l'Europe ne peuvent être couronnés d'un plein succès qu'autant que les quatre grandes cours se réuniront franchement sur un système fondé également sur l'esprit des traités, sur la position réelle des choses en France, sur la nécessité de rendre le calme à cette partie du continent par des garanties qu'elle devra donner aux puissances et qu'elle est en droit de lui demander à son tour.

J'essaierai de développer les principes que je crois les plus conformes a ces divers points de vue.

Les puissances alliées ont le droit de demander à la France :

1º Une indemnité pour les frais de la guerre ;

2º Une garantie réelle et permanente, en changeant son attitude offensive en une attitude défensive plus rapprochée de celle des autres puissances ;

3º L'adoption d'une forme de gouvernement et d'institutions qui se concilient avec celles des autres grandes puissances de l'Europe, et qui, par un juste balancement du pouvoir, assurent à la France et à l'étranger des garanties de leur stabilité ;

4° Que la France enfin se soumette à des mesures de police intérieure et momentanées, qui offrent au gouvernement royal un juste soutien, et à l'Europe des gages de repos.

Cette indemnité ne pouvant avoir lieu qu'au moyen d'une contribution forcée, il suffit que, pour ne pas sortir du présent *mémorandum*, j'admette cette contribution en thèse, en réservant la fixation de sa quotité à une discussion séparée.

L'Europe, et surtout les puissances limitrophes de la France, ont le droit de demander que cet État ne demeure pas dans une attitude offensive.

L'attitude offensive de la France se fonde : 1° sur des positions offensives qu'elle a trouvé moyen de se ménager depuis le règne de Louis XIV, par l'établissement de grandes places d'armes et de forteresses, placées à des postes assez avancés pour empêcher la formation et le déploiement d'armées qui n'auraient d'autre but que la défense de leur propre territoire ;

2° Sur un système de fortification qui se trouve hors de proportion avec les moyens de défense des États voisins, et non moins hors de proportion avec tous ceux dont ils puissent jamais disposer pour établir un équilibre dans leurs attitudes militaires réciproques.

Le système de fortification de la France a été formé, ou par la conquête des places fortes que son gouvernement a conservées et augmentées, telles que les forteresses dans la Flandre française, ou par la construction de nouvelles places dans les provinces conquises, et de ce nombre sont les forteresses de l'Alsace, de la Lorraine et de la Franche-Comté, et de la ligne du Midi

Le système de fortification de la France a acquis, dans les derniers temps, une nouvelle valeur par deux circonstances qui ne sauraient être trop portées en ligne de compte.

L'une est l'institution de la garde nationale, de cette grande force défensive qui suffit pour la dotation de toutes les places de la France, et qui permet à son gouvernement de jeter impunément au dehors toute sa force militaire réglée.

L'autre est la destruction de toutes les places fortes dans les Pays-Bas et en Allemagne, et cette dernière opérée par la France elle-même dans toutes les guerres depuis Louis XIV.

Ehrenbreitstein, Philipsbourg, Ingolstadt et plusieurs autres places de la plus grande importance ont été démolies en entier; toutes les villes, telles que Francfort, Ulm, etc., qui avaient une circonvallation et quelques moyens de défense en ont été privées. La Savoie a dû prendre antérieurement l'engagement de ne pas fortifier les passages de ses montagnes.

Toutes les guerres entreprises par la France sous tous les gouvernements, depuis Louis XIV, fournissent la preuve que cette puissance a poursuivi avec une constance invariable l'établissement d'un système de fortification et de défense aux dépens de ses voisins; il ne serait pas digne des puissances vouées à la noble entreprise de rétablir le repos de l'Europe sur des bases fortes et véritables de se faire illusion sur des faits aussi incontestables que le sont ceux-ci:

1° Que ce système de défense offensive ressort bien moins des principes qui ont provoqué les guerres de la Révolution, qu'il n'est inhérent à celui de la monarchie royale française;

2° Que, vu le système de fortification de la France, il a fallu, et la destruction totale de l'armée française dans la campagne de 1812, et la perte dans cette même campagne de tout le matériel nécessaire à la dotation des places, et surtout les efforts réunis de l'Europe, pour assurer le succès des armées en 1813, 1814 et 1815.

La France conservant sa triple ligne de forteresses, sera toujours, et sous une forme de gouvernement quelconque, assez forte pour porter au delà de ses frontières autant et plus de monde que ne peut lui opposer toute autre puissance de premier ordre, et pour ne risquer en perdant des batailles, que toujours elle livrera sur territoire étranger, que d'être forcée à renoncer à un projet de conquête; elle sera de même assez forte pour résister en temps ordinaires à l'attaque de deux ou trois puissances du premier ordre réunies pour une même cause.

La conviction que doit avoir le peuple français, que les guerres ne lui coûtent que des hommes, et tout au plus de l'argent, mais que les propriétés des particuliers ne sauraient être dévastées, et que les citoyens ne risquent pas d'être exposés aux fléaux inséparables de la présence d'armées ennemies, est sans contredit une des raisons qui a mis le plus de moyens offensifs à la disposition du gouvernement révolutionnaire.

Il suffit de connaître l'égoïsme et le manque d'esprit public qui caractérisent la nation française pour vouer à cette considération une valeur toute particulière.

Il me paraît donc que l'intérêt permanent de l'Europe exige :

A. Que la France perde les points offensifs que lui a laissés le traité de Paris ;

B. Que des forteresses de la première ligne, ou passent sous la domination étrangère, et servent dorénavant à la défense des frontières des États voisins, ou que pour le moins elles soient rasées.

Si la première ligne des forteresses de la Flandre devait former dorénavant la frontière des Pays-Bas, ceux-ci ne seraient pas placés par ce fait dans une attitude offensive contre la France, car il resterait dans ce cas à ce royaume deux lignes de défenses fortifiées.

Si les places de l'Alsace étaient rasées, à l'exception de Landau, qui, à mon avis, devrait être réuni à l'Allemagne, pour compenser la perte de Philipsbourg, et à l'exception de quelques autres places qui ne peuvent servir qu'à la défense de cette frontière, sans menacer comme Huningue la tranquillité d'une capitale voisine ; si Strasbourg ne conservait que sa citadelle pour appuyer cette grande et importante cité, qui, dans ce moment, n'est qu'un camp retranché, une place d'armes dans laquelle se formera et se concentrera toujours une armée, qui, vu sa position à l'extrême frontière, portera, dès l'ouverture d'une campagne, le théâtre de la guerre sur le territoire étranger, la sûreté de la France serait loin d'être menacée.

Les défilés et les positions des Vosges et du Jura, les forteresses de seconde ligne qui sont susceptibles de grands développements, formeraient des boulevards plus que suffisants, et que le manque de places fortes dans lequel se trouve le midi de l'Allemagne est loin de compenser en faveur des puissances voisines.

Il en est de même de la place de Briançon, et de plusieurs fortifications sur la ligne du Midi qui devraient être démolies.

Il suffit de consulter l'histoire de tous les temps, et de considérer le dénûment des moyens pécuniaires dans lequel les puissances se trouvent, pour que la *construction projetée de places* ne présente guère de chances de sécurité, quelques secours pécuniaires qu'il soit possible de tirer de la France.

Les princes qui ont fait de si glorieux efforts pour le soutien de la cause des gouvernements et des nations, et qui sont également prêts à n'admettre de nouveau aucune chance d'ambition, et à ne consulter que ce qu'ils doivent à la sûreté de l'Europe, doivent viser à couronner leur grande entreprise par des mesures qui ne mettent plus en doute le fruit des efforts de leurs peuples, et ce but ne sera véritablement atteint que quand la France ne pourra attaquer et envahir ses voisins avec l'assurance de l'impunité. Il me paraît, en un mot, que la France doit être mise au niveau des chances et risques des autres puissances du premier ordre, et que de cette manière un gouvernement fort en France soit moins tenté de subjuguer ses voisins, et qu'un gouvernement faible y devienne moins le jouet des factions, qui, à l'abri de remparts inexpugnables, ne risquent pas, à moins de l'arrivée des forces de l'Europe entière, de se voir arrêtées dans leurs criminelles atteintes.

L'expérience des dernières cent cinquante années a prouvé que ces considérations s'adaptent à tous les règnes qui se sont succédé en France, et que sans doute elles sont dignes de toute la sollicitude des puissances.

Les alliés ont sans contredit le droit de s'assurer que les institutions sur lesquelles doit se fonder le repos de l'intérieur de la France soient assises sur des bases solides et aptes à assurer ce but. La marche que les cabinets réunis suivent dans ce moment semble la seule conforme à cette intention et la plus adaptée aux circonstances.

J'entends par mesure de police intérieure la présence prolongée en France des troupes étrangères ; cette mesure offre des considérations tellement majeures, qu'elle devra être dans son application le résultat d'une délibération expresse qui devra porter sur les points suivants :

1º De quelles armées devront se composer les troupes étrangères ?

Il paraîtrait utile pour éloigner d'une mesure de précaution toute idée de conquête, que les puissances qui se trouvent en contact de frontières avec la France ne doivent pas fournir de corps de troupes.

2º Quel devrait être le nombre des contingents ?

Je crois que le nombre total des troupes étrangères en France devrait être de cent à cent cinquante mille hommes.

3º Fixer les rapports dans lesquels les généraux commandant ces troupes devraient se trouver vis-à-vis le gouvernement français.

4º Fixer les rayons qui devraient être assignés aux cantonnements de ces troupes.

Ces rayons me paraissent devoir être déterminés d'après des considérations combinées, tant militaires qu'administratives, et, dans tous les cas, tenir les troupes étrangères hors de contact avec les corps de l'armée française.

5º Prendre en considération jusqu'à quel point il serait convenable et utile d'employer ces corps auxiliaires à l'exécution des stipulations des traités futurs à la charge de la France.

METTERNICH.

III

OBSERVATIONS SUR LA QUESTION DE L'INTÉGRITÉ DE LA FRANCE, PAR M. DE GAGERN, MINISTRE DES PAYS-BAS.

Deux grandes parties de l'Europe se sont fait la guerre, l'une évidemment dans l'intention d'agrandir son territoire, d'envahir si elle réussissait. Appeler, admettre ou applaudir à Napoléon, n'était autre chose que vouloir guerre, gloire, pillage et conquête.

L'Europe demandait à la France un gouvernement plus pacifique, et l'ancienne dynastie, qui n'avait pas besoin d'un autre éclat, y paraissait la plus propre. Napoléon paraît : tout fléchit devant lui, la guerre éclate, il emploie les forces de la France, il succombe avec elle, et elle rejette aujourd'hui l'idée d'être payée de la même monnaie. J'analyserai brièvement ses sophismes pour s'y soustraire, et les combattrai par le gros bon sens. Il s'agit de cessions territoriales : *l'honneur français en serait blessé.*

Cet honneur français est-il autrement fait que celui des autres nations ? Je croyais à cet honneur français, j'y croirais encore ; mais n'en parlons plus aujourd'hui. L'honneur est un sterling-valeur, composé de ses éléments et attributions.

Le retour de Napoléon, soutenu par l'armée et par l'élite de la jeunesse, est une des plus vilaines taches faites à cet honneur depuis que l'espèce humaine est civilisée.

Ce territoire, ce royaume est indivisible. Depuis longtemps les diplomates français se sont moqués de cette prétendue indivisibilité.

Perdre du territoire est une des suites du : *C'est la terre classique de la France dont il s'agit.* C'est-à-dire la terre de leur concupiscence et de leur vanité ; le fruit de leurs guerres, de leurs victoires, de leurs ruses. C'est la valeur, l'intelligence et la fortune supérieure qui la leur ont donnée ; c'est la valeur, l'intelligence et la fortune supérieure qui vont la leur ôter. A commencer par les Trois-Évêchés : Metz, Toul et Verdun et leurs diocèses, les ont-ils occupés en guerre ouverte ?

Point du tout, mais à titre de bienveillance, d'amitié et de protection ; il suffit de lire leur propre aveu sur cette usurpation, et ce qu'en disent les ambassadeurs de Louis XIV ou de la reine régente, au congrès de Munster, dans les dépêches officielles datées du 17 septembre 1646 : « Mais ce qui n'est guère moins à estimer, c'est qu'un droit de protection sur les Trois-Évêchés, qui a été le seul jusqu'à présent, est aujourd'hui changé en une souveraineté absolue et indépendante qui s'étend aussi loin que ces trois diocèses ; encore que nous ayons bien connu d'abord l'importance de cette acquisition, nous avons affecté pendant quelque temps de la mépriser, jusqu'à ce que nous ayons été assurés du reste. »

La guerre de trente ans était foncièrement guerre civile en Allemagne. Le parti protestant avait appelé la Suède et la France pour le maintien de l'équilibre. Ces cours demandèrent, *à titre de satisfaction*, des contributions et des cessions qui n'étaient nullement l'objet primitif de la guerre. Nous demandons la même chose à bien plus juste titre, et au besoin nous employons et emploierons les mêmes expressions.

Ouvrons les mémoires du temps : voyons la narration succincte et ci-jointe du suffragant Adami, lui-même plénipotentiaire à ce congrès, et l'un des hommes d'État les plus estimés de tous les partis. Dans le courant de ces mêmes négociations, Contarini, le médiateur vénitien, se plaisait à dire sur les deux Alsaces et le Sundgau, à l'ambassadeur français, qui haussait les prétentions à mesure qu'on accordait : « Qu'il avait envoyé à son maître trois provinces dans une lettre. »

Après soixante ans de possession, le prince Eugène de Savoie observait encore à Torcy, le négociateur français :

« Que d'ailleurs l'Alsace n'était pas une province française, mais un pays de conquête que l'on devait abandonner sans peine. »

Après cent soixante ans, nous disons la même chose. Rien n'est oublié : rien n'est changé.

La prescription est une invention du droit civil, inconnue au droit de la nature. On oublie sans doute les rapports, contrats, titres de famille ; et pour couper court à ces procès inintelligibles et interminables, l'esprit humain a inventé l'idée de la prescription, en admettant un certain nombre d'années : l'unité : 3, 10, 30 ; enfin le temps immémorial. En politique il n'y a rien d'immémorial. L'histoire est là pour nous montrer clair et net l'origine des guerres, la transmission des possessions, les traités de paix et les motifs. Une saine morale veut que les traités de paix, même désavantageux, soient maintenus. Mais rompre pour d'autres causes l'état de guerre échéant, on revient au précepte : « Ce qui a été juste, équitable ou admissible pour vous, le sera aujourd'hui pour nous. »

Dire qu'on n'a fait la guerre qu'à Bonaparte, est une des assertions les plus absurdes que jamais gens raisonnables se soient permises, et qui ne peut avoir été inventée que pour se moquer de nous. Nous ne la croirons que quand on nous aura prouvé que lui seul mitraillait, tirait, sabrait à Quatre Bras, Ligny et Waterloo. Qu'il y ait eu des gens assez sages en France pour ne pas vouloir la guerre et en craindre les suites, qui en doute ? Charles XII était aussi un roi très-ambitieux et conquérant. La Suède gémissait de ses excès, et une grande masse de la nation désirait vivement la paix. Lui-même combinait, méditait déjà un autre système d'alliance, et commençait même à briguer l'amitié de la Russie. La balle l'atteint. Les Suédois, dans leurs négociations et représentations, se servirent de semblables arguments, ce qui n'empêcha pas Pierre le Grand de se faire céder les plus belles provinces ; et celui qui a succédé à son empire et à sa gloire savait être magnanime, mais il saura être juste.

On assure qu'on a promis l'intégrité : où ? qui ? quand ? Pareille phrase s'était glissée dans un projet de déclaration ; le ministre des Pays-Bas, au congrès, qui sans doute y était le plus intéressé, a cru de son devoir de rendre attentif aux fausses conclusions ; il s'y est opposé par une lettre adressée au ministre britannique, et la rédaction, la signature n'ont pas eu lieu. Voici cette lettre écrite à la hâte :

Vienne, 11 avril 1815.

« En entrant, milord, je trouve la pièce ci-jointe pour y apposer ma signature. Comme ce passage : « Que le traité du 30 mai et les *arrangements territoriaux* et politiques arrêtés au congrès resteront la règle des rapports entre elle et les autres États de l'Europe, » est absolument contraire à ma conviction morale et politique, je ne peux me résoudre à la signer. Votre Excellence est le maître de passer ce refus sous silence ou d'en faire mention dans les protocoles. »

Les forces de la France turbulente se déploieront pour nous prendre des provinces. Les nôtres, pour les punir, se déploieront dans les mêmes intentions. Nos frontières sont mauvaises, il faut les rectifier. Cependant je suis loin de mettre trop d'importance à cette opposition : car si cette proclamation avait eu lieu, le sens était tout autre que celui qu'on cherche à lui donner. Je rétablirai ce véritable sens. La paix de Paris est faite ; quelque défectueuse qu'elle nous paraisse, nous la maintiendrons. L'exclusion de Napoléon du trône de France en est la première base. Chassez-le ; chassez-le pendant que nous nous préparons à vous en débarrasser, car nous n'en voulons pas à votre territoire. Mais si vous lui adhérez, si nous en venons sérieusement aux mains, prenez-vous-en à vous-mêmes de toutes les suites fâcheuses.

Combattions-nous à Waterloo quelque faction ? Non sans doute : l'armée, la jeunesse française, l'élite était là ! Elle se battait avec acharnement, avec une valeur admirable. Nous continuons donc de dire aujourd'hui et après la victoire : L'accord est fait, vous le rompez, payez les frais de procès. La France admet ce raisonnement et la justice de l'indemnité, car nulle part on ne raisonne mieux qu'en France, pourvu qu'on le veuille. Mais on croit être quitte pour des sacrifices en argent.

Qui leur permet ce choix? A Munster et à Osnabrück, on a fait marcher de pair la satisfaction en argent et les cessions territoriales : l'une modifiait l'autre. Votre traité d'alliance est rédigé avec une grande précaution et un excellent choix d'expressions.

« De préserver contre toute atteinte l'ordre de choses si heureusement rétabli en Europe, et de déterminer les moyens les plus efficaces de mettre ces engagements à exécution, ainsi que de leur donner, dans les circonstances présentes, toute l'exécution qu'ils réclament impérieusement. »

Et plus bas, art. 1er :

« Les hautes puissances contractantes ci-dessus dénommées s'engagent mutuellement à réunir les moyens de leurs États respectifs, pour maintenir dans toute leur intégrité les conditions du traité de paix conclu à Paris le 30 mai 1814, ainsi que les stipulations arrêtées et signées au congrès de Vienne, dans le but *de compléter les dispositions du traité,* de les garantir contre toute atteinte et particulièrement contre les desseins de Napoléon Bonaparte. »

Le but principal de la paix de Paris n'était donc certainement pas le ménagement du soi-disant honneur français ou de leur gloire ; la sécurité des Bourbons, les déférences pour cette dynastie, ne tenaient indubitablement que le second rang. Une pacification durable, une juste répartition des forces, l'équilibre de l'Europe, sa tranquillité, voilà quel était le but ; et l'événement a prouvé sur-le-champ qu'on avait encore mal calculé, qu'il fallait toute cette réunion de forces pour dompter.

Compléter la paix, consolider cet état de repos, ce système d'équilibre, en chercher les moyens les plus sûrs, voilà le grand, le noble projet de notre alliance, et c'est à nous à juger ce qui doit former ce complément.

Loin de moi et de tout homme d'État qui connaît l'Europe l'idée d'un déchirement de la France, de l'antique France ; loin de moi l'intention de la réduire à un véritable point de faiblesse. Posséder sur le

Rhin, avoir l'Alsace, n'est pour eux qu'un aliment d'orgueil, qu'une tentative, qu'un stimulant de plus d'en avoir davantage, d'avoir la limite du Rhin tout entière.

Nous nous gênons entre Suisse et Hollande; l'un doit faire place à l'autre; l'un des savants les plus distingués de France, lui-même Alsacien, disait de son pays : *Alsatia, præpotens illa Rheni superioris custos, quæ superiori ævo aperuit Galliam, nostris Germaniam nunc aperit Gallis.* (L'Alsace, cette puissance gardienne du Rhin supérieur, qui jadis ouvrait la France aux Allemands, ouvre aujourd'hui l'Allemagne aux Français.)

Et qui nous dira qu'il a tort?

M. Bignon, diplomate habile, auquel on destinait le portefeuille des affaires étrangères, s'exprime ainsi dans son *Exposé comparatif de l'état financier, militaire, politique et moral de la France et des principales puissances de l'Europe*, ouvrage sous plus d'un rapport digne d'être lu, page 173 :

« Il est notoire que, depuis plusieurs siècles, la limite du Rhin est une acquisition que la France n'a cessé d'avoir en vue. Nous repousser de nouveau loin de cette limite dont nous avons été vingt ans en possession est un acte d'une politique insidieuse, qui nous provoque à des démarches indiscrètes dans le dessein d'en profiter. Trompons son attente par une noble résignation et une héroïque patience. »

Nous venons de voir et cette noble résignation et cette héroïque patience; et trois années ne s'écouleront pas que nous serons encore témoins et peut-être victimes de cette héroïque patience si éloignée du caractère national. Mieux vaut-il leur ôter tout prétexte, tout contact avec les bords du Rhin, qui depuis des milliers d'années formaient notre antique patrimoine.

La France nous fera bientôt la guerre : elle sera toujours menaçante. A la bonne heure, je le crois. Elle le sera en cédant et en ne pas cédant. L'irritation est trop forte et trop prononcée, l'orgueil trop blessé pour qu'il en soit autrement. Préparons-nous à cette lutte, mais ôtons-lui quelques grands moyens de nous faire du mal.

Pour gagner l'affection, la reconnaissance des Français, affection que vous ne gagnerez jamais. faut-il indisposer, révolter toute l'Allemagne? Il y aura un cri d'indignation d'un bout à l'autre, je vous en préviens. Les monarques allemands, russes et Frédéric-Guillaume ne rentreront pas avec tout honneur, acclamation et gloire dans leurs capitales. Ils verront peut-être troubler leur avenir. Leurs ministres seraient-ils les plus vertueux et les plus sages, seront sur-le-champ accusés d'ineptie et de corruption, et rien ne les relèvera de ces reproches.

J'entends dire : *Il n'y a pas d'Allemagne!* Il me semble que nous avons joliment prouvé qu'il y en a une, et une Allemagne et des Allemands ; une Allemagne qu'il ne faut point irriter ni injurier, une Allemagne qui a son genre de *public-esprit.* La France a été atteinte de révolution parce qu'elle se croyait négligée, et que son roi était censé avoir souffert l'offense et l'injustice!! Le meilleur moyen d'empêcher les révolutions, le discrédit des monarques, c'est d'en éviter les causes.

Pour les Pays-Bas, quand on leur aura restitué les cantons enlevés sans motif, ce n'est pas une question d'ambition, mais une question essentiellement militaire pour l'Allemagne, une question nationale.

Dans un sens sans doute il n'y a pas d'Allemagne; il n'y a pas cet ensemble d'un vaste empire qui effraie les voisins par l'agrandissement de son territoire. L'Allemagne, comme telle, est un système fédératif, une ligue par sa nature en paix avec tout le monde ; et l'agrandir n'est qu'un gage de plus du maintien de la paix de l'Europe ; et cette même considération majeure est encore applicable aux Pays-Bas. M. Bignon s'appliquait à prouver que, même après les sacrifices de la paix de Paris, la France serait l'État le plus puissant, l'État prépondérant sous tous les rapports. J'en suis intimement persuadé ; il aura encore raison, même après la cession de l'Alsace, de la Lorraine et de la Flandre. Je pourrais, dans cette réminiscence de provinces arrachées, y ajouter l'Artois, la Franche-Comté, si telle était ma conviction.

La guerre, pour me servir du langage des anciens, m'a toujours paru un jeu funeste, où les chances de gain et de pertes devraient se trouver égales pour l'une et pour l'autre partie. Le contraire, tout d'un côté, rien de l'autre, est une absurdité. Je n'ai aucune animosité personnelle contre la France. Personne ne rendra plus justice que moi à ce peuple vaillant, hospitalier, aimable, spirituel, mais gâté par la fortune et le désordre. Je lui souhaite bonheur et prospérité, le repos après tant d'orages, et son haut rang parmi les nations. Mais d'autres conditions me paraîtraient bien plus dures et plus humiliantes que celles communes à toutes les guerres malheureuses[1].

GAGERN.

Paris, août 1815.

---

[1] Les trois notes qui précèdent ont été rédigées en français par leurs auteurs, conformément aux usages diplomatiques. Nous avons dû les reproduire textuellement, et nous interdire même des corrections purement grammaticales, qui auraient altéré en quelque chose la physionomie de ces tristes et curieux documents.

IV

NOTE DES MINISTRES FRANÇAIS DU 21 SEPTEMBRE

(RÉDIGÉE PAR M. DE LA BESNARDIÈRE)

Le défaut d'un juge commun, qui ait autorité et puissance pour terminer les différends des souverains, ne leur laisse d'autre parti, lorsqu'ils n'ont pu s'accorder à l'amiable, que de remettre la décision de ces différends au sort des armes, ce qui constitue entre eux l'état de guerre. Si, dans cet état, des possessions de l'un sont occupées par les forces de l'autre, ces possessions sont sous la conquête, par le droit de laquelle l'occupant en acquiert la pleine jouissance pour tout le temps qu'il les occupe, ou jusqu'au rétablissement de la paix. Il est en droit de demander, comme condition de ce rétablissement, que ce qu'il occupe lui soit cédé en tout ou partie; et la cession, lorsqu'elle a lieu, transformant la jouissance en propriété, de simple occupant il en devient souverain. C'est une manière de conquérir que la loi des nations autorise.

Mais l'état de guerre, la conquête et le droit d'exiger des cessions territoriales, sont des choses qui procèdent et dépendent l'une de l'autre; de telle sorte que la première est une condition absolue de la seconde, et celle-ci de la troisième; car, hors de l'état de guerre, il ne peut être fait de conquête, et là où la conquête n'a point eu ou n'a plus lieu, le droit de demander des cessions territoriales ne saurait exister, puisqu'on ne peut demander de conserver ce qu'on n'a point ou ce qu'on n'a plus.

Il ne peut y avoir de conquête hors l'état de guerre; et, comme on ne peut rien prendre à qui n'a rien, on ne peut conquérir que sur qui possède; d'où il suit que, pour qu'il puisse y avoir conquête, il faut qu'il y ait guerre de l'occupant au possesseur, c'est-à-dire au souverain, droit de possession sur un pays et souveraineté étant choses inséparables ou plutôt identiques.

Si donc on fait la guerre dans un pays, et contre un nombre plus ou moins grand d'habitants de ce pays, mais que le souverain en soit excepté, on ne fait point la guerre au pays, cette dernière expression n'étant qu'un trope par lequel le domaine est pris pour le possesseur. Or, un souverain est excepté de la guerre que des étrangers font chez lui, lorsqu'ils le reconnaissent et qu'ils entretiennent avec lui les relations de paix accoutumées. La guerre est faite alors contre des hommes aux droits desquels celui qui la combat ne peut succéder, parce qu'ils n'en ont point, et sur lesquels il est impossible de conquérir ce qui n'est pas eux; l'objet ni l'effet d'une telle guerre ne peuvent pas être de conquérir, mais de recouvrer. Or, quiconque recouvre ce qui n'est pas à lui ne peut recouvrer que pour celui qu'il en reconnaît pour le possesseur légitime.

Pour pouvoir se croire en guerre avec un pays, sans l'être avec celui qu'on en reconnaissait précédemment comme souverain, il faut, de toute nécessité, de deux choses l'une, ou cesser de le tenir pour tel, et regarder la souveraineté comme transférée à ceux que l'on combat par l'acte même pour lequel on les combat, c'est-à-dire reconnaître, suivre, et par là sanctionner ces doctrines qui avaient renversé tant de trônes, qui les avaient ébranlés tous, et contre lesquels l'Europe a dû s'armer tout entière, ou bien croire que la souveraineté peut être double; mais elle est essentiellement une et ne peut se diviser; elle peut exister sous des formes différentes, être collective et individuelle, mais non à la fois dans un même pays, qui ne peut avoir en même temps deux souverains.

Or, les puissances alliées n'ont fait ou cru ni l'une ni l'autre de ces deux choses.

Elles ont considéré l'entreprise de Bonaparte comme le plus grand crime qui peut être commis parmi les hommes, et dont la seule tentative le mettait hors la loi des nations. Elles n'ont vu dans ses adhérents que des complices de ce crime qu'il fallait combattre, soumettre et punir, ce qui excluait invinciblement toute supposition qu'ils pussent avoir naturellement pu acquérir, conférer ni transmettre aucun droit.

Les puissances alliées n'ont pas cessé un instant de reconnaître S. M. T. C. comme roi de France, et conséquemment les droits qui lui appartiennent en cette qualité. Elles n'ont pas un instant cessé d'être aussi avec lui dans des relations de paix et d'amitié, ce qui seul emportait avec soi l'engagement de respecter ses droits.

Elles ont pris cet engagement d'une manière formelle, bien qu'implicite, dans leur déclaration du 13 mars et dans le traité du 25. Elles l'ont rendu plus étroit, en faisant entrer le Roi, par son accession à ce traité, dans leur alliance contre l'ennemi commun ; car si l'on ne peut conquérir sur un ami, à plus forte raison ne le peut-on pas sur un allié. Et qu'on ne dise pas que le Roi ne pouvait être l'allié des puissances qu'en coopérant activement avec elles, et qu'il ne l'a point fait. Si la défection totale de l'armée qui, à l'époque du 25 mars, était déjà connue ou réputée inévitable, ne lui a point permis de faire agir des forces régulières, les Français qui, en prenant pour lui les armes au nombre 60 à 70,000 dans les départements de l'Ouest et du Midi, et ceux qui, se montrant disposés à les prendre, ont mis l'usurpateur dans la nécessité de diviser ses forces, et ceux qui, après sa défaite à Waterloo, au lieu des ressources en hommes et en argent qu'il demandait, ne lui en ont laissé d'autre que de tout abandonner, ont été pour les puissances alliées des auxiliaires très-réels et très-utiles. Enfin, les puissances alliées, à mesure que leurs forces se sont avancées dans les provinces françaises, y ont rétabli l'autorité du roi, mesure qui aurait fait cesser la conquête si ces provinces eussent été véritablement conquises.

Il est donc évident que la demande qui est faite des cessions territoriales ne peut être fondée sur la conquête.

Elle ne peut pas davantage avoir pour motif les dépenses faites par les puissances alliées ; car s'il est juste que les sacrifices auxquels elles ont été forcées par une guerre entreprise pour l'utilité commune, mais pour l'utilité plus spéciale de la France, ne restent pas à leur charge, il est également juste qu'elles se contentent d'un dédommagement de même nature que le sacrifice. Or, les puissances alliées n'ont point sacrifié de territoire.

Nous vivons dans un temps où, plus que dans aucun autre, il importe d'affirmir la confiance dans la parole des rois. Des cessions exigées de S. M. T. C. produiraient l'effet tout contraire après la déclaration où les puissances ont annoncé qu'elles ne s'armeraient que contre Bonaparte et ses adhérents; après le traité où elles se sont engagées à maintenir, contre toute atteinte, *l'intégrité des stipulations du traité du 30 mai* 1814, qui ne peut être maintenue, si celle de la France ne l'est pas; après les proclamations de leurs généraux en chef où les mêmes assurances sont renouvelées.

Des cessions exigées de S. M. T. C. lui ôteraient les moyens d'éteindre totalement, et pour toujours, parmi ses peuples, cet esprit de conquête soufflé par l'usurpateur, et qui se rallumerait infailliblement avec le désir de recouvrer ce que la France ne croirait jamais avoir justement perdu.

Des cessions exigées de S. M. T. C. lui seraient imputées à crime, comme si elle eût acheté par là les secours des puissances, et seraient un obstacle à l'affermissement du gouvernement royal, si important pour les dynasties légitimes et si nécessaire au repos de l'Europe, en tant que ce repos est lié à la tranquillité intérieure de la France.

Enfin, des cessions exigées de S. M. T. C. détruiraient ou altéreraient du moins cet équilibre, à l'établissement duquel les puissances ont voué tant de sacrifices, d'efforts et de soins; ce sont elles-mêmes qui ont fixé l'étendue que la France devrait avoir. Comment ce qu'elles jugeaient nécessaire, il y a un an, aurait-il cessé de l'être? Il y a sur le continent de l'Europe deux États qui surpassent la France en étendue et en population. Leur grandeur relative croîtrait nécessairement en même raison que la grandeur absolue de la France serait diminuée. Cela serait-il conforme aux intérêts de l'Europe? cela conviendrait-il même aux intérêts particuliers de ces deux États, dans l'ordre des rapports où ils se trouvent l'un à l'égard de l'autre? Si, dans une petite démocratie de l'antiquité, le peuple en corps, apprenant qu'un de ses généraux avait à lui proposer une chose fort utile, mais qui n'était pas juste, s'écria d'une voix unanime qu'il ne voulait pas même savoir quelle était cette chose, comment serait-il possible de douter que les monarques de l'Europe ne soient unanimes dans une circonstance où ce qui ne serait pas juste serait encore pernicieux !

C'est donc avec la plus parfaite confiance que les soussignés ont l'honneur de soumettre aux souverains alliés les observations qui précèdent. Cependant, et malgré les inconvénients attachés à toute cession territoriale dans les circonstances actuelles, S. M. consentira au *rétablissement des anciennes limites, sur les points où il a été ajouté à l'ancienne France par le traité du 30 mai.*

Elle consentira pareillement au payement d'une indemnité, mais qui laisse les moyens de suffire aux besoins de l'administration intérieure du royaume, sans quoi il serait impossible de parvenir au rétablissement de l'ordre et de la tranquillité, qui a été le but de la guerre.

Elle consentira encore à une occupation provisoire. La durée, le nombre des forteresses et l'étendue du pays à occuper, seront l'objet des négociations ; mais le Roi n'hésite pas à déclarer, dès ce moment, qu'une occupation de sept années étant absolument incompatible avec la tranquillité intérieure du royaume, est entièrement inadmissible.

Ainsi le Roi admet en principe : des cessions territoriales sur ce qui n'était pas l'ancienne France ; le payement d'une indemnité ; l'occupation provisoire par un nombre de troupes et pour un temps à déterminer.

S. M. T. C. se flatte que les souverains, ses alliés, consentiront à établir la négociation sur ces trois principes, aussi bien qu'à porter dans le calcul des quotités l'esprit de justice et de modération qui les anime, et qu'alors l'arrangement pourra être conclu très-promptement, à la satisfaction mutuelle.

Si ces bases n'étaient pas adoptées, les soussignés ne se trouvent pas autorisés à en entendre ou à en proposer d'autres.

V

RÉPONSE A LA NOTE PRÉCÉDENTE (22 SEPTEMBRE).

Les soussignés, plénipotentiaires des quatre cours alliées, ont reçu la note par laquelle MM. les plénipotentiaires de France ont répondu aux communications qui leur avaient été faites dans la conférence du 20 de ce mois, relativement à un arrangement définitif. Ils ont été surpris de trouver dans cette pièce une longue suite d'observations sur le droit de conquête, sur la nature des guerres auxquelles il est applicable et sur les raisons qui auraient dû empêcher les puissances d'y recourir dans le cas présent. Les soussignés se croient d'autant plus dispensés de suivre MM. les plénipotentiaires de France dans ce raisonnement, qu'aucune des propositions qu'ils ont faites par ordre de leurs augustes souverains, pour régler les rapports présents et futurs entre la France et l'Europe, n'était basée sur le droit de conquête, et qu'ils ont soigneusement écarté dans leurs communications tout ce qui pouvait conduire à une discussion de ce droit.

Les cours alliées, considérant toujours le rétablissement de l'ordre et l'affermissement de l'autorité royale en France comme l'objet principal de leurs démarches, mais persuadées en même temps que la France ne saurait jouir d'une paix solide si les nations voisines ne cessent de nourrir vis-à-vis d'elle, soit des ressentiments amers, soit des alarmes perpétuelles, ont envisagé le principe d'une juste satisfaction pour les pertes et les sacrifices passés, ainsi que celui d'une garantie suffisante de la sûreté future des pays voisins, comme les seuls propres à mettre un terme à tous les mécontentements et toutes les craintes, et par conséquent comme les seules et véritables bases de tout arrangement solide et durable. Ce n'est absolument que sur ces deux principes que les cours alliées ont basé leurs propositions, et la rédaction même du projet que les soussignés ont eu l'honneur de remettre à MM. les plénipotentiaires de France les énonce distinctement dans chacun de ses articles.

MM. les plénipotentiaires de France reconnaissent eux-mêmes le premier de ces principes, tandis qu'ils gardent le silence sur le second. Il est cependant de toute évidence que la nécessité des garanties pour l'avenir est devenue plus sensible et plus urgente qu'elle ne l'était du temps de la signature du traité de Paris. Les derniers événements ont porté la consternation et l'alarme dans toutes les parties de l'Europe. Dans un moment où les souverains et les peuples se flattaient de jouir enfin, après tant de tourments, d'un long intervalle de paix, ces événements ont provoqué partout l'agitation, les charges et les sacrifices inséparables d'un nouvel armement général. Il est impossible d'effacer de sitôt dans l'esprit des contemporains le souvenir d'un bouleversement pareil. Ce qui a pu les satisfaire en 1814 ne peut donc plus les satisfaire en 1815. La ligne de démarcation qui semblait devoir rassurer les États voisins de la France, à l'époque du traité du 30 mai, ne peut pas répondre aux justes prétentions qu'ils forment aujourd'hui. La France doit de toute nécessité leur offrir quelque nouveau gage de sécurité. Elle doit s'y déterminer tout autant par un sentiment de justice et de convenance que par son propre intérêt bien entendu ; car, pour que les Français puissent être heureux et tranquilles, il faut absolument que leurs voisins le soient aussi.

Ce sont là les motifs puissants qui ont engagé les cours alliées à demander à la France quelques cessions territoriales. L'étendue peu considérable de ces cessions, le choix même des points sur lesquels elles portent, prouvent assez qu'elles n'ont rien de commun avec des vues d'agrandissement et de conquête, et que la sûreté des États limitrophes est leur seul et unique objet. Ces cessions ne sont pas de nature à entamer l'intégrité substantielle de la France ; elles n'embrassent que des terrains détachés et des points très-avancés de son territoire ; elles ne sauraient réellement l'affaiblir sous aucun rapport administratif ou militaire; son système défensif n'en sera point affecté. La France n'en restera pas moins un des États les mieux arrondis, les mieux fortifiés de l'Europe et les plus riches en moyens de toute espèce pour résister au danger d'une invasion.

Sans entrer dans ces considérations majeures, MM. les plénipotentiaires de France admettent cependant le principe des cessions, relativement aux points que le traité de Paris avait ajoutés à l'ancienne France. Les soussignés ont de la peine à comprendre sur quoi cette distinction pourrait être fondée, et en quoi consisterait, sur le point de vue rétabli par les puissances alliées, la différence essentielle entre l'ancien et le nouveau territoire. Il est impossible de supposer que MM. les plénipotentiaires voulussent reproduire, dans les transactions actuelles, la doctrine de la prétendue inviolabilité du territoire français. Ils savent trop bien que cette doctrine, mise en avant par les chefs et apôtres du système révolutionnaire, formait un des chapitres les plus choquants de ce code arbitraire qu'ils voulaient imposer à l'Europe. Ce serait complétement détruire toute idée d'égalité et de réciprocité entre les puissances, que d'ériger en principe que la France a pu sans difficulté étendre ses dimensions, acquérir des provinces, les réunir à son territoire par des conquêtes ou par des traités, tandis qu'elle jouirait seule du privilége de ne jamais rien perdre de ses anciennes possessions, ni par les malheurs de la guerre, ni par des arrangements politiques qui en résulteraient.

Quant à la dernière partie de la note de MM. les plénipotentiaires de France, les soussignés se réservent de s'en expliquer ultérieurement dans une conférence prochaine qu'ils auront l'honneur de proposer à MM. les plénipotentiaires de France.

VI

TRAITÉ ENTRE L'AUTRICHE, LA GRANDE-BRETAGNE, LA PRUSSE ET LA RUSSIE, D'UNE PART, ET LA FRANCE, DE L'AUTRE.

SIGNÉ A PARIS, LE 20 NOVEMBRE 1815

Au nom de la très-sainte et indivisible Trinité.

Les Puissances alliées ayant, par leurs efforts réunis et par le succès de leurs armes, préservé la France et l'Europe des bouleversements dont elles étaient menacées par le dernier attentat de Napoléon Bonaparte, et par le système révolutionnaire reproduit en France pour faire réussir cet attentat;

Partageant aujourd'hui avec Sa Majesté Très-Chrétienne le désir de consolider par le maintien inviolable de l'autorité royale et la remise en vigueur de la charte constitutionnelle l'ordre de choses heureusement rétabli en France, ainsi que celui de ramener entre la France et ses voisins ces rapports de confiance et de bienveillance réciproque que les funestes effets de la révolution et du système de conquêtes avaient troublés pendant si longtemps;

Persuadés que ce dernier but ne saurait être atteint que par un arrangement propre à leur assurer de justes indemnités pour le passé et des garanties solides pour l'avenir,

Ont pris en considération, de concert avec S. M. le roi de France, les moyens de réaliser cet arrangement ; et ayant reconnu que l'indemnité due aux puissances ne pouvait être ni toute territoriale, ni toute pécuniaire, sans porter atteinte à l'un ou à l'autre des intérêts essentiels de la France, et qu'il serait plus convenable de combiner les deux modes de manière à prévenir ces deux inconvénients, LL. MM. II. et RR. ont adopté cette base pour leurs transactions actuelles ; et se trouvant également d'accord sur celle de la nécessité de conserver pendant un temps déterminé dans les provinces frontières de la France un certain nombre de troupes alliées, elles sont convenues de réunir les différentes dispositions fondées sur ces bases dans un traité définitif.

Dans ce but, et à cet effet, S. M. l'empereur d'Autriche, roi de Hongrie et de Bohême ; S. M. le roi du Royaume-Uni de la Grande-Bretagne et d'Irlande ; S. M. le roi de Prusse. S. M. l'empereur de toutes les Russies, pour elle et ses alliés d'une part ; S. M. le roi de France et de Navarre, d'autre part, ont nommé leurs plénipotentiaires, pour discuter, arrêter et signer ledit traité définitif, savoir :

S. M. l'empereur d'*Autriche*, roi de Hongrie et de Bohême,

Le sieur *Clément-Wenceslas-Lothaire, prince de Metternich-Winnebourg-Ochsenhausen*, son ministre d'État, des conférences et des affaires étrangères ;

Et le sieur *Jean-Philippe, baron de Wessemberg*, chambellan et conseiller intime actuel de S. M. I. et R. A ;

S. M. le roi du Royaume-Uni de la *Grande-Bretagne* et d'Irlande,

Le très-honorable *Robert Stewart, vicomte Castelreagh*, principal secrétaire d'État, ayant le département des affaires étrangères, etc ;

Et le très-illustre et très-noble seigneur *Arthur, duc, marquis et comte de Wellington*, commandant en chef les armées britanniques en France, et celles de S. M. le roi des Pays-Bas ;

S. M. le roi de *Prusse*,

Le *prince de Hardenberg*, son chancelier d'État ;

Et le sieur *Charles Guillaume, baron de Humboldt*, ministre d'État de sadite Majesté, son chambellan, envoyé extraordinaire et ministre plénipotentiaire près S. M. I. et R. A ;

S. M. l'empereur de toutes les *Russies*,

Le sieur *André, prince de Rasoumowsky*, son conseiller privé actuel ;

Et le sieur *Jean, comte de Capodistrias*, son conseiller d'État actuel, secrétaire d'État ;

Et S. M. le roi de *France* et de *Navarre*,

Le sieur *Armand-Emmanuel-du-Plessis Richelieu*, duc de Richelieu, son ministre et secrétaire d'État des affaires étrangères, et président du conseil de son ministère ;

Lesquels, après avoir échangé leurs pleins pouvoirs trouvés en bonne et due forme, ont signé les articles suivants :

ARTICLE PREMIER.

Les frontières de la France seront telles qu'elles étaient en 1790, sauf les modifications de part et d'autre qui se trouvent indiquées dans l'article présent :

1º Sur les frontières du Nord, la ligne de démarcation restera telle que le traité de Paris l'avait fixée, jusque vis-à-vis de Quiévrain ; de là elle suivra les anciennes limites des provinces belgiques, du ci-devant évêché de Liége et du duché de Bouillon, telles qu'elles étaient en

1790, en laissant les territoires enclavés de Philippeville et de Marienbourg, avec les places de ce nom, ainsi que tout le duché de Bouillon, hors des frontières de France; depuis Villers près d'Orval (sur les confins du département des Ardennes et du grand-duché de Luxembourg) jusqu'à Perle, sur la chaussée qui conduit de Thionville à Trèves, la ligne restera telle qu'elle avait été désignée par le traité de Paris. De Perle elle passera par Launsdorf, Walwich, Schardof, Niederveling, Pelweiler, tous ces endroits restant avec leurs banlieues à la France, jusqu'à Houvre, et suivra de là les anciennes limites du pays de Sarrebruck, en laissant Sarrelouis et le cours de la Sarre, avec les endroits situés à la droite de la ligne ci-dessus désignée et leurs banlieues hors des limites françaises. Des limites du pays de Sarrebruck, la ligne de démarcation sera la même qui sépare actuellement de l'Allemagne les départements de la Moselle et du Bas-Rhin, jusqu'à la Lauter, qui servira ensuite de frontière jusqu'à son embouchure dans le Rhin. Tout le territoire sur la rive gauche de la Lauter, y compris la place de Landau, fera partie de l'Allemagne; cependant la ville de Weissembourg, traversée par cette rivière, restera tout entière à la France, avec un rayon sur la rive gauche, n'excédant pas mille toises, et qui sera plus particulièrement déterminé par les commissaires que l'on chargera de la délimitation prochaine.

2° A partir de l'embouchure de la Lauter, le long des départements du Bas-Rhin, du Haut-Rhin, du Doubs et du Jura, jusqu'au canton de Vaud, les frontières resteront comme elles ont été fixées par le traité de Paris. Le Thalweg du Rhin formera la démarcation entre la France et les États de l'Allemagne; mais la propriété des îles, telle qu'elle sera fixée à la suite d'une nouvelle reconnaissance du cours de ce fleuve, restera immuable, quelques changements que subisse ce cours par la suite du temps. Des commissaires seront nommés de part et d'autre par les hautes parties contractantes, dans le délai de trois mois, pour procéder à ladite reconnaissance. La moitié du pont entre Strasbourg et Kehl appartiendra à la France, et l'autre moitié au grand-duché de Bade.

3° Pour établir une communication directe entre le canton de Genève et la Suisse, la partie du pays de Gex, bornée à l'est par le lac Léman, au midi par le territoire du canton de Genève, au nord par celui du canton de Vaud, à l'ouest par le cours de la Versoix et par une ligne qui renferme les communes de Bollex-Bussy et Meyrin, en laissant la commune de Ferney à la France, sera cédée à la Confédération helvétique, pour être réunie au canton de Genève. La ligne des douanes françaises sera placée à l'ouest du Jura, de manière que tout le pays de Gex se trouve hors de cette ligne.

4º Des frontières du canton de Genève jusqu'à la Méditerranée, la ligne de démarcation sera celle qui, en 1790, séparait la France de la Savoie et du comté de Nice. Les rapports que le traité de Paris de 1814 avaient rétablis entre la France et la principauté de Monaco cesseront à perpétuité, et les mêmes rapports existeront entre cette principauté et S. M. le roi de Sardaigne ;

5º Tous les territoires et districts enclavés dans les limites du territoire français, telles qu'elles ont été déterminées par le présent article, resteront à la France.

6º Les hautes parties contractantes nommeront, dans le délai de trois mois après la signature du présent traité, des commissaires pour régler tout ce qui a rapport à la délimitation des pays de part et d'autre ; et aussitôt que le travail de ces commissaires sera terminé, il sera dressé des cartes et placé des poteaux qui constateront les limites respectives.

ARTICLE 2.

Les places et les districts qui, selon l'article précédent, ne doivent plus faire partie du territoire français, seront remis à la disposition des puissances alliées, dans les termes fixés par l'article 9 de la convention militaire annexée au présent traité, et Sa Majesté le roi de France renonce à perpétuité, pour elle et ses héritiers et successeurs, aux droits de souveraineté et de propriété qu'elle a exercés jusqu'ici sur lesdites places et districts.

ARTICLE 3.

Les fortifications d'Huningue ayant été constamment un objet d'inquiétude pour la ville de Bâle, les hautes parties contractantes, pour donner à la Confédération helvétique une nouvelle preuve de leur bienveillance et de leur sollicitude, sont convenues entre elles de faire démolir les fortifications d'Huningue, et le gouvernement s'engage, par le même motif, à ne les rétablir dans aucun temps, et à ne point les remplacer par d'autres fortifications, à une distance moindre que trois lieues de la ville de Bâle.

La neutralité de la Suisse sera étendue au territoire qui se trouve au nord d'une ligne à tirer depuis Ugine, y compris cette ville, au midi du lac d'Annecy, par Faverge jusqu'à Lecheraine, et de là au lac du Bourget jusqu'au Rhône, de la même manière qu'elle a été étendue aux provinces de Chablais et de Faucigny, par l'article 92 de l'acte final du congrès de Vienne.

ARTICLE 4.

La partie pécuniaire de l'indemnité à fournir par la France aux puissances alliées est fixée à la somme de sept cent millions de francs. Le mode, les termes et les garanties du payement de cette somme seront réglés par une convention particulière, qui aura la même force et valeur que si elle était textuellement insérée au présent traité.

ARTICLE 5.

L'état d'inquiétude et de fermentation dont, après tant de secousses violentes, et surtout après la dernière catastrophe, la France, malgré les intentions paternelles de son roi et les avantages assurés par la Charte constitutionnelle à toutes les classes de ses sujets, doit nécessairement se ressentir encore, exigeant pour la sûreté des États voisins, des mesures de précaution et de garanties temporaires, il a été jugé indispensable de faire occuper pendant un certain temps, par un corps de troupes alliées, des positions militaires le long des frontières de la France, sous la réserve expresse que cette occupation ne portera aucun préjudice à la souveraineté de S. M. T. C., ni à l'état de possession tel qu'il est reconnu et confirmé par le présent traité.

Le nombre de ces troupes ne dépassera pas cent cinquante mille hommes. Le commandant en chef de cette armée sera nommé par les puissances alliées.

Ce corps d'armée occupera les places de Condé, Valenciennes, Bouchain, Cambrai, le Quesnoy, Maubeuge, Landrey, Avesnes, Rocroy, Givet avec Charlemont, Mézières, Sédan, Montmédy, Thionville, Longuy, Bitche, et la tête de pont du Port-Louis.

L'entretien de l'armée destinée à ce service devant être fourni par la France, une convention spéciale réglera tout ce qui peut avoir rapport à cet objet. Cette convention, qui aura la même force et valeur que si elle était textuellement insérée dans le présent traité, réglera de même les relations de l'armée d'occupation avec les autorités civiles et militaires du pays.

Le maximum de la durée de cette occupation militaire est fixé à cinq ans. Elle peut finir avant ce terme si, au bout de trois ans, les souverains alliés, après avoir, de concert avec S. M. le roi de France, mûrement examiné la situation et les intérêts réciproques et les progrès que le rétablissement de l'ordre et de la tranquillité aura faits en France, s'accordent à reconnaître que les motifs qui les portaient à cette mesure ont cessé d'exister. Mais quel que soit le résultat de cette délibération, toutes les places et positions occupées par les troupes alliées seront, au terme de cinq ans révolus, évacuées sans autre délai et remises à S. M. T. C., ou à ses héritiers et successeurs.

ARTICLE 6.

Les troupes étrangères, autres que celles qui feront partie de l'armée d'occupation, évacueront le territoire français dans les termes fixés par l'article 9 de la convention militaire, annexée au présent traité.

ARTICLE 7.

Dans tous les pays qui changeront de maître, tant en vertu du présent traité que des arrangements qui doivent être faits en conséquence, il sera accordé aux habitants, naturels et étrangers, de quelque condition et nation qu'ils soient, un espace de six ans à compter de l'échange des ratifications, pour disposer, s'ils le jugent convenable, de leurs propriétés, et se retirer dans tel pays qu'il leur plaira de choisir.

ARTICLE 8.

Toutes les dispositions du traité de Paris du 30 mai 1814, relatives aux pays cédés par ce traité, s'appliqueront également aux différents territoires et districts cédés par le présent traité.

ARTICLE 9.

Les hautes parties contractantes s'étant fait représenter les différentes réclamations provenant du fait de la non-exécution des articles 19 et suivants, du traité du 30 mai 1814, ainsi que des articles additionnels de ce traité, signés entre la Grande-Bretagne et la France, désirant de rendre plus efficaces les dispositions énoncées dans ces articles, et ayant, à cet effet, déterminé par deux conventions séparées la marche à suivre de part et d'autre pour l'exécution complète des articles susmentionnés, ces deux dites conventions, telles qu'elles se trouvent jointes au présent traité, auront la même force et valeur que si elles y étaient textuellement insérées.

ARTICLE 10.

Tous les prisonniers faits pendant les hostilités, de même que tous les otages qui peuvent avoir été enlevés ou donnés, seront rendus dans le plus court délai possible. Il en sera de même des prisonniers faits antérieurement au traité du 30 mai 1814, et qui n'auront point encore été restitués.

ARTICLE 11.

Le traité de Paris, du 30 mai 1814, ainsi que l'acte final du congrès de Vienne, du 9 juin 1815, sont confirmés et maintenus dans toutes celles de leurs dispositions qui n'auraient pas été modifiées par les clauses du présent traité.

ARTICLE 12.

Le présent traité, avec les conventions qui y sont jointes, sera ratifié en un seul acte, et les ratifications en seront échangées dans le terme de deux mois, ou plus tôt, si faire se peut.

En foi de quoi, les plénipotentiaires respectifs l'ont signé et y ont apposé le cachet de leurs armes.

Fait à Paris, le vingt novembre, l'an de grâce mil huit cent quinze.

Signé : *Richelieu, Metternich, Hardenberg, Castelreagh, Rasumowski, Capodistrias, Humboldt, Wellington, Wessenberg.*

ARTICLE ADDITIONNEL.

Les hautes puissances contractantes, désirant sincèrement de donner suite aux mesures dont elles se sont occupées au congrès de Vienne, relativement à l'abolition complète de la traite des nègres d'Afrique, et ayant déjà, chacune dans ses États, défendu sans restriction à leurs colonies et sujets, toute part quelconque à ce trafic, s'engagent à réunir de nouveau leurs efforts pour assurer ce succès final des principes qu'elles ont proclamés dans la déclaration du 4 février 1815, et à concerter sans perte de temps, par leurs ministres aux cours de Londres et de Paris, les mesures les plus efficaces pour obtenir l'abolition entière et définitive d'un commerce aussi odieux et aussi hautement réprouvé par les lois de la religion et de la nature.

Le présent article additionnel aura la même valeur que s'il était inséré mot à mot au traité de ce jour.

En foi de quoi les plénipotentiaires respectifs l'ont signé, et y ont apposé le cachet de leurs armes.

Suivent les signatures.

ARTICLE SÉPARÉ SIGNÉ AVEC LA RUSSIE SEULEMENT

En exécution de l'article additionnel au traité du 30 mai 1814, S. M. T.-C. s'engage à envoyer sans délai, à Varsovie, un ou plusieurs commissaires pour concourir, en son nom, aux termes dudit article, à l'examen et à la liquidation des prétentions réciproques de la France et du ci-devant duché de Varsovie, et à tous les arrangements y relatifs.

S. M. T.-C. reconnaît, à l'égard de S. M. l'empereur de Russie, en sa qualité de roi de Pologne, la nullité de la convention de Bayonne; bien entendu que cette disposition ne peut recevoir d'application que conformément aux principes établis dans les conventions désignées dans l'article 9 du traité de ce jour.

Le présent article séparé aura la même force et valeur que s'il était inséré mot à mot au traité de ce jour. Il sera ratifié, et les ratifications en seront échangées en même temps.

En foi de quoi, les plénipotentiaires respectifs l'ont signé et y ont apposé le cachet de leurs armes.

Fait à Paris le 20 novembre 1815.

Suivent les signatures.

VII

TRAITÉ ENTRE L'AUTRICHE, LA GRANDE-BRETAGNE, LA PRUSSE ET LA RUSSIE, CONCLU A PARIS, LE 20 NOVEMBRE 1815.

Au nom de la très-sainte et indivisible Trinité.

Le but de l'alliance conclue à Vienne, le 25 mars 1815, ayant été heureusement atteint par le rétablissement en France de l'ordre de choses que le dernier attentat de Napoléon Bonaparte avait momentanément subverti, LL. MM. l'empereur d'Autriche, le roi du Royaume-Uni de la Grande-Bretagne et d'Irlande, le roi de Prusse et l'empereur de toutes les Russies, considérant que le repos de l'Europe est essentiellement lié à l'affermissement de cet ordre de choses, fondée sur le maintien de l'autorité royale et de la Charte constitutionnelle, et voulant employer tous les moyens pour que la tranquillité générale, objet des vœux de l'humanité et le but constant de leurs efforts, ne soit pas troublée de nouveau; désirant en outre resserrer les liens qui les unissent pour l'intérêt commun de leurs peuples, ont résolu de donner aux principes consacrés par les traités de Chaumont du 1er mars 1814, et de Vienne du 20 mars 1815, l'application la plus analogue à l'état actuel des affaires, et de fixer d'avance, par un traité solennel, les principes qu'elles se proposent de suivre pour garantir l'Europe des dangers qui pourront encore la menacer;

A cette fin, les hautes parties contractantes ont nommé, pour discuter, arrêter et signer les conditions de ce traité, savoir : S. M. l'empereur d'Autriche, le prince de Metternich et le baron de Wissemberg ; S. M. le roi du Royaume-Uni de la Grande-Bretagne et d'Irlande, le duc de Wellington et milord Castelreagh ; S. M. le roi de Prusse, le prince de Hardenberg et le baron de Humbolt ; S. M. l'empereur de toutes les Russies, le prince Rasoumoffski et le comte de Capodistrias ;

Lesquels après avoir échangé leurs pleins-pouvoirs, trouvés en bonne et due forme, se sont réunis sur les articles suivants :

ARTICLE PREMIER.

Les hautes parties contractantes se promettent réciproquement de maintenir dans sa force et vigueur le traité signé aujourd'hui avec S. M. T. C., et de veiller à ce que les stipulations de ce traité, ainsi que celles des conventions particulières qui s'y rapportent, soient strictement et fidèlement exécutées dans toute leur étendue.

ARTICLE 2.

S'étant engagées dans la guerre qui vient de finir pour maintenir inviolables les arrangements arrêtés à Paris l'année dernière pour la sûreté et l'intérêt de l'Europe, les hautes parties contractantes ont jugé convenable de renouveler, par le présent acte, et de confirmer comme mutuellement obligatoires, lesdits arrangements, sauf les modifications que le traité signé aujourd'hui avec les plénipotentiaires de S. M. T. C. y a apportées, et particulièrement ceux par lesquels Napoléon Bonaparte et sa famille, en suite du traité du 11 avril 1814, ont été exclus à perpétuité du pouvoir suprême en France, laquelle exclusion les puissances contractantes s'engagent, par le présent acte, à maintenir en pleine vigueur, et, s'il était nécessaire, avec toutes leurs forces.

Et comme les mêmes principes révolutionnaires qui ont soutenu la dernière usurpation criminelle, pourraient encore, sous d'autres formes, déchirer la France et menacer ainsi le repos d'autres États, les hautes parties contractantes, reconnaissant solennellement le devoir de redoubler leurs soins pour veiller dans des circonstances pareilles, à la tranquillité et aux intérêts de leurs peuples, s'engagent, dans le cas qu'un aussi malheureux événement vînt à éclater de nouveau, à concerter entre elles, et avec S. M. T. C., les mesures qu'elles jugeront nécessaires pour la sûreté de leurs États respectifs, et pour la tranquillité générale de l'Europe.

ARTICLE 3.

En convenant avec S. M. T. C. de faire occuper pendant un certain nombre d'années, par un corps de troupes alliées, une ligne de positions militaires en France, les hautes parties contractantes ont eu en vue d'assurer, autant qu'il est en leur pouvoir, l'effet des stipulations des articles 1 et 2 du présent traité ; et constamment disposées à adopter toute mesure salutaire propre à assurer la tranquillité en Europe par le maintien de l'ordre établi en France, elles s'engagent, dans le cas où ledit corps d'armée serait attaqué ou menacé d'une attaque de la part de la France, comme dans celui que les puissances seraient obligées de se remettre en état de guerre contre elle, pour maintenir l'une ou l'autre des susdites stipulations, ou pour assurer et soutenir les grands intérêts auxquels elles se rapportent, à fournir sans délai, d'après les stipulations du traité de Chaumont, et notamment d'après les articles 7 et 8 de ce traité, en sus des forces qu'elles laissent en France, chacune son plein contingent de soixante mille hommes, ou telle partie de ce contingent que l'on voudra mettre en activité, selon l'exigence du cas.

ARTICLE 4.

Si les forces stipulées par l'article précédent se trouvaient malheureusement insuffisantes, les hautes parties contractantes se concerteront sans perte de temps sur le nombre additionnel de troupes que chacune fournira pour le soutien de la cause commune, et elles s'engagent à employer, en cas de besoin, la totalité de leurs forces pour conduire la guerre à une issue prompte et heureuse, se réservant d'arrêter entre elles, relativement à la paix qu'elles signeraient d'un commun accord, des arrangements propres à offrir à l'Europe une garantie suffisante contre le retour d'une calamité semblable.

ARTICLE 5.

Les hautes parties contractantes s'étant réunies sur les dispositions consignées dans les articles précédents, pour assurer l'effet de leurs engagements pendant la durée de l'occupation temporaire, déclarent en outre qu'après l'expiration même de cette mesure, lesdits engagements n'en resteront pas moins dans toute leur force et vigueur pour l'exécution de celles qui sont reconnues nécessaires au maintien des stipulations contenues dans les articles 1 et 2 du présent acte.

ARTICLE 6.

Pour assurer et faciliter l'exécution du présent traité, et consolider les rapports intimes qui unissent aujourd'hui les quatre souverains pour le bonheur du monde, les hautes parties contractantes sont convenues de renouveler, à des époques déterminées, soit sous les auspices immédiats des souverains, soit par leurs ministres respectifs, des réunions consacrées aux grands intérêts communs et à l'examen des mesures qui, dans chacune de ces époques, seront jugées les plus salutaires pour le repos et la prospérité des peuples et pour le maintien de la paix de l'Europe.

ARTICLE 7.

Le présent traité sera ratifié et les ratifications en seront échangées en deux mois, ou plus tôt si faire se peut.

En foi de quoi, les plénipotentiaires respectifs l'ont signé, et y ont apposé le cachet de leurs armes.

Fait à Paris, le 20 novembre de l'an de grâce 1815.

Suivent les signatures.

VIII

NOTE ADRESSÉE A M. LE DUC DE RICHELIEU, LE 20 NOVEMBRE 1815, PAR LES MINISTRES D'AUTRICHE, ETC., EN LUI DONNANT COMMUNICATION DU TRAITÉ PRÉCÉDENT.

Les soussignés, ministres des cabinets réunis, ont l'honneur de communiquer à S. E. M. le duc de Richelieu le nouveau traité, dont l'objet a été de donner aux principes consacrés par ceux de Chaumont et de Vienne l'application la plus analogue aux circonstances actuelles et de lier les destinées de la France à l'intérêt commun de l'Europe.

Les cabinets alliés considèrent la stabilité de l'ordre de choses heureusement rétabli dans ce pays, comme une des bases essentielles d'une tranquillité solide et durable. C'est vers ce but que leurs efforts réunis ont été constamment dirigés ; c'est leur désir sincère de maintenir et de consolider le résultat de ces efforts, qui a dicté toutes les stipulations du nouveau traité. S. M. T. C. reconnaîtra dans cet acte la sollicitude avec laquelle ils ont concerté les mesures les plus propres à éloigner tout ce qui pourrait compromettre à l'avenir le repos intérieur de la France, et préparé des remèdes contre les dangers dont l'autorité royale, fondement de l'ordre public, pourrait être encore menacée. *Les principes et les intentions des souverains alliés, à cet égard, sont invariables.* Les engagements qu'ils viennent de contracter en fournissent la preuve la moins équivoque ; mais le vif intérêt qu'ils prennent à la satisfaction de S. M. T. C., ainsi qu'à la tranquillité et à la prospérité de son royaume, leur fait espérer que les chances funestes supposées dans ces engagements ne se réaliseront jamais.

Les cabinets alliés trouvent la première garantie de cet espoir dans les principes éclairés, les sentiments magnanimes et les vertus personnelles de S. M. T. C. Elle a reconnu avec eux que, dans un État déchiré depuis un quart de siècle par des convulsions révolutionnaires, ce n'est pas à la force seule à ramener le calme dans tous les esprits, la confiance dans les âmes et l'équilibre entre les différentes parties du corps social; que la sagesse doit se joindre à la vigueur, la modération à la fermeté, pour rendre ces changements heureux. Loin de craindre que S. M. T. C. ne prêtât jamais l'oreille à des conseils imprudents et passionnés, tendant à nourrir les mécontentements, à renouveler les alarmes, à ranimer les haines et les divisions, les cabinets alliés sont complétement rassurés par les dispositions aussi sages que généreuses que le roi a annoncées *à toutes les époques de son règne*, et notamment à celle de son retour après *le dernier attentat criminel*. Ils savent que S. M. opposera à tous les ennemis du bien public et de la tranquillité de son royaume, sous quelque forme qu'ils puissent se présenter. son attachement aux lois constitutionnelles *promulguées sous ses propres auspices,* sa volonté bien prononcée d'être le père de tous ses sujets, sans distinction de classe ni de religion, d'effacer jusqu'au souvenir des maux qu'ils ont soufferts, et de ne conserver, des temps passés, que le bien que la Providence a fait sortir du sein même des calamités publiques. Ce n'est qu'ainsi que les vœux formés par les cabinets alliés pour la conservation de l'autorité constitutionnelle de S. M. T. C., pour le bonheur de son pays et pour le maintien de la paix du monde, seront couronnés d'un succès complet, et que la France, rétablie sur ses anciennes bases, reprendra la place éminente à laquelle elle est appelée dans le système européen.

Les soussignés, etc.

Suivent les signatures.

FIN

TABLE DES MATIÈRES

	Pages.
Avant-propos.	1
Chapitre premier. — L'empereur à l'Élysée. — Hostilité intempestive des représentants.—Paroles prophétiques de Napoléon. — Véritable caractère de la deuxième abdication.	5
Chapitre ii. — Suites funestes de l'abdication. — La commission de gouvernement provisoire. — Fouché.	13
Chapitre iii. — Nomination des plénipotentiaires envoyés aux souverains alliés. — Leurs instructions.	24
Chapitre iv. — Effet produit par la nouvelle de l'abdication; invasion immédiate de la France.—Arrivée des plénipotentiaires à Laon. — Lettre curieuse d'un général prussien. — Premières démarches des plénipotentiaires; leur dépêche du 26 juin. — Les plénipotentiaires au quartier général des souverains; résultat négatif de leur mission.	34
Chapitre v. — Mission et correspondance de M. Otto.	46
Chapitre vi. — Nomination de commissaires chargés spécialement de la négociation d'un armistice. — Leurs instructions. — Conférence avec Wellington; opinion arrêtée de celui-ci en faveur du rétablissement de Louis XVIII.	54
Chapitre vii. — Dépêches du gouvernement provisoire aux commissaires; efforts réitérés pour séparer la question militaire de la question politique. — Nouvelle conférence à Gonesse. — Instances des commissaires pour obtenir une suspension d'armes. — La négociation est brusquement portée et terminée ailleurs.	67

TABLE DES MATIÈRES.

Pages.

Chapitre VIII. — Le gouvernement provisoire se décide à traiter directement avec le général en chef prussien; motif de cette résolution. — Les trois projets de convention. — Envoi du colonel Macirone à Wellington, et de M. de Tromelin au quartier général prussien. — Rapport confidentiel de M. de Tromelin. — Nomination de MM. Bignon, de Bondy et Guilleminot pour traiter de la reddition de Paris. — Attitude de Davoust. — Le général Zieten. — Les commissaires français à Saint-Cloud. 81

Chapitre IX. — Capitulation. — Discussion des articles. — Projet présenté par M. Bignon; modifications proposées par le duc de Wellington; texte définitif de la convention. 98

Chapitre X. — Observations et nouveaux détails sur la convention du 3 juillet. Conférence du 4 entre Wellington et M. Bignon, etc. 110

Chapitre XI. — Affaire du Musée. — Lettres inédites du duc de Richelieu et de M. Bignon, etc. 127

Chapitre XII. — Fausse interprétation donnée par le duc de Wellington à l'article 12, à propos du procès du maréchal Ney. — Ses véritables motifs. — Le secret de M. Bignon. . . . 139

Chapitre XIII. — Le secret de M. Bignon (fin). 149

Chapitre XIV. — Conclusion. 158

Documents inédits et pièces justificatives. 165

Appendice. — Dernières négociations de 1815. 287

 Documents. 321

FIN DE LA TABLE.

Paris. — Imprimerie de A. Wittersheim, rue Montmorency, 8.

www.ingramcontent.com/pod-product-compliance
Lightning Source LLC
Chambersburg PA
CBHW070435170426
43201CB00010B/1105